WILFRIED WESTPHAL **DIE ERWÄHLTE DES PALASTES**

WILFRIED WESTPHAL

DIE ERWÄHLTE DES PALASTES

Aus der Glanzzeit des Islam in Indien:
      Die Geschichte des Tadsch Mahal

JAN THORBECKE VERLAG STUTTGART

Die Deutsche Bibliothek – CIP-Einheitsaufnahme

Westphal, Wilfried:

Die Erwählte des Palastes: aus der Glanzzeit des Islam in Indien; die Geschichte des Tadsch Mahal / Wilfried Westphal. – Stuttgart: Thorbecke, 2002

ISBN 3-7995-0108-8

http://www.thorbecke.de · e-mail: info@thorbecke.de

© 2002 by Jan Thorbecke Verlag GmbH, Stuttgart
Alle Rechte vorbehalten. Ohne schriftliche Genehmigung des Verlages ist es nicht gestattet, das Werk unter Verwendung mechanischer, elektronischer und anderer Systeme in irgendeiner Weise zu verarbeiten und zu verbreiten. Insbesondere vorbehalten sind die Rechte der Vervielfältigung – auch von Teilen des Werkes – auf photomechanischem oder ähnlichem Wege, der tontechnischen Wiedergabe, des Vortrags, der Funk- und Fernsehsendung, der Speicherung in Datenverarbeitungsanlagen, der Übersetzung und der literarischen oder anderweitigen Bearbeitung.

Alle Abbildungen stammen aus dem Archiv des Autors.
Dieses Buch ist aus alterungsbeständigem Papier nach DIN-ISO 9706 hergestellt.

Umschlag: Finken & Bumiller, Stuttgart
Druck: Ebner & Spiegel, Ulm
Printed in Germany · ISBN 3-7995-0108-8

INHALT

7   Prolog

15   ERSTER TEIL: AM HOFE DER MOGULN
16   Eine schicksalhafte Begegnung
19   Jupiter und Venus
28   Fremde Eroberer
39   Dschauhar
45   Dschahangir
52   Thron oder Sarg?
59   Vergeltung!
68   Königliche Audienz
75   Der Pfauenthron
82   Tanz und Gesang
91   Purdah
98   Burhanpur
108   Himmlische Gefilde

113   ZWEITER TEIL: IM GARTEN DER EWIGKEIT
114   Ein letzter Wunsch
115   Väterliches Erbe
119   Wunder der Zeit
125   Dunkle Schatten
131   Dschahanara
138   Paradies auf Erden
147   Thron der Götter
152   Die letzte Schlacht
163   Ein Blick im Spiegel

171   DRITTER TEIL: ZUM RUHME INDIENS
172   Schwarzer Marmor
176   Tödliches Gift
179   Feinde an den Grenzen

187	Nadir Schah
194	Juwel einer Krone
198	Seine Hoheit läßt bitten
205	Edler Tribut
210	Der Stolz eines Vizekönigs
214	Trauriges Ende?
219	Epilog
223	**ANHANG**
224	Nachweis der Zitate
226	Ergänzende Literatur
228	Glossar
230	Zeittafel
235	Stammtafel
236	Grundriß des Tadsch Mahal
237	Register
105	Karte: Das Reich der Moguln

PROLOG Es ist schon eine Weile her, seit ich jenes »Gedicht aus Stein«, das wie kaum ein zweites Denkmal die Phantasie der Menschen beflügelt hat, zum ersten Mal erblickte. Ich weiß noch, wie ich mich an jenem Tag dem Wunder, das alle Wunder, an denen Indien so reich ist, überstrahlt, voller Andacht näherte, fast so, als begäbe ich mich in einen Gottesdienst. Doch es war kein religiöses Gefühl, das mich erfüllte: Es war die Erwartung, in eine Legende, ein Märchen wie aus »Tausendundeiner Nacht« einzutauchen.

Weiß wie Schnee schimmerte es über den Wipfeln der Bäume, die – einem Hain gleich – das Heiligtum umgaben. Die Kuppel eines Domes, vier schlanke Minarette. Dann ein Tor, eine mächtige Wehr, die alles, was sich dahinter verbarg, verdeckte. Von Ehrfurcht ergriffen, durchmaß ich das Tor, und es schien mir, als ich das Geheimnis dahinter gewahrte, als offenbare sich mir eine Fata Morgana: ein Garten, wie eine Oase der Stille, und in der Ferne, fast so, als schwebe es, ein Juwel, das vor dem azurfarbenen Himmel wie eine Perle schimmerte. Wie eine Träne, so hatte es der indische Dichter Rabindranath Tagore genannt, eine glitzernde Träne, an der Wange der Zeit.

Der Garten, umrahmt von Bäumen und Büschen, in tropischer Fülle und leuchtenden Farben, wies in der Mitte ein Bassin auf, langgestreckt wie ein Arm, der auf das Allerheiligste zeigte, das sich – gleichsam wie ein Thron des Himmels – auf einer Plattform erhob. Gesäumt von hohen, schlanken Türmen, den Minaretten, und gekrönt von einer Kuppel, die in einer goldenen Spitze auslief.

Man betritt das Heiligtum in Würde, schweigend und nachdem man sich seiner Schuhe entledigt hat. Die Wände, aus schimmerndem weißen Marmor, geschmückt mit Intarsien aus Edelstein, Blüten und Blättern, wie Filigran, und geweiht mit kalligraphischen Inschriften, heiligen Sprüchen aus dem Koran. Im Innern, in magischem Halbdunkel, zwei Sarkophage, Orte der Andacht, der Verehrung. Doch nicht das Ziel der eigentlichen Pilgerfahrt. Denn die letzte Ruhe fanden die, die hier beigesetzt wurden, in einer Krypta unter der heiligen Halle. Entrückt von der Welt, im Tode vereint, nachdem sie im Leben, plötzlich und unerwartet, auseinandergerissen worden waren.

Mein Blick fällt, als ich mich aus dem Halbdunkel wieder dem Tageslicht zuwende, auf die Gestalt einer jungen Frau, im wallenden, leuchtenden Sari. Ebenmäßig ihre Züge, die Augen groß und mandelförmig, das Haar wie eine schwarze Kaskade, die ihr auf die Schulter fällt. Goldener Schmuck ziert ihr Handgelenk, die Finger sind lang und feingliedrig. Unwillkürlich erwarte ich, daß sie sich spreizen, dann wieder, während sie in ekstatischer Pose erstarrt, die Magie ihres Tanzes wie ein Echo besiegeln.

Sie war keine Tänzerin. Sie war nicht einmal Inderin. Aber ich konnte ermessen, als ich die anmutige Gestalt im Sari sah, was der, der um sie trauerte, empfunden haben mußte, als sie für immer von ihm ging. Er, das war Schah Dschahan, ein Herrscher über ein Reich, dessen Glanz nicht seinesgleichen hatte. Wie ein europäischer Reisender, der Italiener Niccolo Manucci, der ein Zeitgenosse Schah Dschahans war und an seinem Hofe weilte, schrieb: »Ich versichere, daß im Reich der Moguln die Adligen und vor allem der König in solchem Luxus leben, daß selbst die prunkvollsten Höfe Europas nicht an die Pracht und den Reichtum heranreichen, die den Glanz des Hofes in Indien ausmachen.«

Sie, das war Mumtas Mahal, die »Erwählte des Palastes«, Tochter eines persischen Adligen, die zur Lieblingsfrau Schah Dschahans avancierte, ihm vierzehn Kinder gebar und bei der Geburt des letzten starb. Worauf der Gram Schah Dschahans so groß war, daß er beschloß, ihr ein Mausoleum zu errichten, wie es die Welt noch nicht gesehen hatte. Selbst die Pyramiden, in denen sich die ägyptischen Pharaonen (und ihre Königinnen) beisetzen ließen, verblassen im Vergleich zum Tadsch Mahal. Wie schon François Bernier, ein anderer Reisender, der als Arzt am Hofe der Moguln weilte, feststellte, als er – im Zusammenhang mit einer Bemerkung zur Namensgebung bei den Moguln – erklärte: »Es ist üblich in diesem Land, den Mitgliedern der Königsfamilie ähnliche Namen zu geben. So wurde die Frau Schah Dschahans – so berühmt für ihre Schönheit wie auch ihr prächtiges Mausoleum, das weit eher einen Platz unter den Wundern der Welt verdient als die unförmigen Anhäufungen von Steinen in Ägypten – *Tadsch Mahal* oder ›Krone des Harems‹ genannt; und die Frau Dschahangirs, die so lange das Zepter schwang, während ihr Gemahl sich der Trunksucht und Ausschweifung hingab, war zunächst unter dem Namen *Nur Mahal*, ›Licht des Harems‹, bekannt und später unter dem Namen *Nur Dschahan Begam*, ›Licht der Welt‹.«

Die Frauen, wie man hört, spielten offenbar bei den Moguln eine besondere Rolle. Deshalb verwundert es denn auch nicht eigentlich, daß Schah Dschahan *seiner* »Krone des Harems« so zugetan war, daß er ihr zu Ehren ein Denkmal errichtete, das selbst die Pyramiden in den Schatten stellt.

Was nun den Namen derer betrifft, die Bernier als »Tadsch Mahal« überliefert, so hieß sie eigentlich – abgesehen von ihrem ursprünglichen Namen – »*Mumtas* Mahal«. Oder, um es genauer auszudrücken: »Mumtaz-i Mahal«. Das wurde im Volksmund zu »Tadsch Mahal« verballhornt, obwohl auch dies einen passenden Sinn ergibt; denn »Tadsch Mahal« bedeutet tatsächlich so etwas wie »Krone« beziehungsweise »Juwel des Palastes«. Was sich sowohl auf die Trägerin des Namens als auch auf das Denkmal, auf das dieser Name übertragen wurde, beziehen läßt.

Die Moguln waren muslimische Herrscher, was zwar erklärt, daß sie Meister in der Architektur und Kunst waren, denn kaum eine andere Religion hat so eindrucksvolle Bauten und Kunstwerke hervorgebracht wie der Islam. Doch ist der Islam andererseits nicht gerade bekannt dafür, daß er den Frauen große Bedeutung beimißt. Sie spielen eindeutig die zweite Geige, was sich zwar im Laufe der Zeit immer deutlicher abgezeichnet hat, doch auch schon am Anfang, als der Islam entstand, im Koran festgeschrieben wurde. Wie war es da möglich, daß ein muslimischer Herrscher einer Frau offenbar so große Verehrung entgegengebracht hatte, daß er ihr ein Denkmal wie das Tadsch Mahal errichtete? Nicht einmal ein Romeo wäre auf eine solche Idee gekommen, und ein Don Juan schon gar nicht. Wobei letzterer durchaus auch ein Ebenbild in Schah Dschahan hatte, von dem es heißt, daß er über einen Harem verfügte, in dem die Anzahl der Frauen die stattliche Marke von 5000 erreichte. Abgesehen davon, daß Schah Dschahan auch noch mit anderen Frauen und nicht nur mit seiner angeblich über alles geliebten Mumtas Mahal verheiratet war. Wunder über Wunder in einem Land, in dem muslimische Herren über ein Volk herrschten, das sich zum Hinduismus bekannte. Wie nun ist das zu erklären?

Indien ist das Land der Wunder par excellence, auch heute noch. Neben dem »Tadsch«, das zum Symbol Indiens geworden ist, wenigstens bei denen, die von einem Land der Märchen und Maharadschas träumen, gibt es höchstens noch den Fakir und den Schlangenbeschwörer, die man mit dem Begriff »Indien« verbindet. Der Ruhm Gandhis ist längst verblaßt, und der Name Indira Gandhis, die weder eine Verwandte noch eine Sympathisantin des großen Mahatma war, ist auch vergessen. Indien bleibt uns ein Rätsel, und seine Geschichte allemal.

Es kann deshalb, wenn wir versuchen, das Geheimnis zu lösen, das das Tadsch Mahal umgibt, nicht gänzlich darauf verzichtet werden, den historischen Hintergrund zu schildern. Wer waren die Moguln? Was verschaffte ihnen die Macht in Indien? Wie konnte es geschehen, daß sie eine Pracht entfalteten, die sich durchaus mit dem Prunk an europäischen Fürstenhöfen, die sich ihrerseits nicht lumpen ließen – man denke an das Versailles Ludwigs XIV. –, messen konnte, ja, wie Reisende versicherten, den Glanz, wie man ihn aus Europa gewöhnt war, noch übertraf?

Die Moguln errichteten eine Herrschaft, deren Ruhm bis weit über die Grenzen ihres Reiches hinausgelangte. Dabei war es vor allem der unermeßliche Reichtum, über den sie offensichtlich geboten und der sich in jenem Luxus offenbarte, von dem die Reisenden berichteten, der eben diese anzog wie Motten das Licht. Edelsteine, Diamanten, Saphire, Rubine, wohin man blickte. So mancher Europäer kam aus dem Staunen nicht heraus (und versuchte sein Glück, indem er in den Handel mit Edelsteinen einstieg). Andere waren nur an Gewürzen, Salpeter und Baumwolle interessiert. Das waren die Krämer in der Flut der Europäer, die es in das Märchenland des »großen Mogul« zog. Sie fingen klein an – und endeten als Sieger. Freilich waren sie dann keine Krämer mehr, sondern die Herren der Welt. In Indien traten sie an die Stelle der Moguln: Ihre Königin, Viktoria, ließ sich sogar zur Kaiserin von Indien krönen.

Andere, die Portugiesen, trieben zwar auch Handel. Aber anders als die Engländer, die ohnehin »Abtrünnige« im Glauben waren, fühlten sich die Portugiesen bemüßigt, die Inder, Hindus wie Muslime, auch mit dem Christentum zu beglücken. Dazu bemühten sie sogar das Folterinstrument der Inquisition. Was Akbar, den man nicht zu Unrecht »den Großen« nennt, denn er war nicht nur der bedeutendste der Mogulherrscher, sondern auch einer der wirklich Großen der Weltgeschichte, auch wenn er hierzulande kaum bekannt ist, damit konterte, daß er die eifrigen Gottesmänner, zusammen mit Vertretern aller anderen Glaubensrichtungen, zu sich, in seine Residenz in Fatehpur Sikri, einlud, um mit ihnen über das Wesen der Religionen zu sprechen und auf diese Weise zu einem Ausgleich zwischen den Religionen zu gelangen. Das Unterfangen eines Erleuchteten, das zwar scheiterte, doch beispiellos geblieben ist.

Schah Dschahan, ein Enkel Akbars (und Zeitgenosse Ludwigs, des Sonnenkönigs), war geistigen Dingen weniger zugetan. Er war ein Mäzen und ein Bonvivant. Er hatte das Glück, zu einer Zeit den Thron der Moguln zu besteigen, als die Entfaltung ihrer Macht und der Glanz ihres Hofes sich dem Zenit näherten. Es war das »goldene Zeitalter« der Mogulherrschaft, über das Schah Dschahan gebot. Nach ihm, unter seinem Sohn Aurangseb, der ein bigotter Tyrann ohne Vision und Kunstsinn war, setzte der Niedergang ein.

Über die Geschichte des »Tadsch« und diejenigen, deren Schicksal mit diesem Bauwerk verknüpft ist, zu berichten, bedeutet auch, einen Blick auf jene Zeit zu werfen, als die Macht der Moguln auf ihrem Höhepunkt stand und die Kultur, die sie entfalteten, ihre Blüte erreichte. Worin bestand diese Kultur? Was war indisch, was muslimisch? Wie lebte das Volk, wie der Adel? Wer bezahlte für das »Tadsch«? Woher stammte das Geld für den Bau, was kostete er? Wer waren die Baumeister, die Künstler? Wie war das Los der Arbeiter? War es Fron, zu der sie, im Namen der Liebe, gezwungen wurden? Wie einst, so scheint es, obwohl es nicht erwiesen ist, die ägyptischen Fellachen, die zum Ruhme des Pharao die Pyramiden errichteten?

Der Fragen gibt es viele. Doch nicht alle können zufriedenstellend beantwortet werden. Denn die Quellenlage ist, was die Herrschaft Schah Dschahans betrifft, nicht gerade günstig. Nicht nur bleibt er oft rätselhaft, ist nur schattenhaft wahrzunehmen. Auch Mumtas Mahal, die »Erwählte des Palastes«, ist trotz ihrer hohen Stellung und des

Ruhmes, den sie erlangte, nie so präsent, wie man es sich wünschte. Weder in den schriftlichen Überlieferungen noch in bildlicher Darstellung, die allerdings ohnehin – was die Frauen der Moguln betrifft – nur spärlich ist. Durfte doch niemand, außer dem Kaiser und seinen nächsten Verwandten, ihrer ansichtig werden. Wer es dennoch versuchte, hatte sein Leben verwirkt.

Vieles, was das Leben und Wirken Schah Dschahans und mehr noch die Persönlichkeit seiner »großen Liebe« betrifft, ist auch heute noch ein Geheimnis. Trotz aller Versuche der Wissenschaft (die allerdings nicht allzu zahlreich sind), diesem Geheimnis auf die Spur zu kommen. Um so mannigfacher sind die Legenden, die sich um das »Tadsch« und die, die darin ihre letzte Ruhe fanden, ranken. Sie müssen oft dafür herhalten, was wissenschaftliche Erkenntnis nicht zu liefern vermag. Dennoch sind die Fakten, die der Geschichte, um die es hier geht, zugrunde liegen, zweifelsfrei überliefert. Das Gerüst ist also vorhanden. Alles übrige bedarf einer sorgsamen Abwägung zwischen eben diesen Fakten und Fiktion.

Dennoch sollten wir uns immer vor Augen halten, worum es letztlich geht: um einen Traum. Das drückte mit ergreifender Schlichtheit schon eine Besucherin des »Tadsch« im 19. Jahrhundert aus, als sie ihrem Mann, einem englischen Militär, Major Sleeman, der sich selbst kaum minder beeindruckt zeigte, auf seine Frage, was sie von dem Bauwerk halte, antwortete: »Ich kann dir nicht sagen, was ich denke, denn ich weiß nicht, wie ich ein solches Gebäude beurteilen soll. Aber ich kann dir sagen, was ich fühle: Ich würde morgen sterben, wenn ich dann auch so etwas über mir hätte!« Nicht gerade eine Eloge, was ihren Mann betrifft (obwohl es ihn seinerseits ehrt, daß er ihre offene Antwort nicht verschweigt), sicher aber, was ihre Wertschätzung des Tadsch Mahal anbelangt.

Nun war das 19. Jahrhundert, zumal die Zeit, da die Sleemans das Tadsch Mahal besuchten, die Ära der Romantik, eines Lebensgefühls, von dem wir heute so weit entfernt sind wie die Erde vom Mond. Das Wort »Sex« hat »Liebe« ersetzt, und »romantische Liebe« schon allemal. Aber da niemand damit wirklich glücklich ist, ist man um so neugieriger zu erfahren, wie es denn andere geschafft haben, dieses Glück, von dem wir alle träumen, zu finden. Da ist zum einen »Romeo und Julia«, und da ist das »Tadsch Mahal«. »Romeo und Julia« kennen wir von Shakespeare (obwohl das nicht die wahre Geschichte ist; die finden wir bei dem italienischen Dichter Bandello, der übrigens – wie auch Shakespeare – ein Zeitgenosse der Moguln war). Vom Tadsch Mahal wissen wir praktisch nichts, außer einem Prospekt im Reisebüro, der uns daran erinnert, daß es auch noch andere Reiseziele gibt als Mallorca und die Karibik. Trotzdem fahren wir nicht nach Indien, wegen all dem Elend und der Not. Aber neugierig sind wir doch. Wie war das denn nun mit dieser Traummoschee von einem Mausoleum, das als das achte Weltwunder gilt? Irgendwie hätten wir es doch gern gewußt. Eine anrührende Geschichte; so etwas hört man immer gern.

Anrührend, vielleicht. Aber romantisch? Besser, man erwartet da nicht zuviel. Doch lassen wir uns überraschen!

I AM HOFE DER MOGULN

EINE SCHICKSALHAFTE BEGEGNUNG »Es war *Naorati*, Neujahrsnacht, und die Kaiserlichen Gärten in Agra waren von Licht und Musik erfüllt. An jedem Stand glitzerten Diamanten, Rubine und andere Edelsteine, denn der Kaiser Dschahangir hatte den Wunsch geäußert, daß bei diesem Neujahrsbasar die Damen Edelsteine verkaufen und die Edlen und Galane bei Hofe sie kaufen sollten, wie hoch auch immer der Preis sei, den die anmutigen Verkäufer forderten.«

So beginnt die Legende vom ersten Erscheinen Ardschumands, wie sie sich in Indien erhalten hat. Und es heißt darin weiter: »In einem leeren Verkaufszelt stand Ardschumand Banu, die Tochter Asaf Dschahs, des Großwesirs. Ihr Ehemann Dschemal Khan, ein persischer Edelmann, um viele Jahre älter als sie, hatte es versäumt, sie mit Edelsteinen auszustatten. Zu stolz, um sich zu beklagen oder darum zu bitten, und allein auf ihren weiblichen Charme vertrauend, hatte Ardschumand ihren Platz an ihrem Stand eingenommen, als der Basar eröffnet wurde.«

Sie war nicht nur stolz und keck, ihre Erscheinung war auch von großer Anmut und Anziehungskraft. »Von erlesenem Reiz, stand sie der wunderbaren Schönheit ihrer Tante, der berühmten Kaiserin Nur Dschahan, nicht nach. Ihr glänzendes schwarzes Haar hing in zwei schweren Zöpfen über ihre Schulter. Ihre großen Augen waren vollendet geformt und von einem sanften, tiefen Schwarz; die mit feiner Linie nachgezeichneten Augenbrauen und die langen seidigen Wimpern erhöhten noch ihre Schönheit. Ihre samtene Haut war so weiß wie eine Lilie.«

Es verwundert nicht, daß Ardschumand Banu, mit ihrem Liebreiz und ihrer Keckheit, die Aufmerksamkeit eines Jünglings erregte, der kaum älter war als sie. Es war Prinz Khurram, einer der Söhne des Kaisers; er zählte vierzehn, sie dreizehn Jahre. Begleitet von Höflingen schlenderte auch er über den Basar, um an dem vergnüglichen Treiben teilzuhaben. Denn es war ja kein gewöhnlicher Basar. Es war eine Art Festlichkeit, ein Spiel, bei dem es einmal keine Etikette gab, auf die sonst streng geachtet wurde. Hofdamen und Töchter der Adligen gaben sich als Marketenderinnen aus; sie waren unverschleiert und erlaubten sich selbst mit dem Kaiser ihren Spaß, indem sie ihn neckten, ein Geizhals zu sein, wenn er sich weigerte, den geforderten Preis zu zahlen.

Prinz Khurram nun, ein stattlicher Jüngling, der sich bereits in Kriegen ausgezeichnet hatte, aber sich auch auf Dichtkunst, Gesang und Kalligraphie verstand, verhielt mit seinem Gefolge vor dem Stand der schönen Ardschumand. Es gab nicht viel zu kaufen, denn die junge Dame hatte ja von ihrem Mann keine Waren erhalten, wie sie auf diesem Basar angeboten wurden. Aber um nicht gänzlich leer auszugehen und wenigstens an dem vergnüglichen Ereignis teilnehmen zu können, hatte sie sich an Stelle edler Steine mit einfachen Glassplittern ausgestattet, die sie, kokett und gar nicht verlegen, feilbot. Prinz Khurram wies auf einen der Glassplitter, der im Licht der Sonne wie ein Diamant glitzerte, und begehrte zu erfahren, wieviel er wert sei. »Zuviel, daß Ihr es Euch leisten könntet!« entgegnete sie. »Zehntausend Rupien!«

Prinz Khurram verzog keine Miene, und er feilschte auch nicht. Er brachte seine Börse zum Vorschein und gab ihr das Geld. Dann steckte er den glitzernden Glassplitter ein, verbeugte sich und ging. Amüsiert, aber auch ein wenig nachdenklich schaute Ardschumand dem Prinzen nach. Sie hatte sicher das lohnendste Geschäft des Tages gemacht. Prinz Khurram aber war einem Wesen begegnet, das ihn auf den ersten Blick verzaubert hatte. Er wußte, daß er es nicht bei dieser zufälligen Begegnung bewenden lassen würde.

Unverzüglich wandte er sich an seinen Vater, den Kaiser, und bat darum, die kokette Schöne, die sich selbst von einem Prinzen nicht hatte einschüchtern lassen, zur Frau nehmen zu dürfen. Das war durchaus nicht selbstverständlich. Denn eine Eheschließung aus Zuneigung oder gar Liebe war unter den Mogulen – wie überall, wo Fürsten regierten – nicht üblich. Doch der Kaiser erklärte sich damit einverstanden, auch wenn die Vermählung noch einige Zeit hinausgeschoben wurde. Immerhin erfolgte noch im gleichen Jahr die Verlobung, während die Hochzeit erst 1612, fünf Jahre später, stattfand. Der Umstand, daß Ardschumand Banu Begam, die »Ehrenwerte

Dame«, wie sie offiziell hieß, bereits verheiratet war, was trotz ihres Alters nichts Ungewöhnliches war, wird bei dieser zeitlichen Verzögerung sicher auch eine Rolle gespielt haben. Aber dieser Umstand findet in der Überlieferung keine Berücksichtigung. Zumeist wird er sogar verschwiegen. Eine jungfräuliche Maid, in die sich ein Prinz verliebt, ist einer Legende angemessener. Denn um eine Legende handelt es sich, wenn es um die schöne Ardschumand geht. Über sie ist noch viel weniger überliefert als über jene Mumtas Mahal, als die sie schließlich bekannt werden sollte.

Immerhin wissen wir, wann sie geboren ist: im Jahre 1593. Ihr Vater, Asaf Khan, war ein persischer Adliger, der unter dem Mogul Dschahangir zu Amt und Würden aufstieg. Eine Schwester ihres Vaters, Mehrunissa, die später unter dem Namen »Nur Dschahan« bekannt wurde, erlangte die Gunst des Kaisers, den sie schließlich heiratete. Ardschumand war also nicht irgend jemand, in den sich der Prinz verguckt hatte. Die Wahrheit, die sich hinter der Legende verbirgt, scheint vielmehr darin zu bestehen, daß das Zusammentreffen der beiden Heiratskandidaten nicht ganz zufällig war. Es sieht so aus, als ob der eigentliche Schicksalslenker Asaf Khan beziehungsweise seine Schwester war, die dadurch, daß sie Ardschumand mit Prinz Khurram bekannt machten, ihre Stellung bei Hofe stärken wollten. Was ihnen auch gelang; allerdings nicht ohne einen empfindlichen Rückschlag, denn bevor Prinz Khurram Ardschumand heiratete, wurde er mit einer anderen Perserin, Akbarabadi Mahal, die mit dem Herrscherhaus der Safawiden verwandt war, die in Persien regierten, vermählt. Diese Heirat fand 1610, also zwei Jahre vor der Vermählung mit Ardschumand, statt. Sie diente offensichtlich nur politischen Zwekken, und obwohl sie dennoch recht glücklich gewesen zu sein scheint, trat Akbarabadi Mahal, die ihrem Gemahl immerhin eine Tochter schenkte, doch in dem Augenblick in den Hintergrund, als Prinz Khurram schließlich Ardschumand heiratete. Allerdings überlebte sie ihre Rivalin um mehr als vierzig Jahre; Akbarabadi Mahal starb 1677.

Die Begegnung zwischen Ardschumand und Prinz Khurram wird also vermutlich sehr viel prosaischer gewesen sein, als es in der Legende erscheint. Dennoch ist es durchaus möglich, daß die beiden, deren Herzen füreinander entflammt waren, die Gelegenheit nutzten, die jene Basare boten, um einander zu treffen. Diese Basare, die den Frauen der höheren Stände die Möglichkeit eröffneten, aus ihrer Abgeschiedenheit, zu der sie gewöhnlich verdammt waren, herauszutreten und sich unverschleiert in der Öffentlichkeit zu zeigen, erfreuten sich großer Beliebtheit. Sie wurden von Akbar, der sich den strengen Regeln, die der Koran der Gesellschaft auferlegte, widersetzte, eingeführt, paradoxerweise aber gerade von demjenigen wieder abgeschafft beziehungsweise eingeschränkt, der vermeintlich ihr größter Nutznießer war: Schah Dschahan, wie sich Prinz Khurram nach seiner Thronbesteigung nannte.

Diese Basare, die auf dem Gelände des kaiserlichen Palastes stattfanden und zu denen nur der Kaiser und seine engsten Vertrauten Zugang hatten, fanden gewöhnlich einmal im Monat statt. Sie dienten in erster Linie der Unterhaltung, während eine andere Art Basar, die Akbar einführte und die am Neujahrstag abgehalten wurde, eine besondere Bedeutung hatte. Er galt dem Zweck, Heiratsallianzen einzuleiten, womit er sich nicht minderer Beliebtheit erfreute. In der Erinnerung verschmolzen diese beiden Basare miteinander, und da sie beide im Umkreis des Palastes abgehalten wurden, wird daraus die Legende entstanden sein, derzufolge jene schicksalhafte Begegnung zwischen Ardschumand und Prinz Khurram auf einer Art Liebesbasar stattfand. Vielleicht hat es sich ja tatsächlich so zugetragen. Die Möglichkeit dazu bestand immerhin.

JUPITER UND VENUS »Kurzum, Seine Majestät Dschannat Makani [Dschahangir], der, mit seinem erleuchtenden Verstand, eine untrügliche Kenntnis der wie mit Tinte geschriebenen Lettern, die das Schicksal den Menschen auf der Stirn eingegraben hatte, besaß und der deshalb von den Zeilen, die auf ihren Stirnen standen, ihre Zukunft deuten konnte, befand, da er auf der leuchtenden Stirn jener [...] Mumtaz al-Zamani [Mumtas Mahal] den Glanz einer glücklichen Zukunft und das Zeichen ihrer Würdigkeit erkannte, jene vorzügliche, hell aufleuchtende Venus aus den Sphären der Keuschheit für würdig, eine Verbindung mit jenem glückverheißenden Stern am Himmel der Zukunft [Prinz Khurram] einzugehen.«

So berichtet einer der Hofchronisten, Mirsa Amina Kaswini, in jenem blumigen Stil, der für die Geschichtsschreibung im islamischen Kulturkreis typisch ist, besonders aber am Hof der Moguln gepflegt wurde, über das Ereignis, das am Anfang einer formalen Bindung zwischen Ardschumand Banu und Prinz Khurram steht. Gemeint ist die Verlobung der beiden, ein Akt, der mit einem besonderen Zeremoniell verbunden war. Wie der Chronist weiter schreibt: »Deshalb verfiel Dschahangir während der Neujahrsfestlichkeiten im zweiten Jahr seiner glückverheißenden Thronbesteigung, das den Beginn des Frühlings der Zukunft und Herrschaft Seiner Majestät des Königs [Schah Dschahan] darstellte, auf den Gedanken, den er am Sitz der Herrschaft, in Lahore, faßte, jene Rose aus dem Garten der Keuschheit und Vollendung jenem frisch erblühenden Busch aus dem Garten der Würde und des Triumphes aufzuropfen. Und zu einer Zeit, dem Beginn des neuen Jahres, wie sie günstiger nicht sein konnte, und zu einer Stunde, die ... [nicht minder] gesegnet war, bat er, nachdem er der Mutter Dschamin al-Daula Asaf Khans die frohe Botschaft der Glückseligkeit beider Welten, wie sie sich in dieser, einer der großen himmlischen Gaben und großartigen göttlichen Geschenke äußerte, mitgeteilt hatte, die Besagte, jene Perle aus dem Schmuckkästchen der Keuschheit in den abgeschiedenen Räumen des Königlichen Palastes hervorzuholen, um die Zeremonie der Verlobung mit dem Gestirn im Sternbild der Herrschaft vornehmen zu können.«

Kaswini schrieb seine Chronik im Dienste Schah Dschahans, und alles was er schrieb, mußte vom Kaiser (oder einem von ihm damit beauftragten Beamten) abgesegnet werden. Folglich befleißigte sich ein Hofchronist wie Kaswini nicht nur einer blumigen Sprache, er erging sich auch in endlosen Lobpreisungen Seiner Herrlichkeit, der Majestät, und aller, die zur königlichen Familie gehörten. So geht es denn im gestelzten Stil jener Zeit, da die Moguln sich für die erlauchtesten Herrscher der Welt hielten, weiter mit unserem Bericht, der schließlich in der feierlichen Zeremonie der Verlobung gipfelt: »Und diese weise Herrin der Frauen der Zeit und das Vorbild der Damen der Welt, in der Erkenntnis, daß die Kreuzung zwischen dem Busch aus dem Garten der Keuschheit und dem Baum aus dem Garten des Kalifats reiche Früchte, des Glücks und des Überflusses, tragen und die Verbindung des Sterns am Himmel des Glücks mit dem Himmelskörper im Sternbild der Herrschaft Ehre und Glückseligkeit hervorbringen würde, sorgte dafür, indem sie den Anordnungen des Kaisers Dschannat Makani, dessen vernünftiges und vollkommenes Urteil die Verbindung von Venus und Jupiter und die Vereinigung von Sonne und Mond gewünscht und verlangt hatte, anerkannte, daß die Dame Mumtaz al-Zamani, deren erhabenes Alter zu jener Zeit ... [dreizehn Jahre, elf Monate] und zwanzig Tage war, zur Empfängerin ewigdauernden Glücks wurde, indem sie sie vor den dem Salomo gleichenden König brachte, wo diese ihm am 16. [des Monats] Farwardin des besagten Jahres ... [5. April 1607] ihre Ehre erwies.«

Nichts Geringeres dichtete der wortgewaltige Hofchronist seinem Herrn an, als ein Abkömmling des Propheten zu sein, indem er die Institution des Kalifats erwähnt. Aber vor lauter Lobhudeleien ist er noch immer nicht auf das entscheidende Ereignis zu sprechen gekommen. Erst im folgenden wird endlich die krönende Handlung geschildert. »Und Seine Majestät Dschannat Makani, der sie in Ehren und mit Respekt empfangen hatte, verwandelte jene himmlische Versammlung in das höchste Paradies, indem er einen Garten der Höflichkeit und Blumen der Freundlichkeit erblühen ließ. Und in einer Weise, wie es sich für einen Herrscher von Ruhm und Ansehen gehört, verschönerte er, nachdem er die Zeremonie der Verlobung vollzogen hatte, mit einem Ring des Glücks den glückseligen und glücklichen Finger jener ehrwürdigen Dame.«

Am Hof der Moguln herrschte eine strenge Etikette. Jede Handlung, die vollzogen wurde, sei es durch den Herrscher selbst, sei es durch einen Würdenträger oder Bittsteller, erfolgte nach einem bestimmten Zeremoniell. Insofern reflektiert der weitschweifige und gewundene Bericht des seligen Kaswini das Protokoll bei Hofe; es verlangte Geduld, Geschick und Unterwürfigkeit. Der Kaiser genoß fast religiöse Verehrung.

Der Glanz des Herrschers fiel auch auf seine Söhne ab, vor allem, wenn es einem von ihnen gelungen war, das besondere Vertrauen des Kaisers zu gewinnen und sich die Thronfolge zu sichern. Das Vorrecht des Ältesten auf die Nachfolge gab es bei den Moguln nicht. Nur derjenige, der sich als würdig erwies oder sich durchzusetzen verstand, würde den Thron erringen. Prinz Khurram war in der glücklichen Lage, daß er alle Voraussetzungen mitbrachte, die ein Herrscher benötigte. So verwundert es nicht, daß er es war, wiewohl nur der dritte Sohn Dschahangirs, der von diesem zur Nachfolge bestimmt wurde.

Am 15. Januar 1592 geboren, war Prinz Khurram nur wenig mehr als ein Jahr älter als Ardschumand Banu, die am 15. April 1593 das Licht der Welt erblickte. Den Namen »Khurram«, was »freudig« bedeutet, verlieh dem jungen Prinzen sein Großvater, Kaiser Akbar, der zur Zeit seiner Geburt noch das Zepter in der Hand hielt. Akbar bezog sich mit diesem Namen auf den Wunsch einer seiner Frauen, selbst ein Kind zur Welt zu bringen, was ihr jedoch versagt blieb. Deshalb war es ein »freudiges Ereignis«, daß der Wunsch seiner Frau, Rukia Sultan Begam, gewissermaßen indirekt in Erfüllung ging. Der Kaiser bestimmte denn auch, daß Rukia Begam den kleinen Prinzen adoptierte, was für diesen ein glücklicher Umstand war, denn auf diese Weise geschah es, daß sich Akbar, der ein weiser (und aufgeschlossener) Herrscher war, um ihn kümmerte. Die Mutter des Prinzen, die Tochter eines Radschputenfürsten, der zu jenen gehörte, die – obwohl die Radschputen das hinduistische Erbe Indiens vertraten – eine politische Allianz mit den Moguln eingegangen waren, wurde nicht gefragt.

Prinz Khurram genoß unter der Obhut Akbars eine sorgsame Erziehung. Gelehrte, die sich auf Theologie, Naturwissenschaft und die Dichtkunst verstanden, unterrichteten ihn. Er lernte Persisch, die Sprache der Höflinge, und Türkisch, wiewohl weniger gründlich, obwohl es die eigentliche Sprache der Moguln, die aus türkischsprachigen Gebieten eingewandert waren, darstellte. Überhaupt war Prinz Khurram, obwohl er über einen wachen Verstand verfügte und sich seiner Unterweisung die besten Lehrer widmeten, geistigen Dingen nicht sonderlich zugetan. Er war vor allem an Praktischem interessiert, was der Kaiser gleichfalls förderte, indem er den Prinzen in Reiten, Sport und Waffentechnik unterweisen ließ. Akbar, der nicht nur ein umsichtiger Herrscher war, sondern auch ein erfolgreicher Eroberer, wußte, daß ein Herrscher auch ein Mann der Tat sein mußte. Schon früh erkannte er die besonderen Neigungen Prinz Khurrams, und indem er ihnen die nötige Beachtung schenkte, trug er nicht unwesentlich dazu bei, daß der Prinz schließlich von Dschahangir, seinem Vater, zum Nachfolger erkoren wurde. Khurram war als Zögling Akbars durch die beste Schule gegangen, die man sich hätte denken können. Als Akbar 1605 starb, war es der Prinz, der sich ihm bis zum Ende besonders verbunden fühlte. Er mag geahnt haben, daß ein großer Herrscher diese Welt verließ, und das Bild seines Großvaters, der ihn wie seinen eigenen Sohn erzogen hatte, wird ihm später, als er selbst Herrscher war, oft vor Augen gestanden haben. Wenngleich Schah Dschahan die Größe Akbars nicht erreichte, so stand er ihm doch in so manchem, was ihn auszeichnete, nicht nach.

Der Tod Akbars löste politische Unruhen aus, die die Gegner Dschahangirs schürten, der von Akbar zum Nachfolger bestimmt worden war. Sie konzentrierten sich auf den Pandschab, also den Nordwesten des Landes, so daß der neue Kaiser, Dschahangir, sich dorthin begab, um den Widerstand gegen seine Herrschaft niederzuringen. In Agra, der Hauptstadt des Reiches, ließ er einen Kreis ihm ergebener Würdenträger zurück, die in seiner Abwesenheit die Regierungsgeschäfte führen sollten. Mit dem Vorsitz dieses Gremiums betraute Dschahangir Prinz Khurram, der auf diese Weise zum ersten Mal ein hohes Amt übernahm, das die Gefolgschaft und Ergebenheit der übrigen Ratsmitglieder dem Kaiser gegenüber sichern sollte.

Dschahangir schlug den Widerstand, der sich um Khusrau, einen anderen seiner Söhne und Rivale Khurrams, gebildet hatte, nieder und hielt Einzug in Lahore, im heutigen Pakistan, wo die Moguln eine zweite Residenz unterhielten, die sie vor militärischer Bedrohung aus dem Westen, insbesondere aus Persien, schützen sollte. Persien war denn auch der Anlaß, weshalb Dschahangir schließlich seinen Hof, wenn auch nur vorübergehend, nach Lahore verlegte. Er ließ Khurram mit dem Harem des Kaisers nach Lahore kommen, und da der Prinz während der Abwesenheit des Kaisers die Regierungsgeschäfte in Agra zu dessen Zufriedenheit erledigt hatte, zeichnete er ihn im März 1607 mit der Würde eines Mansabdars aus. Es handelte sich dabei um einen militärischen Rang, der nach der Anzahl der Reiter, über die der Betreffende gebot, bemessen wurde, wobei die Skala von zehn bis 10 000 Reitern reichte. Prinz Khurram wurde der Rang eines Mansabdars, der

8000 Reiter befehligte, zuerkannt. Er hatte damit, im Alter von 15 Jahren, bereits einen hohen Rang inne.

Zwei Wochen später fand, gleichfalls in Lahore, die Verlobung Prinz Khurrams mit Ardschumand Banu statt. Sie war zu diesem Zeitpunkt, wie bereits erwähnt, dreizehn Jahre alt. Auch sie, die sie im Harem ihres Vaters aufgewachsen war, hatte eine sorgsame Erziehung genossen. Neben Persisch, der Sprache ihres Vaters, erlernte sie auch das Arabische, die heilige Sprache des Koran, mit dem sie sich im übrigen, da er die Grundlage jeder Erziehung war, besonders vertraut machte. Wie Prinz Khurram von Akbar gefördert wurde, so erfuhr auch Ardschumand Banu eine besondere Fürsorge, die ihr ihre Tante Mehrunissa angedeihen ließ. Diese gelangte im gleichen Jahr, da die Verlobung zwischen Prinz Khurram und Ardschumand stattfand, an den Hof, wohin sie zurückkehrte, nachdem ihr Mann, gleichfalls ein Perser, den Dschahangir als Statthalter nach Bengalen im Osten des Landes versetzt hatte, bei kriegerischen Auseinandersetzungen ums Leben gekommen war. Da der Kaiser offenbar schon seit längerem ein Auge auf Mehrunissa geworfen hatte und sie schließlich heiratete, kam das Gerücht auf, daß er den Statthalter mutwillig in den Tod geschickt hatte, um sich auf diese Weise seines Rivalen zu entledigen. Immerhin nannte er seine Angebetete fortan *Nur Dschahan*, »Licht der Welt«, und er war ihr so zugetan, daß er ihr, die nicht nur von großer Schönheit, sondern auch klug und ehrgeizig war, praktisch die Regierungsgeschäfte überließ. Das nutzte sie offensichtlich dahingehend, daß sie ihren Einfluß auch auf Prinz Khurram, den designierten Nachfolger, auszudehnen versuchte, wozu Ardschumand, die sie vermutlich unter ihre Fittiche nahm, ein willkommenes Mittel war. Denn obwohl die Verlobung der beiden bereits 1607 stattgefunden hatte, also just zu der Zeit, da Mehrunissa an den Hof gelangte, war zwischenzeitlich die Vermählung des Prinzen mit jener anderen Perserin, die ihre Abstammung auf das persische Königshaus zurückführen konnte, erfolgt. Indem Nur Dschahan den Wunsch des Prinzen unterstützte, endlich seine große Liebe, Ardschumand, heiraten zu dürfen, machte sie sich ihn, wie auch sie, zu Verbündeten und glaubte somit, auch für die Zukunft vorgesorgt zu haben.

Aber es vergingen, wie gesagt, fünf Jahre, bis die Verlobten endlich den Bund der Ehe eingehen konnten. Für Prinz Khurram bedeutete diese Zeit, daß er seine Position als Thronfolger festigte. So erhielt er noch im gleichen Jahr, da er zum Mansabdar ernannt wurde und die Verlobung mit Ardschumand stattfand, ein Lehen, *dschagir* genannt, das in der Zuteilung von Land bestand. Es diente zum Unterhalt des derart Belehnten, wofür er dem Staat beziehungsweise dem Kaiser zu Treue und Diensten verpflichtet war.

Mit dieser neuerlichen Gunstbezeigung des Kaisers ging eine Ehrung besonderer Art einher: Es wurde Prinz Khurram das kaiserliche Siegel übergeben; was bedeutete, daß er alle Erlasse und Anordnungen des Kaisers, indem er sie mit dem Siegel versah, bestätigte. Ein weiterer Schritt auf dem Wege zur Macht, die er selbst einmal ausüben würde, war vollzogen.

Sein Bruder, Prinz Khusrau, der seine Felle davonschwimmen sah, holte nun erneut zum Gegenschlag aus: Er plante mit seinen Anhängern ein Mordkomplott, dem der Kaiser, sein Vater, zum Opfer fallen sollte. Doch Khurram bekam Wind von der Sache und konnte seinen Vater warnen. So konnte die Verschwörung erneut zerschlagen werden. Diesmal aber kam Khusrau, der der älteste Sohn war, was ihn wohl besonders zur Rebellion getrieben hatte, nicht so glimpflich davon wie beim ersten Mal: Der Kaiser ließ seinen Erstgeborenen blenden. Das heißt, Khusrau büßte seinen Ehrgeiz mit dem Verlust seines Augenlichtes.

Der Hof kehrte schließlich nach Agra zurück, wo Prinz Khurram weitere Ehrungen erhielt und schließlich die Hochzeit mit seiner ersten Frau, Akbarabadi Mahal, stattfand, der bald darauf die Vermählung des Kaisers mit Mehrunissa folgte. Zwischenzeitlich zeichnete sich der Prinz noch einmal durch eine besonders mutige Tat aus: Er erlegte bei einem Jagdausflug eigenhändig mit seinem Schwert einen Tiger, der bereits den kaiserlichen Jagdmeister angefallen hatte und auch das Leben des Kaisers bedrohte. Für seine tapfere Tat beförderte Dschahangir den Prinzen in den Rang eines Mansabdars, der über 10000 Reiter gebot. Schließlich, im März 1612, erhöhte der Kaiser den Rang des Prinzen noch einmal um 2000 Reiter, womit seine Stellung in besonderer Weise hervorgehoben wurde. Mit dieser herausragenden Würde ausgestattet, die sich nicht nur auf einen militärischen Rang bezog, sondern auch Verwaltungsaufgaben und Regierungsgeschäfte mit einschloß, konnte Prinz Khurram schließlich sechs Wochen später jenes festliche Ereignis begehen, das sein Glück vervollständigte: Er heiratete seine geliebte Ardschumand Banu, die ihm so lange verwehrt gewesen war. Kaum daß sie sich hatten sehen dürfen, geschweige denn Vertraulichkeiten hatten austauschen können.

Die Feierlichkeiten anläßlich der Vermählung Prinz Khurrams mit Ardschumand Banu dauerten einen Monat. Als eigentliches Datum der Eheschließung ist das Äquivalent des 10. Mai 1612 überliefert. An diesem Tag wurde im Hause der Braut beziehungsweise ihres Vaters, der als Bruder der Lieblingsfrau des Kaisers bereits ein angesehenes Mitglied der höfischen Gesellschaft war, die eigentliche Trauungszeremonie vollzogen.

Kaswini, der Chronist, hat uns auch zu diesem Ereignis einen ausführlichen Bericht überliefert. Freilich gefällt er sich auch diesmal in blumigen Ausschmückungen, die dem Geschilderten eine besondere Weihe verleihen. So schreibt er: »Und als die beiden Himmelskörper im Zenit des Ruhms und der Schönheit in einem Sternbild zusammentrafen, verschönten sie das Schlafgemacht des Glücks und der guten Botschaft. Die himmlischen Väter [das heißt die Sterne] schütteten über ihnen Edelsteine aus der Schatztruhe der Plejaden und Perlen aus den angrenzenden Sternbildern aus. Und die Mütter der Erde [die vier Elemente] brachten als Geschenke für die Zeremonie des Entschleierns der Braut kostbare Erzeugnisse aus Bergwerken und Steinbrüchen und die erwähltesten Früchte aus dem Garten Eden. Die Heiligen der himmlischen Sphären und die Bewohner des weiten Erdenrundes lösten ihre Zungen, um ihnen Glück und Wohlergehen zu wünschen. Der Klang der Festtrommel und der Ruf der Freude versetzte die Himmelskörper in Tanz und Trance, während Venus, die auf ihrer Harfe hinter dem Vorhang spielte, musizierte und Lieder der Freude und Lust sang.«

Aber nicht nur im Himmel, auch auf Erden herrschte eitel Freude ob des frohen Ereignisses, dem der Kaiser einen besonderen Glanz verlieh. Wie Kaswini weiter schreibt: »In Übereinstimmung mit der größten Sorgfalt und Aufmerksamkeit, die Seine Majestät Dschannat Makani [Dschahangir] an den Tag legte, um die Erhabenheit dieses überaus rühmlichen und glanzvollen Ereignisses zu gewährleisten, beehrte er, vor dem Vollzug der glückverheißenden und schicksalhaften Heiratszeremonie, das Haus des Dschamin al-Daula Asaf Khan [des Vaters der Braut], der zu dieser Zeit den Titel Itikad Khan führte, mit seiner Anwesenheit, und für eine Nacht und einen Tag erhellte er das Freudenfest mit seinem Glanz. Und nach einigen Tagen, als dieser Teil des gesegneten und glückverheißenden Festes vorüber war, begab er sich erneut zu den Festlichkeiten und verschönte diesmal die paradiesische Residenz Seiner Majestät des zukünftigen Königs [Schah Dschahan] in Begleitung all der verschleierten Damen des Hofes und des königlichen Harems, die in der Verborgenheit ihrer Keuschheit lebten, und gab seiner großen Freude und Zufriedenheit Ausdruck, die er angesichts des Zusammentreffens der beiden glückverheißenden Himmelsgestirne empfand. Und als der einstige Kaiser mit seinem Erscheinen auch dieses Fest der Freude und Erfüllung des Verlangens beehrt und dieser feierlichen Gesellschaft mit ihrer Freude und Fröhlichkeit an jenem erhabenen Ort seinen Glanz aufgesetzt hatte, vollführte Seine Majestät, der zukünftige König, die feierliche Empfangszeremonie und überreichte seinem Vater eine Gabe unvergleichlicher Juwelen und anderer Kostbarkeiten, die das Herz erfreuen, und Seine Majestät, Dschannat Makani, für den sich alles nach Wunsch erfüllt hatte, äußerte seine uneingeschränkte Zufriedenheit.«

Als nächstes folgte die eigentliche Zeremonie der Eheschließung, und als auch dieser Akt vollzogen war, gab es für die Braut, die nunmehr die Gemahlin eines zukünftigen Königs war, noch eine besondere Ehrung. Wie Kaswini berichtet. »Und nachdem die Hochzeit und Vermählung stattgefunden hatte, übertrug Seine Majestät der König, gemäß Sitte und Brauch der Herrscher aus diesem Haus des Kalifats, die, wenn sie einer von denen, die das königliche Schlafgemach zieren, eine besondere Ehre erweisen wollen, ihnen einen angemessenen Titel verleihen, jener unvergleichlichen Dame, deren tatsächlicher gückverheißender Name Ardschumand Banu Begam war, in Anbetracht ihrer herausragenden Würde, Klugheit und Tugend und auf Grund ihrer erlesenen Schönheit, die sie vor allen anderen ihrer Zeit und des Universums auszeichnete, den Titel Mumtas Mahal Begam, so daß er einerseits als Zeichen des Stolzes und Ruhmes jener Erwählten, die alle überragt, dienen und andererseits der tatsächliche Name jener, deren Glanz diese und die Nachwelt überstrahlt, nicht etwa auf der Zunge des gemeinen Volkes erscheinen möge.«

So geschah es, daß Ardschumand Banu jener Name zuteil wurde, der da »Erwählte des Palastes« bedeutet und unter dem sie schließlich unsterblichen Ruhm erlangen sollte.

FREMDE EROBERER »Am ersten Tag des Monats Safar im Jahre 932 [17. November 1525], einem Freitag, als die Sonne im Sternzeichen des Widders stand, brachen wir zu unserem Feldzug nach Indien auf. Wir überquerten den Hügel von Yiklanga und machten auf einer Wiese am östlichen Ufer des Flusses Dih-i Yakub halt.«

Es war bereits der fünfte Vorstoß, den Zahir-ud-Din Mohammed Babur, von dem hier die Rede ist, nach Indien unternahm. Wie er an anderer Stelle erläutert: »Seit dem Jahre 910, als ich das Land Kabul eroberte, bis heute war es immer mein Wunsch gewesen, einmal Indien zu erobern. Doch ob es nun der Kleinmut meiner Begs [Heerführer] oder die mangelnde Unterstützung meiner jüngeren und älteren Brüder war, ich war nicht nach Indien marschiert und hatte dieses Reich nicht unterworfen. Später lösten sich ihre Vorbehalte auf. Keiner der Begs, ob groß oder gering, konnte mehr etwas gegen diese Pläne einwenden. Im Jahre 925 [1519] zog ich mit meinem Heer aus. Innerhalb von zwei oder drei Geri [etwa einer Stunde] nahmen wir Bejevr im Sturm, veranstalteten danach ein allgemeines Gemetzel und kamen nach Bihre. Diesmal plünderten wir nicht und ließen den Besitz der Leute unbehelligt, erhoben aber ein Lösegeld von vierhunderttausend Schahrukhi in Silber und Naturalien und teilten es entsprechend der Zahl meiner Gefolgsleute unter dem Heer auf. Danach kehrten wir nach Kabul zurück. Seit diesem Zeitpunkt bis zum Jahre 932 [1526] führte ich innerhalb von acht Jahren das Heer fünfmal nach Indien. Beim fünften Mal – Gott sei gepriesen für seine Gnade und Milde – gelang es schließlich, einen so mächtigen Feind wie Ibrahim zu besiegen und uns dieses große Reich Indien zu unterwerfen.«

Ibrahim Lodi, Sultan von Delhi, unterlag in der Tat, in einer berühmten Schlacht, dem Invasoren Babur, doch damit hatte dieser noch keineswegs Indien unterworfen. Allerdings war der Grundstein zu einem Reich gelegt, das einmal den größten Teil Indiens umfassen sollte. Es war dies das Reich der Moguln, und Zahir-ud-Din Mohammed Babur gebührt der Ruhm, dieses Reich gegründet zu haben.

Obwohl Babur seit langem den Wunsch hegte, Indien zu erobern, und es ihm schließlich auch gelang, in Indien Fuß zu fassen, erwies sich doch das fremde Land, in dem er sich nach seinem Sieg niederließ, durchaus nicht als ein Paradies, wie er, der aus den kargen Steppen Zentralasiens kam, es sich erhofft hatte. Wie er in seinen Erinnerungen, dem »Babur-Nama«, das zu den großen Werken der Weltliteratur gehört, berichtet: »Indien [...] ist ein seltsames Land und verglichen mit unserem Land eine ganz andere Welt. Alles ist dort anders, die Berge, die Flüsse, die Wälder und Ebenen, die Dörfer und das bebaute Land, die Tier- und die Pflanzenwelt, Menschen und Sprache, Regen und Wind. Bisweilen erinnert das heiße Gebiet, das zu Kabul gehört, an Indien, und dann ist es doch auch wieder ganz anders als dieses. Sobald man den Indus überschritten hat, sind das Land, die Flüsse, die Bäume, die Steine, die Menschen, die Völker, die Sitten und die Gebräuche allesamt indisch.«

Da ist einmal die Landschaft, die Babur nicht zusagt. Er schreibt: »Die Städte und Dörfer Indiens sind äußerst reizlos. Es gibt überhaupt keinen Unterschied zwischen Stadt und Land. Die Gärten haben keine Mauern. Fast überall ist das Gelände flach. Durch die Monsunregen sind die Ufer mancher Flüsse und Wasserläufe von Schlammlöchern ausgehöhlt, wodurch das Übersetzen sehr erschwert wird. In den Ebenen wächst borniges Dickicht, in dessen Schutz die Bewohner des Parganas [Verwaltungsbezirks] Aufstände und Unruhen anzetteln und dann auch keine Steuern zahlen.«

Nicht nur die Landschaft, Klima und Beschaffenheit des Geländes, war eine Enttäuschung, auch die Menschen und die Art, wie sie lebten, entsprachen nicht den Erwartungen, die der Eroberer gehegt hatte. Wie er des weiteren berichtet: »Indien bietet nur wenig Reize und Annehmlichkeiten. Anmut und Schönheit sucht man unter seinen Bewohnern vergeblich. Sie treiben keinen Handel, machen keine gegenseitigen Besuche und führen auch sonst kein geselliges Leben. Sie sind ohne Verstand und Urteilskraft, kennen nicht die feinen Sitten, sind ohne Großherzigkeit und besitzen keinerlei männliche Tugenden. Im Handwerk und bei ihren Arbeiten zeigen sie weder Ordnung noch Sinn für Symmetrie, noch gibt es bei ihnen eine Waagrechte oder eine Senkrechte. Sie besitzen keine guten Pferde, keine Hunde, keine guten Trauben und Melonen, kein gutes Obst und haben weder Eis noch kühles Wasser. Auf dem Bazar findet man weder gutes Essen noch gutes Brot. Sie kennen keine Dampfbäder, keine Madrasas [Kollegien] und haben weder Kerzen noch Fackeln oder Leuchten.«

Ein bemerkenswertes Urteil, das Babur hier über die Inder fällt. Es trifft in vielem zu, was jeder neutrale Beobachter, der Indien kennt, bestätigen wird, ist aber auch in manchem übertrieben oder schlichtweg irreführend, wie im folgenden noch deutlich werden wird. Eines aber verdient besonders hervorgehoben zu werden: ein Gegensatz, wie er nicht ausgeprägter sein konnte, zwischen dem Inder und dem Eroberer, die beide Produkte einer gänzlich unterschiedlichen Umwelt und kulturellen Tradition waren. Hier das heiße, monsungeschwängerte Tiefland, dort die karge, rauhe Steppenlandschaft jenseits der Berge, die der Himalaja und seine westlichen Ausläufer auftürmen. Hier das Erbe einer Tradition, die durch religiöse Überlieferungen geprägt ist, die den Menschen zu Duldsamkeit und Passivität erzogen, dort eine Lebensauffassung, die von einer strengen patriarchalen Ordnung und einer monotheistischen Religion, die diese Ordnung bestärkt, gekennzeichnet ist. Auf der einen Seite Brahmanismus, Buddhismus, Hinduismus, auf der anderen der Islam: Eine gegensätzlichere Konstellation ist kaum vorstellbar. Und doch prallten diese so gegensätzlichen Welten auf engstem Raum in Indien zusammen. Ein Aufeinandertreffen, das dem Subkontinent noch heute zu schaffen macht.

Doch wenn der Gegensatz so groß und die Lebensumstände in Indien so wenig reizvoll waren, warum entschloß sich dann Babur, in Indien zu bleiben? Er hätte nach Kabul, in Afghanistan, wo er bereits ein Königreich erworben hatte, oder gar in seine Heimat, jenseits des Hindukusch, zurückkehren können. Warum tat er es nicht? Nun, er spricht es ganz offen aus: »Der größte Vorzug von Indien ist seine Größe und sein Überfluß an Gold und Silber.« Indien, das Märchenland, ein

Hort unermeßlicher Schätze, von dem schon Marco Polo berichtet hatte. Indien hatte aber auch noch einen anderen Vorzug: »Ein weiterer Vorteil ist, daß man Handwerker und Arbeiter in unbegrenzter Zahl zur Verfügung hat.« Ein unbegrenztes Reservoir an Arbeitskräften, das in Indien auf Grund seines Klimas und günstiger Anbaubedingungen in der Tat zur Verfügung stand, wußte schon Babur zu schätzen. Am Ende wogen die Vorzüge, die Indien bot, die Nachteile, die er beklagte, auf. Das hatten auch schon andere erkannt, die ein Auge auf Indien geworfen hatten. Denn wenn es eine Konstante in der Geschichte des indischen Subkontinents gibt, dann ist es die Regelmäßigkeit, mit der es dem Einfall fremder Eroberer ausgesetzt war. Das reicht von den arischen Einwanderern, die in grauer Vorzeit die autochthone Bevölkerung Indiens überlagerten und die eigentliche indische Tradition mit der Einführung des Brahmanismus begründeten, über den Einfall Alexander des Großen, der immerhin zur Entstehung griechisch geprägter Königreiche im Gebiet des heutigen Pakistan (wie auch in Afghanistan) führte, bis hin zu den ersten Vorstößen muslimischer Eroberer, die der eigentlichen Unterwerfung Indiens durch die Moguln vorausgingen. Was letzteres betrifft, so weist Babur auf zwei Ereignisse hin, die von besonderer Bedeutung waren. Er schreibt: »Seit den Tagen des Propheten – Gott segne und behüte ihn – bis heute hatten drei Könige von der anderen Seite der Berge Indien erobert und dort regiert. Der erste war Sultan Mahmud Ghazi. Er und seine Nachkommen hielten sich lange auf dem indischen Thron. Der zweite war Sultan Schihabuddin aus Ghor. Er und seine Sklaven herrschten viele Jahre über dieses Reich. Der dritte war ich nun selbst, aber mein Vorgehen glich keineswegs dem der anderen Könige. Als Sultan Mahmud Indien eroberte, gehörte ihm der Thron von Khorasan, waren ihm die Sultane von Kharizm und der Grenzlande untertan, war der König von Samarqand sein Lehnsmann und umfaßte sein Heer unbestritten hunderttausend Mann, wenn es nicht sogar zweihunderttausend waren. Außerdem waren die Rajas [indische Fürsten] seine Feinde. Indien als Ganzes gehörte nicht etwa einem einzigen König, sondern jeder Raja regierte in seinem Land unabhängig. Was Sultan Schihabuddin aus Ghor betrifft, so war, wenn er nicht selber über Khorasan regierte, sein älterer Bruder dort König. Das ›Tabaqat-e Naseri‹ [eine zeitgenössische

Chronik] berichtet, daß er einmal ein Heer von hundertzwanzigtausend Mann in Brustschilden und auf Pferden in Harnisch nach Indien führte. Auch er hatte die Rajas zu Feinden, und die Rajas von Indien unterstanden nicht einem einzelnen Menschen.«

Das Handicap der Inder bestand in ihrer Uneinigkeit. Seit den Tagen der glorreichen Gupta-Dynastie, die im 4. und 5. Jahrhundert über weite Teile Indiens geherrscht hatte, war der indische Subkontinent in rivalisierende Kleinstaaten zersplittert, die eine leichte Beute fremder Eroberer wurden. Lediglich die Radschputen, ein kriegerischer Herrscherclan, der selbst auf fremde Eroberer zurückging, sich jedoch der neuen Umgebung in Indien angepaßt hatte und sich zum Bollwerk der hinduistischen Tradition aufschwang, leisteten den muslimischen Eroberern, die seit dem 7. Jahrhundert in Indien einfielen, erbitterten Widerstand.

Die Radschputen – ihr Name bedeutet »Königssöhne« – waren eine stolze Kriegerkaste, deren Kernland die Radschputana wurde, das westliche Grenzland Indiens, das dem heutigen indischen Bundesstaat Radschasthan entspricht. Hier errichteten sie, vorzugsweise auf unzugänglichen Bergeshöhen und Hügelkämmen, uneinnehmbare Felsenfesten, die ihnen als Stammsitz dienten und wo sie eine höfische Kultur entfalteten, die eine späte Blüte der überkommenen indischen Tradition darstellte. Bemerkenswert war ein ausgeprägter Ehrenkodex der Radschputen, die sich im Kampf durch große Tapferkeit auszeichneten und, soweit es ihre Frauen betraf, Tugend über alles setzten. Was, wie wir noch sehen werden, oft tragische Folgen hatte.

Die ersten Muslime, denen sich die Radschputen entgegenstellten, waren Araber. Sie unternahmen bereits im 7. Jahrhundert, angetrieben durch den neuen Glauben, den Mohammed begründet hatte, erste Vorstöße nach Indien. In Sind, am Unterlauf des Indus, im heutigen Pakistan, ließen sie sich zu Beginn des 8. Jahrhunderts nieder, während die Radschputen in ihrem angrenzenden Stammland sie daran hinderten, ihre Herrschaft weiter in das eigentliche Indien auszudehnen.

Eine zweite Welle muslimischer Invasoren setzte zu Beginn des 11. Jahrhunderts ein, als türkischstämmige Eindringlinge aus dem Nordwesten in Indien einfielen. Es waren dies die Ghasnawiden, ein

Herrschergeschlecht, das sich in Ghasni, im heutigen Afghanistan, niedergelassen hatte und ein neues Zentrum muslimischer Macht an der Grenze Indiens gründete. Ihr bedeutendster Herrscher war Mahmud, ein rücksichtsloser Eroberer, der in Indien zum Inbegriff eines grausamen, fanatischen Ikonoklasten wurde. Er schuf ein Reich, das vom Kaspischen Meer bis zum Pandschab reichte, dem »Fünfstromland«, wie man – nach dem Indus und seinen Nebenflüssen – das Grenzland im Nordwesten Indiens nennt. Doch soweit es Indien betraf, ging es Mahmud nicht eigentlich um eine territoriale Ausdehnung seines Reiches. Woran auch er schon besonders interessiert war, das waren die unermeßlichen Schätze, für die Indien berühmt war. So unternahm er insgesamt 17 Vorstöße nach Indien, die allein dem Zweck dienten, reiche Städte und Pilgerzentren auszuplündern und – auch das war ein Motiv – zu zerstören. Denn auch die Türken bekannten sich inzwischen zum Islam, der ein militanter, rigoroser Glaube war, in dessen Namen unvorstellbare Grausamkeiten begangen wurden. Berühmt geworden sind besonders zwei Einfälle Mahmuds in Indien: ein Vorstoß nach Kanaudsch, einer Stadt am Ganges, die einmal das Zentrum eines mächtigen Reiches gewesen war, wo Mahmud im Jahre 1018 einfiel und unter anderem 50 000 Sklaven erbeutete, die er unter den Bewohnern zusammentreiben ließ, und eine zweite Invasion sieben Jahre später, die gegen Somnath auf der Halbinsel Kathiawar, am Arabischen Meer, gerichtet war, wo sich eine berühmte Pilgerstätte befand. Es war dies ein Tempel, einer hinduistischen Gottheit geweiht, dessen Zerstörung nicht nur ein Gott, Allah, wohlgefälliges Werk versprach, sondern obendrein auch noch eine Belohnung, die aus unermeßlichen Reichtümern bestand. War Somnath, direkt am Meer gelegen, doch eine der heiligen Städte Indiens, wo Opfergaben von Pilgern und Herrschern seit Generationen gehortet wurden. Wie es in einer zeitgenössischen Chronik heißt: »Die Hindus pflegten dorthin Pilgerzüge zu unternehmen, wann immer eine Mondfinsternis eintrat, und sich dort in einer Zahl von über hunderttausend zu versammeln. Sie glaubten, daß die Seelen der Menschen dort zusammenkämen, nachdem sie sich vom Körper gelöst hatten, und daß die Gottheit sie nach Belieben in andere Körper einpflanzte, so wie es ihre Lehre von der Seelenwanderung vorsah. Die Ebbe und

Flut der Gezeiten wurde als die Verehrung angesehen, die das Meer dem Götterbild zollte. Die größten Kostbarkeiten brachte man dorthin als Opfergaben, und der Tempel war mit über zehntausend Dörfern ausgestattet, die ihn unterhielten.« Stattlich war auch die Zahl der Priester und Tänzerinnen, die im Tempelbezirk von Somnath Dienst taten: »Tausend Brahmanen dienten dem Kult zu Ehren des Götterbildes wie auch der Fürsorge für die Pilger, und fünfhundert junge Mädchen sangen und tanzten am Tor – all diese wurden aus dem Unterhalt des Tempels versorgt.«

Verständlich, daß hier reiche Beute winkte: Gold, Edelsteine und Frauen, die von erlesener Schönheit und obendrein auch noch, durch ihre geweihten Künste, besonders verführerisch waren. Mahmud, der Raubritter, legte sich also mächtig ins Zeug, wobei sein Glaubenseifer, auch wenn er von dem muslimischen Chronisten besonders hervorgehoben wird, eher von nachrangiger Bedeutung gewesen sein dürfte. Wie es in dem Bericht über die Plünderung des Tempels von Somnath heißt: »Als der Sultan Jaminu-d Daula Mahmud bin Subuktigin sich daran machte, einen Glaubenskrieg gegen Indien zu führen, unternahm er große Anstrengungen, Somnat einzunehmen und zu zerstören, in der Hoffnung, die Hindus zu Mohammedanern zu bekehren. Er traf dort Mitte des [Monats] Zi-l kada 416 n.d.H. [Dezember 1025] ein. Die Inder unternahmen einen verzweifelten Versuch, sich zur Wehr zu setzen. Sie drängten sich weinend und schreiend in den Tempel, um die Gottheit um Hilfe anzuflehen, und warfen sich dann in den Kampf und wehrten sich, bis alle getötet waren. Die Zahl derer, die erschlagen wurden, überschritt 50 000.«

Mahmud, der Bilderstürmer, starb 1030, womit für Indien, obwohl das Reich der Ghasnawiden noch hundert Jahre Bestand hatte, eine Verschnaufpause eintrat. Bis gegen Ende des 12. Jahrhunderts ein neuer Eroberer auftauchte, diesmal in der Gestalt Mohammeds, aus dem Geschlecht der Ghuriden, die an die Stelle der Ghasnawiden getreten waren. Auch sie hatte ihren Stammsitz in Afghanistan, doch anders als Mahmud war Mohammed nicht in erster Linie auf Schätze aus: Ihm ging es um die Erweiterung seiner Macht, und als es 1192 in Tarain nördlich von Delhi zu einer Entscheidungsschlacht kam, in der die Ghuriden siegten (und die Radschputen ihre Vormacht im

DAS TRADITIONELLE INDIEN: OPFER MUSLIMISCHER BILDERSTÜRMER

nördlichen Indien einbüßten), bedeutete dies den Anfang muslimischer Herrschaft im Herzen Indiens, die sich nun über einen Zeitraum von fast siebenhundert Jahren erstrecken sollte. Denn auf die Ghuriden, die sich nur kurze Zeit an der Macht halten konnten, folgte das sogenannte »Sultanat von Delhi«, das aus einer Reihe aufeinanderfolgender muslimischer Herrscherhäuser bestand, die drei Jahrhunderte lang – von 1206 bis 1526 – die Geschicke des nördlichen Indien bestimmten. Bis schließlich jener Eroberer, der aus Zentralasien stammte und sich Babur, das heißt »der Tiger«, nannte, erschien und auf dem Fundament, das seine muslimischen Vorläufer in Indien errichtet hatten, ein Reich gründete, das alle voraufgegangenen an Ruhm und Glanz übertreffen sollte.

Babur war der erste der sogenannten »Moguln«, eine Bezeichnung, die ihren Ursprung in dem Wort »Mongolen« hat. Denn Babur stammte von diesem Volk ab, das in der fernen Mongolei seine Heimat besaß und im 13. Jahrhundert ein Reich, das vom Pazifik bis zum Schwarzen Meer reichte, gegründet hatte. Väterlicherseits konnte er Timur, der wegen seiner Grausamkeit besonders gefürchtet gewesen war, zu seinen Vorfahren zählen, während er mütterlicherseits seinen Stammbau auf den nicht weniger furchterregenden Dschingis Khan zurückführen konnte. Allerdings betrachtete sich Babur selbst nicht als Mongole, sonder als Türke. Das war insofern bedeutsam, als den Mongolen das Bild ungezügelter Barbaren anhaftete, während die Zugehörigkeit zu den Türken, die zwar auch ursprünglich ein kriegerisches Reitervolk gewesen waren, sich inzwischen jedoch – nicht zuletzt durch die Übernahme des Islam – zu einem Volk entwickelt hatten, das eine verfeinerte Form der Kultur aufwies, als eine Art Empfehlung galt. So waren selbst die Mongolen, zumindest die, die in den Westen gezogen waren, stark türkisiert worden, was sogar für Timur zutrifft, der nicht nur ein rücksichtsloser Eroberer, sondern auch ein großer Baumeister war. Dennoch, die Erinnerung an die Mongolen hielt sich in der Überlieferung, und so gelangte die Bezeichnung »Mongole«, in der persischen Form *moghul*, nach Indien, wo sie fortan den Namen für das Herrschergeschlecht der Moguln abgab. Der persische Einfluß ersetzte bald das türkische Erbe, obwohl Turki, ein türkischer Dialekt, ein Verständigungsmittel der Moguln blieb, auch wenn es auf den engeren Bereich des Herrschergeschlechts begrenzt war, während bei Hofe Persisch gesprochen wurde.

Babur verkörperte also ein vielfältiges Erbe, zu dem sich in Indien – wenn auch erst unter seinen Nachfolgern – noch die einheimische Tradition hinzugesellen sollte. Das trifft auch für die rassische Komponente zu, denn nicht nur gingen die Moguln Verbindungen mit Persern ein, ihr Blut mischte sich auch mit dem von Indern, insbesondere der Radschputen, deren Töchter politische Bande besiegeln sollten.

Bis es dazu kam, vergingen jedoch noch einige Jahre. Denn zunächst einmal war Babur lediglich ein Eindringling, der wiederholt in das nordwestliche Grenzland Indiens eingefallen war, wo er schließlich in Lahore einen Vorposten errichtete, ehe er dann zum Entscheidungsschlag ausholte. Als dies geschah, im November 1525, war Babur bereits Herrscher über ein Reich, das er sich in Afghanistan unterworfen hatte, wo er in Kabul hofgehalten hatte, ehe er nach Indien aufbrach. Sein eigentliches Stammland jenseits des Hindukusch hatte er an die Usbeken, ein türkisches Volk, das das Erbe der Mongolen angetreten hatte, verloren. Auch die Perser, die ihren Einfluß ausweiteten, hatten ihm zu schaffen gemacht, so daß es Babur schließlich vorgezogen hatte, sich nach Süden und Osten zu wenden und somit Timur, seinem Ahnen, zu folgen, der nicht nur Afghanistan unterworfen, sondern auch einen Vorstoß bis nach Delhi unternommen hatte. Das war Ende des 14. Jahrhunderts gewesen. Inzwischen hatte das Sultanat von Delhi seine Unabhängigkeit zurückerlangt. Seit 1451 regierte hier das Geschlecht der Lodis, eine Dynastie afghanischen Ursprungs, die jedoch souverän war, das heißt über ein eigenes Reich muslimischer Tradition auf indischem Boden herrschte.

Allerdings waren die Afghanen, die Träger dieses Reiches waren, untereinander zerstritten. Das ging so weit, daß Gegner des Herrscherhauses, dem zur Zeit Baburs Ibrahim Lodi vorstand, Kontakt mit Babur aufnahmen und ihn quasi zu seinem Feldzug nach Indien einluden. Für Babur war dies ein günstiger Umstand, der nicht unwesentlich dazu beitrug, daß er einen triumphalen Sieg gegen Ibrahim Lodi errang.

Die Schlacht, die über das Schicksal Indiens entschied, fand bei dem Ort Panipat vor den Toren Delhis am 20. April 1526 statt. Über seine

Feinde schrieb Babur rückblickend: »Die kampfbereiten Männer im feindlichen Lager wurden auf etwa hunderttausend geschätzt. Ibrahim und seine Begs hatten etwa tausend Elefanten. Die Schätze, die er von seinem Vater und Großvater ererbt hatte, trug er mit sich. In Indien ist es Sitte, daß man unter solchen Umständen für eine bestimmte Zeit Gefolgsleute mit Geld bezahlt. Diese werden Badhindi genannt. Wenn er wollte, hätte er sogar hundert- oder zweihunderttausend Gefolgsleute bezahlen können. Gott aber, er sei gepriesen, ordnete alles wohl. Ibrahim konnte weder seine Soldaten zufriedenstellen noch seine Schätze verteilen. Wie hätte er seine Krieger auch zufriedenstellen können, wo er doch von Natur aus geizig und nur ein junger, unerfahrener Krieger war, der nichts anderes versuchte, als unaufhörlich Geld anzuhäufen. Er hatte weder genügend Streitkräfte noch verwandte er besondere Sorgfalt auf den Vormarsch und die Rastplätze.«

Es entsprach der Tradition der indischen Kriegskunst, Elefanten einzusetzen, was schon Alexander der Große erfahren hatte, der ja die Reihe der fremden Eroberer anführte. Elefanten waren so etwas wie Panzer im modernen Krieg, bewegliche Kampfmaschinen, die beim Gegner Furcht und Schrecken auslösten. Auch die Moguln sollten davon Gebrauch machen. Noch aber waren sie nicht die Herren Indiens. Babur setzte der Taktik der Inder seine beweglichere Streitmacht, die durch die Tradition kriegerischer Reitervölker gekennzeichnet war und durch eine schlagkräftigere Artillerie ergänzt wurde, entgegen. So daß der Ausgang der Schlacht nicht in Frage stand. Babur bemerkt dazu: »Die Sonne hatte auf Höhe einer Lanze gestanden, als der Kampf begonnen hatte. Es dauerte bis zum Mittag, bis die Feinde geschlagen waren und wir vor Glück und Freude jubelten. Gott, er sei gepriesen in seiner Güte und Milde, hatte uns diese schwere Aufgabe leicht gemacht! In nur einem halben Tag hatten wir ein so mächtiges Heer dem Erdboden gleichgemacht.«

Fast die Hälfte der Streitmacht, die Ibrahim ins Feld geführt hatte, war niedergemacht worden. Unter den Gefallenen befand sich auch der Lodi-Herrscher: »Ich ging durch Ibrahims Lager und besichtigte den Platz, auf dem seine Zelte standen. Danach hielten wir am Rande eines kleinen Flusses. Zur Stunde des Nachmittaggebets fand Tahir Tabari, der jüngere Schwager von Khalifa [eines Gefolgsmannes Baburs], unter einem Haufen von Toten auch den Leichnam von Ibrahim und brachte mir seinen Kopf.«

DSCHAUHAR Mit der Schlacht von Panipat, so entscheidend sie auch war, hatte Babur noch nicht allen Widerstand gebrochen. Die eigentlichen Inder, zu deren Wortführern sich die Radschputen aufgeschwungen hatten, waren noch nicht besiegt. Und so kam es – im März 1527 – in der Nähe von Agra, das neben Delhi zu einem zweiten Zentrum der fremden Eroberer herangewachsen war, zu einer weiteren Schlacht, bei der sich die Radschputen, die sich zu einer Konföderation zusammengeschlossen hatten, Babur entgegenstellten. Obwohl die Radschputen unter ihrem Anführer Rana Sanga, dem Fürsten von Mewar, einer Provinz in der südlichen Radschputana, tapfer kämpften, unterlagen auch sie. Damit war ihre Vormachtstellung in diesem Teil Indiens gebrochen, obwohl sie auch später noch den Moguln vereinzelt Widerstand leisteten.

Babur hatte sich bereits bei seinem Einzug in Delhi zum *Padischah*, zum Herren Indiens, ausrufen lassen. Und als er nach Agra, wohin er seinen Sohn Humajun vorausgeschickt hatte, weiterzog, um auch hier seinen Herrschaftsanspruch zu bestätigen, war das Geschenk, das der Sohn für ihn bereithielt, wie ein Siegel, das der Macht der Moguln einen ersten Glanz verlieh. Wie Babur berichtet: »Bikarmajit der Inder war Raja von Gwalior gewesen. Seit mehr als hundert Jahren herrschten seine Vorfahren über dieses Gebiet. Iskandar [aus dem Herrscherhaus der Lodis] hatte einige Zeit in Agra gelegen, in der Absicht, Gwalior einzunehmen. Danach hatte Azam-i Humayun Sarvani [ein Statthalter der Lodis] zu Ibrahims Zeit in derselben Absicht Krieg geführt und schließlich durch einen Vertrag Gwalior gegen Schamsabad eingetauscht. Bei der Niederlage Ibrahims fuhr Bikarmajit zur Hölle. Seine Kinder und seine Hofleute befanden sich in Agra. Als Humayun [der Sohn Baburs] dort eintraf, wollten sie fliehen, aber Humayun hinderte sie daran. Sie boten ihm freiwillig viele Juwelen und kostbare Steine an, unter denen sich auch ein berühmter Diamant befand, den Sultan Alauddin mitgebracht haben mußte. Er war so berühmt, daß Kenner seinen Wert auf das Zweieinhalbfache dessen schätzten, was die ganze Welt während eines Tages zum Leben braucht. Er wog wohl acht Misqal. Als ich nach Agra kam, schenkte ihn mir Humayun, doch machte ich ihn ihm gleich darauf selbst wieder zum Geschenk.«

Humajun sollte dieser Edelstein noch einmal sehr zustatten kommen. Handelte es sich doch in der Tat um ein besonderes Juwel, dessen Wert, wie Babur bemerkt, auf das Äquivalent von 130 Karat geschätzt wurde (auch wenn es heute nur noch 110 Karat sind; was damit zusammenhängt, daß der Kohinoor, der »Berg des Lichts«, wie man den Diamanten schließlich taufte, noch nicht am Ende seiner Reise angelangt war und noch so manche Veränderung über sich ergehen lassen mußte). Diamanten stellen auf Grund ihrer ungewöhnlichen Härte und hohen Lichtbrechung, der sie die Bezeichnung »Brillant« verdanken, die wertvollste Form der Edelsteine dar. Verständlich, daß der Kohinoor, zumal er nicht umsonst seinen Namen verdiente, der sich nicht zuletzt auch auf seine außergewöhnliche Größe bezieht, die Begehrlichkeit bei so manchem weckte, der mit ihm in Berührung kam. Das scheint, soweit man es zurückverfolgen kann, erstmals jener Sultan Ala-ud-Din, aus dem Geschlecht der Khaljis, die um die Wende vom 13. zum 14. Jahrhundert in Delhi herrschten, gewesen zu sein. Ähnlich wie Mahmud von Ghasni unternahm auch Ala-ud-Din Raubzüge in Gegenden, in denen die eigentliche indische Tradition überlebt hatte. Das war, neben der Radschputana, vor allem der Süden des Subkontinents, der auch unter der Herrschaft der Moguln ein Hort der einheimischen Tradition blieb. Was gerade den Süden Indiens so begehrenswert machte, waren die reichen Edelsteinvorkommen, die dieses Gebiet auszeichneten. Auf einem seiner Raubzüge in den Süden erbeutete Ala-ud-Din den Kohinoor, der jedoch dann – möglicherweise unter den Lodis, die ihn womöglich beim Erwerb Gwaliors als zusätzlichen Anreiz verwendeten – offensichtlich in die Schatzkammern des ehemaligen Radschas von Gwalior gelangte. Dieser hatte an der Seite Ibrahims, des Lodi-Herrschers, in der Schlacht von Panipat den Tod gefunden, war – wie Babur sich audrückt – »zur Hölle gefahren«, und als Humajun, Baburs Sohn, Agra besetzte, wo die Familie des Radschas Zuflucht gefunden hatte, versuchte diese, sich ihre Freiheit zu erkaufen, indem sie Humajun die Schätze des Fürsten, darunter auch den Kohinoor, anbot. Das war der erste Teil der Odyssee des berühmten Diamanten, der, wie gesagt, noch eine lange Reise vor sich hatte. Die nächste Station war Persien, wo Humajun den Kohinoor dem dortigen Herrscher, Tahmasp, zum Geschenk machte. Allerdings geschah dies nicht ganz freiwillig.

Humajun war der älteste Sohn Baburs, und obwohl dies nicht zur Regel wurde, trat er dessen Nachfolge an. Babur konnte sich seiner Erfolge, die ihm in Indien beschieden waren, nicht lange erfreuen; denn schon 1530, nur drei Jahre nach seinem Sieg über die Radschputen, starb er. Humajun versuchte, die Konsolidierung der Herrschaft, die sein Vater begründet hatte, fortzusetzen, was ihm jedoch nicht gelang. Denn in Scher Khan, einem Anführer der Afghanen, die sich zur Führungsschicht im Gebiet des ehemaligen Sultanats von Delhi aufgeschwungen hatten, erwuchs ihm ein neuer Gegner, der es verstand, die Eroberer zurückzudrängen, bis Humajun keinen anderen Ausweg sah, als sich jenseits der Grenzen Indiens zurückzuziehen und am Hofe des Schahs von Persien, jenes Tahmasp, der sich seine Gastfreundschaft fürstlich bezahlen ließ, Zuflucht zu suchen.

Zwölf Jahre gingen ins Land, die Humajun sozusagen im Exil verbrachte. Dann war die Dynastie, die Scher Khan gegründet hatte, am Ende. Humajun kehrte nach Indien zurück, besetzte von neuem Delhi – und stürzte sich hier, kaum ein halbes Jahr später, im Januar 1556, zu Tode, als er sich beim Herabsteigen einer Treppe in seinem Gewand verfing und so unglücklich auf den Steinen aufschlug, daß er starb. Die Ironie dabei ist, daß der Ort, wo dies geschah, eine Bibliothek war, die er sich hatte herrichten lassen.

Humajuns Sohn und Nachfolger, Akbar, war weniger gebildet als seine beiden Vorgänger; er lernte zeit seines Lebens weder Lesen noch Schreiben. Doch das hinderte ihn nicht daran, der bedeutendste aus dem Geschlecht der Moguln zu werden. Nicht zu Unrecht ist er als »Akbar der Große« in die Geschichte eingegangen.

Daß Akbar ein erfolgreicher Feldherr war, wird man heute weniger schätzen. Was jedoch seine zeitlose Größe ausmacht, das ist sein Geschick als Staatsmann und die Toleranz, die er in Glaubensdingen an den Tag legte. Vor allem was letzteres betrifft, war er seiner Zeit weit voraus. Ja, wie unlängst Ausschreitungen von Hindus gegen Muslime (und zuvor auch schon gegen Christen) beweisen, wäre sein Beispiel auch im heutigen Indien noch ein leuchtendes Vorbild.

Doch bevor Akbar ein weiser und einsichtiger Staatsmann wurde, mußte auch er zunächst einmal seine Herrschaft sichern. Das begann schon in dem Augenblick, als er die Nachfolge seines Vaters antrat. Denn diesen Zeitpunkt nutzten die Afghanen, die auch schon Humajun das Leben schwer gemacht hatten, um sich erneut Delhis zu bemächtigen. Es kam zu einer neuerlichen militärischen Kraftprobe, die wiederum, dreißig Jahre nach dem Sieg Baburs, in Panipat ausgetragen wurde. Auch diesmal unterlagen die Afghanen, und Akbar, der erst 14 Jahre alt war, dem aber ein treuer, fähiger Regent namens Bairam Khan zur Seite stand, konnte seinen Anspruch auf die Herrschaft Indiens behaupten. Der war allerdings noch immer beziehungsweise erneut höchst unsicher, und so bestand denn die erste Aufgabe, der sich Akbar widmen mußte, in der Festigung seiner Macht. Das geschah auf zweifachem Wege: einmal durch Eroberungen, durch die Akbar sein Herrschaftsgebiet ausweitete und konsolidierte, und zum anderen durch die allmähliche Entmachtung seiner eigenen Gefolgsleute, die ihm – in der Tradition einer Beteiligung an der Herrschaft, wie sie im Stammland der Moguln in Zentralasien üblich gewesen war – hätten gefährlich werden können. Geschickt verband Akbar das eine mit dem andern, indem er Unterstützung bei der einheimischen indischen Bevölkerung suchte, die er gegen seine potentiellen Rivalen in den eigenen Reihen ausspielen konnte. Eine Schlüsselrolle nahmen bei diesem Balanceakt die Radschputen ein. Babur hatte sie zwar geschlagen, doch war damit die Radschputana noch nicht wirklich unterworfen. Nach einem ersten Sieg über Malwa, eine Provinz, die von einem muslimischen Fürsten beherrscht wurde und an die Radschputana angrenzte, zog es der Radscha von Amber, einem der Zentren der Radschputen, vor, sich mit Akbar auf friedlichem Wege zu einigen und, statt die Waffen gegen den Mogulherrscher zu erheben, ihm seine Tochter Dschod Bai zur Frau zu geben. Ein Beispiel, dem andere Radschputenfürsten folgten, auch wenn ihren Töchtern nicht die gleiche Ehre zuteil wurde wie Dschod Bai, die Akbar schließlich einen ersehnten Thronfolger schenkte.

Heiratsallianzen waren jedoch nur ein Mittel, das Akbar anwandte, um die Radschputen an sich zu binden. Er rekrutierte aus ihren Reihen auch vertrauenswürdige Männer, denen er Regierungsämter sowohl in der zivilen als auch in der militärischen Verwaltung übertrug. Dadurch erlangten die Radschputen Anteil an der Herrschaft der Moguln, und die Vormacht der traditionellen Elite am Hofe wurde zurückgedrängt.

Obwohl diese Politik der Verständigung mit den Radschputen ein kluger Schachzug war, der sich auf Dauer auch auszahlte, da die Radschputen zur wichtigsten Stütze der Mogulherrschaft wurden, gab es doch auch ein Widerstandsnest in der Radschputana, das sich dem fremden Eroberer nicht zu unterwerfen gedachte. Es war dies das Fürstentum von Mewar, dessen Herrscher ein Angehöriger des berühmtesten Adelsgeschlechtes der Radschputen war. Sein Ursprung reichte bis in das 8. Jahrhundert zurück, ja, die Ranas von Mewar führten ihre Abstammung bis auf Rama, einen legendären Heroen der indischen Überlieferung, der göttlichen Status erlangte, zurück. Selbst die Sonne zählten sie zu ihren Stammvätern. Verständlich, daß die Fürsten von Mewar auf die Moguln, die sie als hergelaufene Usurpatoren betrachteten, nur verächtlich herabblickten und im übrigen all jene ihrer Stammesgenossen verhöhnten, die sich sogar so weit erniedrigten, daß sie ihre Töchter in den Harem Akbars schickten. Kurzum, sie waren nicht gewillt, klein beizugeben, so daß es schließlich zum Kampf kam.

Die Geschichte dieses Kampfes stellt eine jener Episoden dar, wie sie gerade im Verlauf der indischen Geschichte immer wieder auftraten. Sie klingt wie ein Märchen oder ein Heldengedicht, zugleich aber auch wie eine griechische Tragödie oder ein shakespearesches Drama. Es ist hier nicht der Ort, das Geschehen im einzelnen zu schildern, so charakteristisch es für die Ereignisse, die die indische Geschichte prägten, auch ist. Nur soviel sei hier angemerkt: Der Ort der Handlung war eine Festung, Tschitor, hoch oben auf einem Felsplateau gelegen. Hier residierten die Fürsten von Mewar, in einem Komplex von Palästen und Tempeln, der – zusätzlich zur strategischen Lage der Festung – von einer Mauer umgeben war. Das Heer der Moguln belagerte die Festung; allerdings hatte sich der Fürst, Udai Singh, vorher abgesetzt, denn er wußte: Die Festung war nicht uneinnehmbar. Bereits zweimal war sie dem Vorstoß muslimischer Eroberer erlegen. Aber als traditioneller Sitz der Ranas von Mewar und als Symbol ihres Widerstandes wurde Tschitor von einem treuen Gefolgsmann Udai Singhs verteidigt, bis dieser, wie es heißt, von einer Kugel, die Akbar selbst abgeschossen hatte, tödlich getroffen wurde und die Verteidiger einsahen, daß es zwecklos war, weiter Widerstand zu leisten. Worauf das eigentliche Drama begann. Wie Abul Fasl, ein zeitgenössischer Chronist, der zugleich ein enger Vertrauter Akbars war, berichtet: »Es ist nämlich Sitte in Indien, daß im Falle eines solchen Unglücks Sandelholz, Aloe und dergleichen zu einem Haufen aufgeschichtet wird, und zwar so groß wie möglich, und daß man dazu noch trockenes Feuerholz und Öl hinzufügt. Dann werden Vertrauenswürdige, die unerbittlich sind, zur Bewachung der Frauen abgestellt. Sobald es sicher ist, daß es eine Niederlage gegeben hat und die Männer getötet worden sind, verwandeln diese Hartnäckigen die unschuldigen Frauen zu Asche.«

Dschauhar hieß diese Sitte, die bei den Radschputen, die sie als Teil ihres Ehrenkodex betrachteten, weitverbreitet war. Man zog es vor, die Frauen mit in den Tod zu reißen, als sie der Schmach auszusetzen, in die Hände des Feindes zu gelangen, der sie schamlos entehren würde. Auf diese Weise gingen 13 000 Frauen 1535 in den Tod, als Tschitor das letzte Mal einem feindlichen Angreifer unterlag. Auch diesmal, im Februar 1568, als Akbar vor den Toren Tschitors stand und die Verteidiger ihre Niederlage eingestehen mußten, ereilte ihre Frauen das grausame Schicksal eines Dschauhar. Wie es heißt, kamen dabei auch »neun Königinnen und fünf Prinzessinnen« um, was sich offensichtlich nicht nur auf Mitglieder des Herrscherhauses, sondern auch auf Ehefrauen und Töchter verbündeter Fürsten bezog, die die Festung mit verteidigt hatten.

Damit hatte das Grauen aber noch nicht sein Ende gefunden. Akbar ließ 40 000 aus der Bevölkerung der Umgebung, die den Rana bei seinen Verteidigungsanstrengungen unterstützt hatten, über die Klinge springen, um ein Exempel zu statuieren. Dennoch: Udai Singh gab sich nicht geschlagen. In einem unzugänglichen Tal, an einem malerisch gelegenen See, gründete er einen neuen Herrschersitz, dem er seinen Namen gab: Udaipur. Noch heute gilt dieser Ort, mit einem Palast mitten im See, als der Inbegriff jener Märchenwelt, die man mit dem Begriff »Maharadscha« verbindet und als deren Urbild die Fürstenhöfe der Radschputen dienten.

Udai Singh starb 1572; sein Sohn und Nachfolger, Pratap Singh, setzte den Widerstand fort, indem er einen unerbittlichen Guerillakrieg gegen Akbar führte, den er bis zu seinem Tode 1597 aufrechterhielt. Erst unter Dschahangir, dem Nachfolger Akbars, kam es zu einer Einigung: Mewar erkannte die Oberhoheit der Moguln an, brauchte sich aber auch weiterhin nicht der Erniedrigung auszusetzen, in Person des Radschas bei Hofe zu erscheinen, um seinen Vasallenstatus zu dokumentieren; im Gegensatz zu den anderen Radschputenfürsten, die sich unterworfen hatten. Die Moguln hatten eingesehen, daß sie ihren absoluten Machtanspruch im unwegsamen Bergland von Mewar nicht durchsetzen konnten.

DSCHAHANGIR Die militärische Option war das eine Mittel, das Akbar anwandte, um seine machtpolitischen Ziele durchzusetzen. Die Herrschaft der Moguln, ihre Oberhoheit in Indien, stellte er nie in Frage. Dennoch ging es ihm nicht nur um die Durchsetzung der Macht, um sich daran etwa zu berauschen. Akbar erkannte auch, daß er seinen Herrschaftsanspruch nur würde aufrechterhalten können, wenn er zu Zugeständnissen gegenüber dem Volk bereit war. Da dies in der Mehrzahl aus Hindus bestand, bedeutete dies, daß er den traditionellen Absolutheitsanspruch des Islam aufgeben mußte. Er war dazu um so eher bereit, als er von Natur aus eher mystizistischen Spekulationen zugeneigt war, anstatt blind einem Dogma zu folgen, das ihm in seiner Unduldsamkeit suspekt erschien. Hinzu kam, daß er durch jene Töchter der Radschputen, die er zur Frau nahm (und als Muslim, soweit identifizierte er sich mit dem Glauben seiner Väter, standen ihm vier rechtmäßige Frauen zu, wozu noch jene kamen, die ihm als Konkubinen in seinem Harem zur Verfügung standen), mit dem Hinduismus auf sehr enge Weise in Berührung kam, so daß auch dies zu einer größeren Toleranz in Glaubensdingen führte.

Allerdings blieb Akbar dem Islam stets in besonderer Weise verpflichtet. Das wurde vor allem bei einem Ereignis deutlich, das sich im Jahre 1569 zutrug. In diesem Jahr wurde nämlich der langersehnte Thronfolger geboren. Akbar hatte darauf bislang vergeblich gewartet, obwohl es ihm nicht an legitimen Partnerinnen fehlte. Und so hatte er sich eines Tages aufgemacht, in der Nähe von Agra, das ihm als Residenz diente, einen Heiligen, der einem muslimischen Orden angehörte, zu besuchen und seinen Segen zu empfangen. Der Heilige, der als Einsiedler auf einem Hügel in der Nähe eines kleinen Ortes namens Sikri lebte, wußte um das Handikap Akbars, und er prophezeite ihm, daß nunmehr sein sehnlichster Wunsch in Erfüllung gehen würde. Und in der Tat, Dschod Bai, jene Prinzessin aus Amber, die Akbar 1562 als erste der Radschputentöchter zur Frau genommen hatte, gebar ihm endlich einen Sohn. Das löste bei Akbar eine so große Freude aus, daß er noch im gleichen Jahr, 1569, zum Ruhm jenes Heiligen (der darüber womöglich gar nicht einmal so sehr erfreut war) mit dem Bau einer Stadt begann, die genau an der Stelle entstand, wo der Heilige seine Einsiedelei errichtet hatte. Mehr noch, Akbar verlegte an diesen Ort, den er Fatehpur Sikri nannte, was soviel wie die »siegreiche Stadt Sikri« heißt, seine Residenz, so daß fortan nicht mehr Agra – und auch nicht Delhi –, sondern die einstige Einsiedelei des Heiligen, dem Akbar schließlich ein würdiges Grab errichtete, zum Mittelpunkt des Reiches wurde.

Damit noch nicht genug: Fatehpur Sikri entpuppte sich auch als ein Ort, wo Akbar sich mehr und mehr Glaubensdingen zuwandte. So ließ er sich hier – neben den eigentlichen Palastbauten – ein besonderes Gebäude errichten, das sogenannte *Ibadat-khana*, »Haus der Andacht«. Es war dies nicht eigentlich ein Gotteshaus, also eine Moschee, sondern vielmehr ein Ort der Zusammenkunft mit den geistlichen Würdenträgern bei Hofe, um mit ihnen religiöse Gespräche zu führen. Doch was das betraf, so wurde Akbar enttäuscht: Er mußte erkennen, daß selbst die höchsten Autoritäten des Glaubens über so nichtige Dinge wie Sitzordnung und Prestige nicht erhaben waren. Außerdem gerieten sie sich ständig in die Haare bei ihren unterschiedlichen Auslegungen in Glaubensfragen. Akbar war davon so angewidert, daß er daraus bemerkenswerte Konsequenzen zog: Er ließ ein Dekret veröffentlichen, in dem er bestimmte, daß fortan in Glaubensfragen er allein die letzte Instanz sei, wobei er dies zum Wohle des Volkes zu nutzen gedachte, und er schickte eine Abordnung nach Goa, an der Küste des Arabischen Meeres in Südindien, wo sich – außerhalb der Grenzen des Mogulreiches – Vertreter eines Volkes niedergelassen hatten, das aus dem fernen Europa kam. Es waren dies die Portugiesen, die unter Vasco da Gama 1498 den Seeweg nach Indien erkundet hatten. Akbar hatte erfahren, daß die Portugiesen angeblich gläubige Anhänger einer Religion waren, die dem Islam nicht unähnlich war. Jedenfalls wollte er mehr über diese Religion erfahren und lud deshalb Abgesandte, die ihm Näheres darüber berichten konnten, nach Fatehpur Sikri ein.

Die Portugiesen in Goa, namentlich die Jesuiten, die dort in religiösen Dingen den Ton angaben, trauten ihren Ohren nicht; sie malten sich schon aus, daß sie den Mogulherrscher zum einzigen, wahren Glauben würden bekehren können und somit sein ganzes Reich unter ihre Fittiche nehmen könnten. Doch als schließlich 1580 eine Abordnung am Hofe Akbars eintraf, mußten die christlichen Gottesmänner feststellen, daß sie nicht die einzigen waren, die Zugang zum Ibadat-khana fanden. Akbar war auf die geniale Idee verfallen (und das sollte ihm so bald keiner nachmachen!), nicht nur Christen (und Muslime) zu den gelehrten Versammlungen, die er regelmäßig abhielt, einzuladen, sondern auch die Vertreter der anderen großen Religionen in Indien, das heißt des Hinduismus, des Dschainismus und des Glaubens der Parsen, die der Lehre Zarathustras anhingen. Diese erwählten Geistlichen, die Akbar regelmäßig zusammenführte, hatten nun die Möglichkeit, sich nicht nur die Köpfe heiß zu reden, sondern auch den Kaiser zu überzeugen, daß es doch wohl diese oder jene Religion gäbe, der man den Vorzug geben könnte. Doch so sehr vor allem die christlichen Teilnehmer der Dispute hofften, Akbar für ihren Glauben zu gewinnen, am Ende entschied er sich für keine der miteinander wetteifernden Parteien – sondern gründete eine eigene Religion! Als *Din-i-Ilahi*, »Göttlicher Glaube«, bezeichnet, stellte diese Glaubensform eine Art Synthese der verschiedenen Religionen dar, wobei der Islam die

Grundlage bildete, vor allem aber auch der hinduistischen Tradition (und der Lehre Zarathustras) besondere Bedeutung zukam. Die Christen gingen leer aus; der Fanatismus der Ordensgeistlichen hatte Akbar nicht überzeugt.

Überliefert ist eine Grundüberzeugung Akbars; sie verdient, an dieser Stelle zitiert zu werden. »Seit seiner frühen Kindheit«, schreibt Akbars Vertrauter und der Chronist seiner Regierungszeit, Abul Fasl, »ist er [Akbar] mit den verschiedensten religiösen Riten und Anschauungen vertraut gemacht worden und hat mit großem Talent, sich das für ihn wichtigste Wissen anzueignen, Bücher gesammelt (die er sich vorlesen ließ), und allmählich wuchs die Überzeugung in ihm, daß es in allen Religionen gemütstiefe Menschen und ausgezeichnete Denker gab und bei allen Völkern Menschen mit hervorragenden Fähigkeiten. Wenn man die Wahrheit überall finden konnte, warum sollte sie dann einer einzigen Religion vorbehalten sein und noch dazu einem vergleichsweise so jungen Glauben wie dem Islam, der kaum 1000 Jahre alt war?« Ja, warum? Die Antwort auf diese Frage sind uns die Sachwalter der Religionen, die so eifersüchtig über ihren Anspruch wachen, die alleinseligmachende Wahrheit gepachtet zu haben, bis auf den heutigen Tag schuldig geblieben.

Dschahangir, der Akbar auf den Thron folgte, ließ sich von solchen Fragen weniger bekümmern. Er wird gelegentlich mit Nero verglichen. Was nicht ganz unpassend ist, war doch die herausragendste Eigenschaft Dschahangirs ein unsteter, unberechenbarer Geist. Wie Nero war er eitel und eifersüchtig auf seinen Ruhm bedacht. Das kommt schon bei seinem Namen zum Ausdruck, den er – wie es bei den Moguln üblich war – bei seiner Thronbesteigung wechselte; das heißt, in seinem Fall zog er es vor, seinen bisherigen Namen Salim (auf den ihn Akbar getauft hatte, weil dies der Name des Heiligen war, der ihm einen Thronfolger prophezeit hatte) durch das anspruchsvollere Dschahangir, was soviel wie »Eroberer der Welt« bedeutet, zu ersetzen. Was er dahingehend kommentierte, daß er erklärte, er habe es als seine »Pflicht« angesehen, diesen Namen anzunehmen, denn das entspräche seiner »Wesensart am meisten«. Nichts ist weiter von der Wahrheit entfernt, denn von ihm ist auch der Ausdruck überliefert, der dem tatsächlichen Sachverhalt weit eher entspricht: »Alles, was

NUR DSCHAHAN, DAS »LICHT DER WELT«
(SPÄTE DARSTELLUNG AUS RADSCHASTHAN, UM 1750)

ich noch will, ist ein Glas Wein und ein Stück Fleisch. Zum Regieren habe ich Nur Mahal.«

»Nur Mahal«, das war Nur Dschahan, das »Licht der Welt«, die im Leben Dschahangirs eine ähnliche Rolle einnahm wie Poppäa, die nicht minder verführerische und ehrgeizige Römerin, im Leben Neros. Was Nur Dschahan betrifft beziehungsweise Mehrunissa, wie sie ursprünglich hieß, so ist folgende Episode überliefert, die zugleich erklärt, warum Dschahangir gerade auf sie so fixiert war. Wie es in einem Bericht heißt, der sich auf zeitgenössische Quellen stützt: »Es ergab sich schließlich, daß Rockia [eine der Witwen Akbars] Meher-Metzia [Mehrunissa, nachdem diese – nach dem Tod ihres Mannes – an den Hof in Agra gelangt war] zu sich in den königlichen Harem nahm. Als der König [Dschahangir] den Harem besuchte und erfuhr, daß sie sich dort befand, allerdings verschleiert, löste er den Schleier mit eigener Hand und schaute ihr ins Gesicht. Einige Tage später, als das Neujahrsfest nach mohammedanischem Brauch gefeiert wurde und der König sich in der Anwesenheit seiner Konkubinen vergnügte, stellte Meher-Metzia ihm ihre kleine Tochter, die damals sechs oder sieben Jahre alt war, vor. Da er bereits zu diesem Zeitpunkt in Liebe zu ihr entbrannt war, erklärte der König mit einem Lächeln: ›Ich werde der Vater dieses Kindes sein.‹ Meher-Metzia erwiderte: ›Wer bin ich, daß ich zu den Frauen des Königs gezählt werden sollte? Eure Majestät dürfen mir keine Beachtung schenken, die ich nur eine arme Witwe bin. Nur um eines bitte ich Euch: Habt Mitleid mit diesem Kind und schenkt ihm Eure Zuneigung.‹ Der König verliebte sich darauf so heftig in Meher-Metzia, daß er sich jeden Abend auf einem Boot zum Hause von Ethamandaulat [Itimad-ud-Daula, der Vater Mehrunissas] begab und erst am Morgen in den Palast zurückkehrte. Er war in sie schon verliebt gewesen, als sie noch ein junges Mädchen war, zu Lebzeiten seines Vaters Achabar [Akbar]. Doch sie war bereits mit dem Türken Cheer Affegha [Scher Afkin, der nicht Türke, sondern Perser war] verlobt gewesen, und deshalb hatte sich sein Vater geweigert, ihm zu erlauben, sie zu heiraten, obwohl seine Liebe zu ihr nie gänzlich erlosch.«

Wie wir gehört haben, gab es schließlich doch ein Happy End: Denn nachdem der Rivale – Scher Afkin – einmal beseitigt war, auf welche Weise auch immer, stand der Vermählung Dschahangirs mit seiner geliebten Mehrunissa, die er bei dieser Gelegenheit zum »Licht der Welt« erklärte, nichts mehr im Wege. Fortan sah er sich als der glücklichste Mann der Welt – und überließ alles andere, namentlich die Regierungsgeschäfte, Mehrunissa alias Nur Dschahan und ihrem

Bruder Asaf Khan, der zum Premier ernannt wurde. Es war ein Glück, daß der Clan Itimad-ud-Daulas, des Vaters der beiden, der eigentlich Ghijas Beg hieß und bereits unter Akbar zu Amt und Würden gelangt war, über große Intelligenz, Willenskraft und Geschicklichkeit verfügte, so daß der Kaiser es sich leisten konnte, sich sozusagen mit Wein, Weib und Gesang zufriedenzugeben. Dabei erging er sich durchaus auch – ähnlich wie Nero – in poetischen Ergüssen, die bei Hofe gebührend gewürdigt werden mußten. Überhaupt entwickelte sich der Hof zu einem bizarren Ort, wo Schmeicheleien, Intrigen und Verschwendungssucht an der Tagesordnung waren. Was unter Akbar, der sich mit dem Nimbus eines gottähnlichen Wesens umgeben hatte, seinen Anfang genommen hatte, nahm unter Dschahangir groteske Formen an und setzte sich auch unter Schah Dschahan fort; Pomp und Prunk, Zeremoniell und Extravaganz kennzeichneten am Ende den Hof der Moguln. Ganz im Gegensatz zur Schlichtheit und Genügsamkeit, wie sie dem Wesen eines Babur entsprochen hatten. Dieser hatte freilich alle Hände voll zu tun gehabt, in Indien, dem Land der Schätze und des scheinbaren Überflusses, überhaupt Fuß zu fassen.

Was dies betrifft, so konnte aber auch Dschahangir mit einigen Erfolgen aufwarten. Denn unter seiner Regierung war es, daß Mewar, die letzte Bastion der Radschputen, fiel, wenngleich sich auch der Rana von Udaipur einige Vergünstigungen ausbedingen konnte. Dazu gehörte auch das Privileg, keine Töchter aus der Fürstenfamilie in den Harem der Moguln entsenden zu müssen.

Auch Bengalen, das Gebiet um das Delta des Ganges, wurde schließlich unter Dschahangir in das Reich der Moguln eingegliedert. Wesentlichen Anteil an den militärischen Erfolgen, die zur Zeit Dschahangirs errungen wurden, hatte Prinz Khurram, der Lieblingssohn des Kaisers. Allerdings dauerte die Liebe nicht ewig, denn Khurram lehnte sich schließlich gegen seinen Vater auf. Das war vor allem darauf zurückzuführen, daß er fürchtete, von Nur Dschahan, die ihn zunächst – indem sie unter anderem auch für die Heirat des Prinzen mit ihrer Nichte, Ardschumand Banu, eingetreten war – gefördert hatte, ausgebootet zu werden. Denn in dem Maße, wie Dschahangir, der sich mehr dem Wein als den Regierungsgeschäften widmete, allmählich die Zügel entglitten, er zudem infolge seines ausschweifenden Lebens immer kränklicher wurde, gewann Khurram auf Grund seiner militärischen Erfolge immer mehr an Ansehen und Einfluß. Nur Dschahan mußte daher befürchten, daß er ihrer Fürsprache und Förderung nicht mehr bedürfe und sie, wenn er einmal selbst an die Macht gelangt war, gänzlich beiseite schieben würde. Dem gedachte sie zuvorzukommen, indem sie auf einen anderen Sohn Dschahangirs, Prinz Schahrijar, setzte, der immerhin mit ihrer Tochter – zweifellos auf ihr Betreiben hin – vermählt worden war. Khurram konnte sich ausrechnen, daß seine Chancen, die Nachfolge seines Vaters anzutreten, gering waren, wenn Nur Dschahan nur genügend Zeit hatte, den Kaiser, der wie Wachs in ihren Händen war, zu bearbeiten. Also rebellierte er, führte Truppen, die ihm ergeben waren, gegen Teile des Heeres, die sich dem Kaiser gegenüber loyal verhielten, ins Feld und entfachte so einen Bürgerkrieg, der vier Jahre währte. Doch sein Ziel erreichte Prinz Khurram nicht, wenigstens nicht auf militärischem Wege: Er mußte sich schließlich geschlagen geben und bat seinen Vater um Vergebung, die dieser auch gewährte, zweifellos in der Erkenntnis, daß Khurram am Ende doch der geeignetere Nachfolger sein würde. Es war dies um so bedeutsamer, als Dschahangir den Tod vor Augen sah. Bereits 1627, ein Jahr, nachdem es zur Versöhnung mit seinem abtrünnigen Sohn gekommen war, verschied Dschahangir. Asaf Khan, der Wesir, der die eigentlichen Regierungsgeschäfte geführt hatte (und der Vater von Ardschumand Banu, der Lieblingsfrau Khurrams, war), stellte sich auf die Seite des Prinzen, und so war dessen Nachfolge gesichert. Prinz Schahrijar, der Rivale, der seinerseits zu den Waffen gegriffen hatte, wurde gefangengenommen und – wie es eine traditionelle Strafe am Hof der Moguln vorsah – geblendet. Als Schah Dschahan, »Beherrscher der Welt«, bestieg Prinz Khurram am 4. Februar 1628 den Thron.

THRON ODER SARG? »Es ist für die großen Herrscher durchaus legitim, diese sterbliche Welt von der Existenz ihrer Brüder und anderer Verwandten, deren alleinige Beseitigung dem Wohl der All-

PRINZ KHURRAM MIT EINEM THRONJUWEL, UM 1617

gemeinheit dient, zu befreien. Und da sowohl die geistlichen als auch weltlichen Würdenträger die vollständige Auslöschung der Rivalen, die Anspruch auf den glücklichen Thron erheben, rechtfertigten, wurde deshalb auf Grund der Zweckmäßigkeit und des Gemeinwohls und auf den Rat solcher weisen Männer hin Sultan Khusrau, den der Kaiser Dschahangir, in einer Stunde übermäßigen Alkoholgenusses, dem Schah Buland Ikbal [Prinz Khurram] übergeben hatte, am Montag, dem 22. Februar 1621, vom Graben des Gefängnisses auf die Gefilde des Nichtseins befördert.«

Was hier in einer zeitgenössischen Quelle überliefert wird, verdient mehr Beachtung, als es auf den ersten Blick hin erscheinen mag. Denn es wird hier von einem Ereignis berichtet, das nicht nur am Anfang jener Rebellion stand, die Prinz Khurram gegen seinen Vater entfachte. Der Mord an seinem Bruder Khusrau, den er zu verantworten hatte, stellte auch einen Bruch mit der Tradition dar: Zum ersten Mal wurde bei den Moguln jenes Prinzip angewandt, das als *takht ya taktha*, »Thron oder Sarg«, bekannt wurde. Hinter diesem Leitspruch verbirgt sich ein grausamer Brauch, der zum ehernen Gesetz bei den Moguln wurde und einen düsteren Schatten auf ihre Herrschaft wirft: das Recht des Stärkeren, das allein die Thronfolge bestimmte. Rivalen wurden ausgeschaltet, physisch eliminiert. Niemand war sicher, der auch nur im entferntesten Anspruch auf den Thron erheben konnte. Die ersten Moguln hatten das Glück gehabt, sich dieser Methode, die vor kaltblütigem oder heuchlerischem Mord nicht zurückschreckte, nicht bedienen zu müssen. Erst Prinz Khurram, der nachmalige Schah Dschahan, war es, der auf dieses Mittel, das fortan Schule machen sollte, zurückgriff. Allerdings geschah dies nicht willkürlich; denn, wie wir gehört haben, war seine Thronfolge eigentlich von seinem Vater, Dschahangir, längst bestimmt worden. Nur Dschahan war es, die dagegen intrigierte, und so ist sie es, der eigentlich die Schuld an der neuen »Thronfolgeregelung«, die sich im Haus der Moguln durchsetzte, anzulasten ist.

Es begann damit, daß sich das Verhältnis zwischen Prinz Khurram und Nur Dschahan merklich abkühlte, als sie erkannte, daß ihre Vormachtstellung bei Hofe keineswegs gesichert war, wenn erst einmal der designierte Thronfolger das Zepter in der Hand halten würde. Sie sah sich deshalb nach einem Gefügigeren unter den Söhnen Dschahangirs um. Khurram vermeinte zunächst, daß dies Khusrau sei, der ja schon einmal, indem er gegen seinen Vater rebellierte, den Griff nach der Krone gewagt hatte. Er, Khurram, bestand deshalb darauf, als er – in einem erneuten Versuch, die unbotmäßigen Fürsten auf dem Dekkan, in Zentralindien, zu unterwerfen – mit einem neuerlichen Feldzug nach Süden betraut wurde, daß Khusrau, der seit seinem gescheiterten Putschversuch unter Hausarrest stand, ihm überstellt wurde. Dschahangir erklärte sich dazu bereit, angeblich im Zustand der Trunkenheit. Das bedeutete, daß Khurram damit weniger über eine Geisel verfügte, als vielmehr die Garantie besaß, daß – im Falle des plötzlichen Ablebens Dschahangirs – am fernen Hofe kein anderer seinen, Khurrams, rechtmäßigen Platz als Thronfolger einnehmen würde. Dies zumindest war seine Überlegung. Als dann der Kaiser, der ohnehin kränklich war, von einer akuten Verschlechterung seiner Gesundheit bedroht war und zu befürchten stand, daß er sich nicht erholen würde, entschied sich Khurram, um allen Eventualitäten vorzubeugen, für den nächsten Schritt, der allerdings eine drastische Wende bedeutete: Er ließ Khusrau, seinen Bruder, ermorden.

Was er nicht ahnen konnte, aber schon bald erkannte, war der Umstand, daß Nur Dschahan inzwischen auf Scharijar, den jüngsten der Brüder, der am ehesten zu gängeln war, gesetzt hatte. Er war es, der sich schließlich, nachdem Dschahangir gestorben und der Kampf um die Nachfolge voll entbrannt war, Khurram beziehungsweise Asaf Khan, der die Sache Prinz Khurrams vertrat, mit einem feindlichen Heer entgegenstellte. Doch Asaf Khan, der über die Hauptmacht des Heeres verfügte, bezwang Scharijar und setzte ihn gefangen. Als Khurram, der vom Dekkan herbeieilte, davon erfuhr, ließ er Asaf Khan eine Botschaft zukommen, in der er ihn anwies, den »nichtsnutzigen Bruder Scharijar«, der aber eben auch sein Bruder, wenn auch nur ein Halbbruder (denn die Mutter Scharijars war eine Sklavin gewesen) war, »aus der Welt zu schaffen«. Was dann auch geschah, indem Asaf Khan die Ermordung Scharijars veranlaßte. Damit war für Prinz Khurram, nunmehr Schah Dschahan, der Weg frei. Nur Dschahan, seine eigentliche Widersacherin, wurde aus dem engsten Kreis des Hofes entfernt und begnügte sich fortan damit, ihrem verstorbenen Gemahl, der sie beinahe so abgöttisch geliebt hatte wie der neue Kaiser *seine* Gemahlin, ein würdiges Grabmal zu errichten. Es ist noch heute in Lahore zu besichtigen. Freilich hat es nicht im entferntesten die Berühmtheit erlangt wie das Grabmal, das Schah Dschahan seiner Mumtas Mahal errichtete.

An den Händen des neuen Herrschers klebte also Blut, viel Blut. Denn nicht nur war er für den Tod seiner beiden Brüder verantwortlich (ein dritter, Parwis, der auch ein Thronprätendent gewesen war,

war 1626 eines natürlichen Todes gestorben), Schah Dschahan ließ auch alle anderen männlichen Mitglieder der kaiserlichen Familie, die ihm den Anspruch auf den Thron hätten streitig machen können, ermorden. Insgesamt starben durch seine Hand – auch wenn er nicht selbst die Mordtaten ausführte – sechs königliche Prinzen. Eine Schuld, die auch einen Schatten auf jenes Werk wirft, das ihm unsterblichen Ruhm einbrachte. Denn wie groß seine Liebe zu Mumtas Mahal auch immer sein mochte: Wäre er nicht Herrscher geworden, hätte es auch kein Tadsch Mahal gegeben. Nur ein Fürst, der über unbegrenzte Reichtümer verfügte, wie es die Mogulherrscher taten, war in der Lage, ein solches Bauwerk zu errichten.

Wie unermeßlich die Schätze waren, die Schah Dschahan zur Verfügung standen, wurde bereits deutlich bei seiner Ankunft in Agra, wo die Krönungsfeierlichkeiten stattfanden. Dazu heißt es in einem Bericht, der aus der Feder eines Chronisten am Hofe Schah Dschahans stammt: »An dem vorherbestimmten Tag, einem Montag, dem [...] (14. Februar 1628), als 37 Jahre, zwei Monate und acht Tage im Mondkalender seit seiner Geburt vergangen waren, begab sich Seine Majestät, die Zuflucht des Kalifats, der Schatten Gottes, im Zeichen von Glück und Gedeihen von seinem Haus vor den Toren der Stadt in die Festung von Akbarabad [Agra]. Er ehrte und erleuchtete den königlichen Palast mit dem Glanz seiner erhabenen Gegenwart; und zur vorherbestimmten und günstigen Stunde bestieg er den Thron des Kalifats und der glücklichen, schicksalsträchtigen Herrschaft. Überall im Lande erstrahlten die Kanzeln in den Moscheen und die neugeprägten Münzen ebenso wie die kaiserlichen Erlasse in neuem Glanz und unermeßlicher Pracht durch die Nennung und den Schmuck des gefeierten Namens und glorreichen neuen Titels Seiner Majestät: ABUL MUZAFFAR SCHIHAB ALDIN MUHAMMAD, SAHIB-I-KIRAN-I-SANI, SCHAH DSCHAHAN PADSCHAH GHAZI.«

Über den genauen Zeitpunkt der Krönung Schah Dschahans gibt es widersprüchliche Angaben; man neigt heute eher dazu, daß es bereits der 4. Februar 1628 war, an dem der neue Herrscher seinen feierlichen Einzug in Agra hielt und den Thron bestieg. Wie aus anderen Quellen und zeitgenössischen Illustrationen hervorgeht, handelte es sich beim Einzug Schah Dschahans in die Hauptstadt um ein prunkvolles Ereignis, das einem Triumphzug gleichkam: der Herrscher in golddurchwirktem Gewand auf einem Elefanten reitend, der seinerseits prächtig geschmückt war, Herolde und Bannerträger, die dem Herrscher vorausgingen, Musikanten, der Hofstaat und die Frauen des Harems, die ihn begleiteten, Soldaten und Würdenträger, die den festlichen Zug säumten, und vor den Toren der Stadt Honoratioren, die den Herrscher empfingen; über allem der Glanz majestätischer Würde und prunkvollen Zeremoniells.

Die Krönung fand in der Festung von Agra vor versammelten Würdenträgern in der Audienzhalle statt. Zuerst erfolgte die feierliche Proklamation, dann trat ein Geistlicher vor und setzte Schah Dschahan die Krone auf.

Die Festlichkeiten, die folgten, dauerten einen Monat. Ein besonderer Höhepunkt war das Erscheinen des neuen Herrschers am *Dscharoka*, das heißt einem balkonartigen Fenster, wo die Herrscher sich dem Volk zu zeigen pflegten, wenn sie in der Festung von Agra weilten. Um Schah Dschahan, dem neuen Herrscher, zu huldigen, hatten sich die Bewohner der Stadt versammelt und fielen auf die Knie, als der Herrscher, der als »Schatten Gottes auf Erden« galt, erschien. Mumtas Mahal, die Gemahlin des Herrschers, erlebte ihrerseits einen großen Tag, als der Kaiser zwei ihrer gemeinsamen Söhne, die sie als Geiseln der Obhut Dschahangirs hatten überlassen müssen und die schließlich, in Begleitung Asaf Khans, wohlbehalten in Agra eintrafen, in einer feierlichen Audienz empfing. Auch überhäufte sie Schah Dschahan, wie es bei derlei Festlichkeiten üblich war, mit kostbaren Geschenken; auch die Prinzen, Prinzessinnen und die übrigen Frauen des kaiserlichen Harems gingen nicht leer aus. Wie es im »Schah Dschahan-Nama«, der Chronik über die Regierungszeit Schah Dschahans, aus der wir oben zitierten, weiter heißt: »An diesem glücklichen Tag [der Krönung] öffnete Seine Majestät, die Zufluchtsstätte des Kalifats, seine Hand in Großmut und Freigebigkeit. Er schenkte Ihrer Majestät der Königin, Ardschumand Banu Begam, die den Titel Mumtas Mahal Begam trug, 200 000 *aschrafi* und 600 000 Rupien; und eine Million Rupien wurde jener Königin des Zeitalters zu ihrer jährlichen Verfügung ausgesetzt. 100 000 *aschrafi* und 400 000 Rupien bekam Ihre Königliche Hoheit, die Prinzessin Dschahanara Begam;

außerdem wurde für sie eine jährliche Rente von 600 000 Rupien festgesetzt. Ein weiterer Betrag von 800 000 Rupien wurde Ihrer Majestät der Königin ausgehändigt; er war für die königlichen Nachkommen bestimmt, angefangen mit Prinz Mohammed Dara Schukoh, Prinz Mohammed Schah Schudscha und Prinz Mohammed Aurangseb [...]. Von dieser Summe waren 200 000 Rupien für den ältesten Prinzen [Dara Schukoh] und 150 000 Rupien für den zweitältesten Prinzen [Schah Schudscha] und 100 000 für den dritten Prinzen [Aurangseb] bestimmt; der Rest war für Prinz Mohammed Murad Bakhsch, Prinz Lutf Allah, Prinzessin Roschanara Begam und Prinzessin Soraja Banu Begam vorgesehen. Der tägliche Betrag, der den Prinzen zur Verfügung stand, wurde wie folgt festgesetzt: 1000 Rupien für den ehrenwerten Prinz Dara Schukoh, 750 Rupien für Prinz Mohammed Schah Schudscha, 500 Rupien für Prinz Mohammed Aurangseb und 250 Rupien für Prinz Murad Bakhsch.«

Schah Dschahan griff tief in die Tasche, um auch seine Familie an dem Ruhm teilhaben zu lassen, in dem er sich als neuer Herrscher sonnte. Dabei waren alle Prinzen und Prinzessinnen, die hier aufgezählt wurden, ausnahmslos Kinder, die aus der Ehe mit Ardschumand Banu alias Mumtas Mahal hervorgegangen waren. Zum Zeitpunkt der Krönung Schah Dschahans waren es acht Kinder, die Mumtas Mahal ihrem Gemahl geschenkt hatte, jene, die nicht überlebt hatten, nicht mitgerechnet. Sie hatte sich in der Tat die Wertschätzung ihres Gatten verdient, der sie denn auch bei seiner Krönung so großzügig bedachte.

Aber auch andere, die nicht zum engeren Kreis der königlichen Familie und des Harems gehörten, gingen nicht leer aus. »All die Adligen und Mansabdare, die zum Hof gehörten«, heißt es im Schah Dschahan-Nama, »wurden in ihren unterschiedlichen Rängen bestätigt und mit zusätzlichen Ehren und Zuwendungen ausgestattet. Je nach ihrem Status erhielt jeder der Adligen Gunstbezeigungen in Form von Ehrengewändern, edelsteinverzierten Klingen, Dolchen und Schwertern, Fahnen, Trommeln und Standarten hohen militärischen Ranges sowie Pferde, Elefanten und Geld.«

Der neue Herrscher ließ sich nicht lumpen. Die Festlichkeiten anläßlich seiner Krönung und die Freigebigkeit, mit der er Geschenke austeilte, übertrafen alles, was man bisher am Hof der Moguln gekannt hatte. Und das war nicht gerade wenig, denn auch schon unter Dschahangir, dem »Eroberer der Welt«, war der Ruhm der Moguln so groß gewesen, daß er Besucher aus aller Welt herbeigelockt hatte.

VERGELTUNG! Schah Dschahan, der 1628 den Thron bestieg, regierte dreißig Jahre. Seine Regierungszeit markiert den Höhepunkt der Mogulherrschaft. Dabei war es nicht nur die Macht des Herrschers, die sich schließlich über ein Reich erstreckte, das von Assam bis Afghanistan und vom Himalaja bis zum Dekkan reichte, sondern auch die Pracht, die sich am Hofe der Moguln entfaltete, was der Ära Schah Dschahans eine besondere Bedeutung verleiht. Er besaß eine größere Machtfülle als jemals ein Herrscher in Indien zuvor, und er sonnte sich in einem Glanz, der dem seines Zeitgenossen Ludwig XIV., den man seinerseits den Sonnenkönig nannte, nicht nachstand. Indien erlebte unter Schah Dschahan ein goldenes Zeitalter.

Zwei Eigenschaften, die Schah Dschahan auszeichneten, waren es, die sehr wesentlich zu diesem Glanz, in dem sein Hof erstrahlte, beitrugen. Da war zum einen sein Geschick als Feldherr, das er von seinem Großvater Akbar erlernt und bereits selbst in jungen Jahren, als er für Dschahangir in den Krieg gezogen war, unter Beweis gestellt hatte. Und da war zum anderen ein ausgeprägter Kunstsinn, der ganz im Gegensatz zu den Neigungen in seiner Jugend stand, die mehr auf praktische Dinge gerichtet gewesen waren. Allerdings neigte er – anders als Akbar, sein großes Vorbild, und in gewisser Weise auch als sein Vater, bei dem sich künstlerisches Empfinden mit wissenschaftlichem Interesse verband – nicht zu spekulativem Denken. Er war kein Dichter und schon gar nicht ein Philosoph wie Akbar, der über das Wesen der Dinge, vor allem was religiöse Belange betraf, nachgedacht hatte. Schah Dschahan war auch in der Kunst ein Mann der Tat: Das, was er schuf beziehungsweise in seinem Namen geschaffen wurde, waren Werke monumentaler Größe, Paläste, Moscheen, Grabmäler. Damit bereitete er sich ein Denkmal, das weit über seine Zeit hinausreichte.

Zeugnisse, die etwas über seine persönliche Erscheinung und sein Wesen sagen, gibt es nur wenige. Bei Niccolo Manucci, dem italienischen Reisenden, der gegen Ende der Herrschaft Schah Dschahans nach Indien kam und dort bis zu seinem Tode – ein halbes Jahrhundert später – blieb, findet sich der Hinweis, der einem umfänglichen Werk, in dem er seine Beobachtungen festhielt, entnommen ist: »Bevor ich auf die Kriege, die Schah Dschahan führte, und das Ende seiner Herrschaft zu sprechen komme, ist es notwendig, etwas über seine Sinnesart zu sagen. Obwohl kriegerisch veranlagt, wie er es bewies, als er sich gegen seinen Vater erhob, so war er doch zugleich auch Musik und Tanz in der gleichen Weise, mehr oder weniger, zugetan wie sein Vater Dschahangir. Sein Zeitvertreib bestand gewöhnlich darin, daß er verschiedenen Musikinstrumenten, Liedern und Gedichten lauschte; besonders aber war er Musikanten zugetan, und hier speziell einem, der nicht nur ein begabter Dichter, sondern auch ein Possenreißer war.«

Musik und Tanz, Wein, Weib und Gesang: Darin ähnelte Schah Dschahan seinem Vater, wobei er es – zumindest was Frauen betrifft – noch munterer trieb als dieser; wenn man Manucci Glauben schenkt, der sich darüber sehr ausführlich ausläßt, dennoch aber, trotz seiner gelegentlichen Geschwätzigkeit, als zuverlässiger Beobachter gilt. Wir werden an anderer Stelle darauf noch zu sprechen kommen. Bemerkenswert ist, daß Manucci Schah Dschahan, trotz des ausschweifenden Lebens, das er ihm nachsagt, eine gewissenhafte Erfüllung seiner Pflichten als Herrscher bescheinigt. Er schreibt: »Die Lüsternheit Schah Dschahans hielt ihn nicht davon ab, sein Königreich mit größter Sorgfalt zu regieren. Er befolgte den Grundsatz seines Vaters, daß wahrhafte Gerechtigkeit durchgesetzt werden müsse, wobei die Verdienstvollen zu belohnen und die Schuldigen zu bestrafen seien.«

Allerdings waren die Maßnahmen, die letzteres betrafen, recht drastisch und entbehrten nicht jenes Hanges zur Grausamkeit, der ein besonderes Kennzeichen der Mogulherrscher war, die damit eine Tradition fortsetzten, die sie aus ihrer zentralasiatischen Heimat übernommen hatten. Wie Manucci weiter berichtet: »Er [Schah Dschahan] hielt ein Auge auf seine Beamten und verhängte strenge Strafen, wenn sie ihre Pflichten vernachlässigten. Es war dies der Grund, weshalb er sich an seinem Hof einen Beamten hielt, der über mehrere Körbe voller giftiger Schlangen wachte. Er pflegte den Befehl zu erteilen, daß sie in seinem Beisein dazu veranlaßt werden sollten, jeden Beamten, der in seiner Aufgabe gefehlt hatte, zu beißen, und man ließ den Schuldigen so lange in seiner Gegenwart liegen, bis er aufgehört hatte zu atmen.«

Manucci erinnert sich eines konkreten Falls, als er selbst Zeuge einer Hinrichtung wurde. Er schreibt: »So geschah es, wie ich mit eigenen Augen sah, mit dem *kotwal* namens Mohammed Said, der ein Richter war. Dieser Mann entschied nicht gerecht und nahm Bestechungen an. Deshalb erging der Befehl, daß er im Beisein Schah Dschahans von einer *cobra capello*, der giftigsten Schlange, die es gibt, in eine Hand gebissen werden sollte. Der Beamte, der für die Schlangen zuständig war, wurde gefragt, wie lange der Mann noch leben würde. Der Beamte antwortete, daß er nicht länger als eine Stunde leben würde. Der König blieb so lange sitzen, bis der *kotwal* sein Leben ausgehaucht hatte. Dann ordnete er an, daß der Leichnam zwei Tage vor dem Gerichtsgebäude, in dem der *kotwal* Dienst getan hatte, liegenbleiben sollte.« Manucci fügt hinzu, was das Bild der grausamen Strafen, die am Hofe der Moguln üblich waren, abrundet: »Andere, die den Tod verdient hatten, wurden dazu verurteilt, wilden Elefanten vorgeworfen zu werden, die sie zu Tode trampelten.«

Neben der Gerichtsbarkeit und damit der Verwaltung des Reiches, über die der Herrscher wachte, waren es vor allem die Kriege, die Manucci erwähnt, die Schah Dschahan, zumal zu Beginn seiner Regierungszeit, beschäftigten. Dabei galt es einerseits, die Ordnung im Innern zu wahren, indem Aufstände und Rebellionen niedergeschlagen wurden, zum anderen immer wieder den Versuch zu unternehmen, die Grenzen des Reiches auszudehnen. Denn daß eine solche Vorwärtsstrategie die beste Garantie war, das Ansehen des Herrschers zu mehren und seine Macht zu konsolidieren, hatte Schah Dschahan von seinem Großvater Akbar gelernt, der nicht nur das Reich im Innern gefestigt, sondern es auch nach außen hin gestärkt hatte, indem er es durch Eroberungen erweiterte. Schah Dschahan versuchte, es seinem großen Vorbild gleichzutun. Allerdings bewies er dabei eine weniger glückliche Hand als dieser.

Gleich zu Beginn der Herrschaft Schah Dschahans brach eine Revolte in Bundelkhand aus. Es war dies ein Gebiet in Zentralindien, das den Zugang zum Dekkan beherrschte, also von strategischer Bedeutung war. Unter Dschahangir hatte es einen Ausgleich zwischen dem Fürsten von Bundelkhand, der ein Radschput war, und den Moguln gegeben, da der Fürst, Bir Singh Deo, Dschahangir, der damals noch Prinz Salim hieß, bei einer Rebellion gegen seinen Vater unterstützt hatte, wofür sich Dschahangir nach seiner Thronbesteigung erkenntlich zeigte, indem er Bir Singh mit Ehren und Privilegien überhäufte. Der Sohn des Fürsten, Dschudschar Singh, der 1627 die Nachfolge des Radschas antrat, erkannte zwar die Souveränität Schah Dschahans, der seinerseits wenig später an die Macht gelangte, an, doch widersetzte er sich, als der neue Mogulherrscher ihm die Privilegien, die er von seinem Vater geerbt hatte, streitig machte. Es kam zum Krieg, der insgesamt sieben Jahre dauerte. Obwohl hier nicht der Ort ist, auf Einzelheiten einzugehen, sei doch zumindest angemerkt, daß es einer jener Kriege war, wie sie die Auseinandersetzungen zwischen Muslimen und Hindus, die mit den räuberischen Einfällen Mahmuds von Ghasni begannen, kennzeichneten. Das heißt, die Überlieferungen, die von diesen Kriegen künden, lesen sich wie eine Mischung aus Märchen und Abenteuerroman. Man ist fortwährend versucht, sich in eine Welt zu versenken, die mit ihrem exotischen Ambiente und dem dramatischen Geschehen an ein farbiges Gemälde erinnert, dessen Bann man sich nicht zu entziehen vermag. Da ist – soweit es den Aufstand in Bundelkhand betrifft – von unermeßlichen Schätzen die Rede, Festungen und Palästen, in denen sich die Aufständischen verschanzen, Verrat und Intrigen, Heeren aus Elefanten und Reitern, die aufeinandertreffen, Frauen, die um der Ehre willen getötet oder verstümmelt werden, damit der Sieger sich nicht an ihnen vergehen kann, und schließlich vom Tod des Rebellen, der auf der Flucht in den Dschungel von Gonds, einem Volk, das zur Urbevölkerung Indiens gehört und in Rückzugsgebieten lebt, erschlagen wird. Und dann die Vergeltung: die Plünderung der Paläste, die Zerstörung der Tempel. Frieden kehrt ein: Der Mogul hat gesiegt, Bundelkhand ist verwüstet. Die Kehrseite des Ruhmes, in dem die Moguln sich sonnten.

Ähnlich verlief die Entwicklung im Dekkan, der bis zum Ende der Mogulherrschaft ein Zankapfel zwischen den Moguln und lokalen Fürsten blieb. Hier war es zunächst ein Statthalter Schah Dschahans, der sich – im Verein mit rebellischen Vasallen – gegen den Mogul erhob. Seine Revolte dauerte drei Jahre, und auch sie endete mit dem Tod des Rebellen. Doch damit war die Ruhe im Dekkan nicht wiederhergestellt. Schah Dschahan war auch weiterhin gezwungen, in diesem Teil des Reiches militärisch auf der Hut zu sein.

Einstweilen aber verlagerte sich sein Augenmerk auf den Osten des Reiches, nach Bengalen. Hier waren es die Portugiesen, die ihm Kopfzerbrechen bereiteten. Allerdings gab es offensichtlich auch einen sehr persönlichen Grund, der Schah Dschahan zum Eingreifen veranlaßte. Wie Manucci, der italienische Reisende, zu berichten weiß: »Nachdem er seine Herrschaft über Hindustan gesichert hatte, sah sich Schah Dschahan gezwungen, Krieg gegen die Portugiesen von Hugli zu führen, denn danach verlangte Tadsch Mahal, der die Portugiesen zwei Sklavenmädchen geraubt hatten. Er schickte gegen sie den General Kasim Khan ins Feld, der, als er in der Nähe Huglis angelangt war, mit den Portugiesen ein Übereinkommen traf. Diese zahlten eine große Summe Geldes, worauf er sich auf eine Entfernung von einer Tagesreise zurückzog, doch erneut gegen Hugli vorrückte, unter dem Vorwand, daß der König ihm befohlen habe, den Ort einzunehmen.«

Es ist dies eine der wenigen Stellen in den Überlieferungen, wo explizit auf Mumtas Mahal Bezug genommen wird, denn sie ist es, die sich hinter dem Namen »Tadsch Mahal«, wie ihn Manucci verwendet, verbirgt. Abgesehen von ihrer Verlobung und Verheiratung mit Schah Dschahan beziehungsweise Prinz Khurram und schließlich ihrem Tod und dem Grabmal, mit dessen Bezeichnung ihr Name verschmolz, gibt es kaum je eine Erwähnung der Königin, die doch die erste und – wie es zuweilen scheint – einzige unter den Frauen Schah Dschahans war, der er zugetan war. Immerhin ist bekannt, daß sie nicht nur seine Zuneigung genoß, sondern auch sein Vertrauen, und dies vor allem auch, was die Staatsgeschäfte betraf. Darin erfüllte sie eine Funktion wie ihre Tante Nur Dschahan, wiewohl ihr Einfluß weniger ausgeprägt war, als es im Falle Nur Dschahans gewesen war. Mumtas Mahal besaß nicht den Ehrgeiz ihrer Tante, und Schah

Dschahan, so sehr er seinerseits Mumtas verehrte, war ihr dennoch nicht hörig, wie es sein Vater gewesen war, der sich dem Willen Nur Dschahans völlig unterworfen hatte.

Mumtas Mahal begnügte sich damit, ihrem Mann mit Rat und Verständnis zur Seite zu stehen. Dabei wurde sie unterstützt von einer engen Vertrauten, einer Perserin wie sie, die Schwester eines Dichters, Talib-i-Amili, der am Hof Schah Dschahans in hohem Ansehen stand. Gemeinsam mit dieser, die vielseitig gebildet und ihrer Herrin treu ergeben war, nahm Mumtas Mahal regelmäßig Anteil an den Regierungsgeschäften Schah Dschahans, indem sie ihm nach seiner mittäglichen Ruhepause ihre Ratschläge zu erteilen pflegte. Dazu gehörte auch, daß sie sich für Bittsteller, Arme und Verurteilte einsetzte. Sie verwendete sich für sie, indem sie Kranken und Notleidenden durch Zuwendungen, die sie erwirkte, half und um Straferlaß oder Strafmilderung nachsuchte. Besondere Unterstützung erfuhren junge Mädchen, deren Familien zu arm waren, um eine Mitgift zu zahlen: Mumtas Mahal sorgte dafür, daß sie mit den nötigen Mitteln ausgestattet wurden. Zuweilen arrangierte sie sogar eine Heirat beziehungsweise veranlaßte, daß der Staat helfend eingriff. Sie war so etwas wie eine gute Fee, die das oft rauhe Klima, das die Herrschaft eines Moguls umgab, milderte. Denn es war nicht alles Gold, was glänzte. Nicht nur die fortwährenden Kriege, auch die ehrgeizigen Bauvorhaben, die gerade Schah Dschahan in besonderem Maße förderte, wirkten sich nachteilig für das Gros des Volkes aus. Der Glanz des Hofes vermochte die Schattenseiten, die er heraufbeschwor und die überall im Reich sichtbar waren, nicht zu verdecken. Aber das war natürlich nicht nur im Reich der Moguln so. Das Konzept des Wohlfahrtsstaates ist eine Erfindung der Neuzeit, um nicht zu sagen, der Gegenwart. Die Moguln waren absolutistische Herrscher; das Volk hatte für sie keine Bedeutung, es sei denn als Arbeitskraft und Finanzquelle.

Mumtas Mahal hatte, indem sie sich karitativ betätigte, eine mäßigende Wirkung. Aber natürlich war ihr Wirken begrenzt. Immerhin, so wenigstens zeichnet es das Bild, das von ihr überliefert ist, war sie jemand, der am Wohl derer, die nicht vom Glück begünstigt waren, Anteil nahm. Darin unterschied sie sich sehr wesentlich von ihrer

MUMTAS MAHAL MIT EINEM WEINGLAS, 17. JAHRHUNDERT

Tante, was beweist, daß es durchaus keine Selbstverständlichkeit war, sich als Dame der Gesellschaft, noch dazu als Königin, für das Wohl anderer, namentlich des Volkes, auf das Mumtas Mahal nicht einfach unbeteiligt hinabschaute, einzusetzen.

In dieses Bild einer wohl- und mildtätigen Königin paßt nicht so recht jene Charakterisierung Manuccis, derzufolge sie es war, die ihren Gemahl, Schah Dschahan, veranlaßte, gegen die Portugiesen Krieg zu führen. Allerdings ist der Hinweis, daß es zwei Sklavenmädchen waren, die die Portugiesen angeblich entführt hatten und für die sie offensichtlich Mitleid empfand, ein Indiz, das sich durchaus mit ihrem Wesen, wie es überliefert ist, deckt. Hinzu kam vermutlich eine ausgeprägte Frömmigkeit, die die Grundlage ihrer Mildtätigkeit war, denn diese ist eines der wesentlichen Gebote des Islam. Aus dieser Frömmigkeit resultierte aber wohl auch eine Abneigung gegenüber Andersgläubigen, wie sie ja im Islam – nicht anders als im Christentum – besonders ausgeprägt ist. Kurzum, es kamen wahrscheinlich zwei Dinge zusammen: die Entführung der Mädchen und der dadurch noch geschürte Haß gegen die Ungläubigen.

Schah Dschahan wird diesen Umstand sicher berücksichtigt haben, aber er hatte auch noch andere Gründe, gegen die Portugiesen vorzugehen. Dabei sei angemerkt, daß es sich nur um jene handelte, die sich in Bengalen niedergelassen hatten, was zu einer Zeit geschehen war, als die Moguln ihre Macht auf diesen Teil Indiens noch gar nicht ausgedehnt hatten. Der eigentliche Schwerpunkt der portugiesischen Aktivitäten lag an der Westküste Indiens, wo die Portugiesen in Goa einen Stützpunkt errichtet hatten, den sie auch weiterhin behalten sollten, während sie in Bengalen ihre Präsenz einbüßten. Das hatten sich die Portugiesen, die sich dort niedergelassen hatten, selbst zuzuschreiben. Denn während sie sich zunächst mit dem Handel mit Salz, für den sie ein Monopol erlangten, begnügt hatten, verlegten sie sich allmählich auf den Handel mit Sklaven, die sie auf räuberischen Überfällen erbeuteten und nach Goa und anderen portugiesischen Siedlungen in Asien ausführten.

Neben dem Sklavenhandel war es die aggressive Politik der Portugiesen, den christlichen Glauben zu verbreiten, die von jesuitischen

Missionaren geschürt wurde, was Schah Dschahan, der darin einen Affront gegen seine göttlich sanktionierte Herrschaft sah, ein Dorn im Auge war. Hinzu kam, daß auch er einen persönlichen Groll gegen die Portugiesen hegte, denn als er – während seiner Rebellion gegen seinen Vater – nach Bengalen ausgewichen war und sich dort hilfesuchend an die Portugiesen gewandt hatte, war ihm keinerlei Unterstützung zuteil geworden. Im Gegenteil, die Portugiesen hatten seine prekäre Lage dazu benutzt, ihn zu berauben, indem sie seinen Troß überfielen. Dabei waren auch jene beiden Sklavenmädchen, die Dienerinnen Mumtas Mahals gewesen waren, in die Hände der Portugiesen gefallen.

Was das Faß schließlich zum Überlaufen brachte, war ein neuerlicher Vorstoß der Portugiesen in die Gegend von Dacca, wo der Statthalter der Moguln für Bengalen seinen Sitz hatte. Bei diesem Vorstoß, der einer größeren Ortschaft in der Nähe von Dacca galt, fiel eine Dame, die zum Hof der Moguln gehörte, zusammen mit ihrer Tochter und einer Schwiegertochter in die Hände der Portugiesen, die sich an den Frauen zu vergehen suchten. Der Mann dieser Dame beschwerte sich beim Kaiser, und dieser erteilte schließlich seinem Statthalter in Bengalen, jenem Kasim Khan, von dem bei Manucci die Rede ist, den Befehl, gegen die Portugiesen eine Strafexpedition durchzuführen.

Die Portugiesen hatten sich in Hugli festgesetzt, einem Ort in der Gegend des heutigen Kalkutta. Hier verschanzten sie sich und versuchten, den Angreifern Widerstand zu leisten. Doch sie waren dem Heer der Moguln hoffnungslos unterlegen: einer Streitmacht von 100 000 Mann, dazu neunzig Elefanten und hundertzwanzig Kanonen, standen auf seiten der Verteidiger nur zweihundert Portugiesen und sechshundert Sklaven, die sie in ihre Dienste gepreßt hatten, gegenüber. Hugli fiel, und selbst die, denen die Flucht auf dem gleichnamigen Fluß, einem Seitenarm des Ganges, gelungen war, fielen in die Hände der Moguln. Das Schicksal, das sie erwartete, war nicht beneidenswert. Manucci berichtet: »Es kann nicht den geringsten Zweifel darüber geben, daß, wenn die Portugiesen zu Lebzeiten Tadsch Mahals an den Hof gebracht worden wären, sie dafür gesorgt hätte, daß sie alle, nach grausamer Marter, in Stücke gerissen worden wären, denn das hatte sie sich geschworen, als man ihr das Unrecht zugefügt hatte. Dennoch entgingen sie auch so nicht einer angemessenen Strafe; einige schworen ihrem Glauben ab, entweder weil sie Folter oder Tod fürchteten oder in der Hoffnung, ihre Frauen zurückzuerlangen, die Schah Dschahan an seine Höflinge verteilt hatte. Andere, darunter die schönsten unter ihnen, wurden für den königlichen Palast zurückbehalten.«

Ob letzteres im Sinne Tadsch Mahals alias Mumtas Mahals gewesen wäre, darf füglich bezweifelt werden. So groß wird ihr Haß auf die Portugiesen wohl kaum gewesen sein, daß sie es nun ihrerseits gern gesehen hätte, daß die Frauen der Portugiesen, und noch dazu die Schönsten unter ihnen, in den Harem ihres Mannes verfrachtet wurden. Auch wenn sie, wie wir noch sehen werden, derlei gewöhnt war. Denn ein Kostverächter war Schah Dschahan nicht, bei aller Liebe, die er für seine »Erwählte des Palastes« empfand. Aber, wie gesagt, Mumtas Mahal hatte inzwischen das Zeitliche gesegnet, und so mögen die portugiesischen Gefangenen, die den Weg in den kaiserlichen Harem fanden, gerade zur rechten Zeit eingetroffen sein, um Schah Dschahan, den vermeintlich Untröstlichen, zu trösten.

KÖNIGLICHE AUDIENZ »Agra, das auf dem 27. Breitengrad liegt, wurde auf sandigem Boden erbaut; dies ist der Grund für die unerträgliche Hitze im Sommer. Es ist die größte Stadt in Indien und war früher die Residenz der Kaiser. Die Häuser der Adligen sind anmutig und solide gebaut; doch jene der einfachen Leute sind ohne Reiz, wie es in allen anderen Städten in Indien der Fall ist. Die Häuser stehen im Abstand zueinander und sind von einer Mauer umgeben, aus Furcht, daß man der Frauen ansichtig werden könnte; es ist also verständlich, daß all diese Städte nichts von dem heiteren Aussehen haben wie unsere Städte in Europa.«

Das Bild einer Stadt in Indien, sieht man von den großen Metropolen einmal ab, hat sich wenig gewandelt im Laufe der Zeit. Sie erscheint auch dem heutigen Besucher wie ein Gewirr aus engen Gassen, wo man vergeblich nach Ruhe und Ordnung Ausschau hält.

Das irritiert um so mehr, als es heute nicht mehr jene herrschaftlichen Anwesen und Paläste gibt, die so mancher Stadt einen besonderen Reiz verliehen. Zu diesen Städten gehörte auch Agra, ein Ort, der bereits eine lange Geschichte hatte, als die Moguln ihn zu ihrer Hauptstadt erkoren. Gehen die Anfänge Agras doch auf die Zeit der Arier zurück, die im ersten Jahrtausend v. Chr. ihre Herrschaft über Indien errichteten und die eigentliche, autochthone Tradition des Landes begründeten. In strategischer Lage im Herzen Indiens blieb Agra auch weiterhin ein wichtiges Zentrum der Macht, so daß die Moguln, als sie unter Babur zu Beginn des 16. Jahrhunderts ihre Herrschaft begründeten und ihrerseits Agra zum Mittelpunkt ihres Reiches erkoren, nur eine Tradition fortsetzten, die weit in die Geschichte zurückreichte.

Daß Agra schließlich als Sitz der Moguln aufgegeben wurde, darauf wurde auch schon an anderer Stelle hingewiesen. Im Zusammenhang mit den Ausführungen über die Herrschaft Akbars, des eigentlichen Begründers des Reiches der Moguln, der seinen Hof nach Fatehpur Sikri verlegte. Doch geschah dies erst in späterer Zeit, und die Hofhaltung in Fatehpur Sikri war auch nicht von Dauer, da die neue Residenz unter Wassermangel litt. Agra, das ohnehin in der Nähe lag, kehrte zu seiner alten Funktion zurück, bis es schließlich gegen Ende der Regierungszeit Schah Dschahans seinen Rang an Delhi, das freilich auch früher schon ein Zentrum der Macht gewesen war, abtreten mußte. Doch als Tavernier, ein französischer Reisender, der sich wiederholt in Indien aufhielt und von dem die obige Beschreibung stammt, Agra zum ersten Mal besuchte, residierte Schah Dschahan noch in dieser Stadt. Und zwar in einer Festung, die zwar auf Akbar zurückging, doch ihren eigentlichen Charakter durch Schah Dschahan erhielt, der sie zu einer prunkvollen Residenz ausbaute. Tavernier, der das Glück hatte, sie zu besichtigen, berichtet: »Was aber bemerkenswert an Agra ist, das ist der Palast des Kaisers, und außerdem einige prächtige Gräber sowohl in der Nähe der Stadt als auch in der weiteren Umgebung. Der Palast des Kaisers ist von beträchtlicher Größe und wird von zwei Mauern umschlossen, die an verschiedenen Stellen Terrassen aufweisen, während sich auf den Mauern kleinere Unterkünfte befinden, die für die Wache bestimmt sind. Der

Dschumna fließt an der Vorderseite des Palastes vorbei; doch zwischen der Mauer und dem Fluß befindet sich ein großer Platz, wo der Kaiser seine Elefantenkämpfe abhalten läßt. Man hat mit Absicht diese Stelle in der Nähe des Wassers gewählt, denn wenn ein Elefant über seinen Gegner einen Sieg errungen hat, wäre es unmöglich, ihn zu bändigen, wenn man ihn nicht in das Wasser treiben könnte; wozu man eine List anwenden muß, indem man an Piken Feuerwerkskörper befestigt, die angezündet werden, um so den Elefanten ins Wasser zu treiben. Und wenn er zwei oder drei Fuß im Wasser steht, beruhigt er sich.«

Der Dschumna, ein Nebenfluß des Ganges, bildete ein natürliches Bollwerk, das die Festung an ihrer Längsseite im Osten schützte. Auf der gegenüberliegenden Seite, der Stadt zugewandt, die sich im Norden und westlich der Festung erstreckte, befand sich der eigentliche Zugang: »Das [...] Tor, wo [...] der Kommandant der Festung seine Unterkunft hat, besteht aus einem langen und dunklen bogenförmigen Gewölbe, hinter dem sich ein großer Hof erstreckt, der von Säulenhallen umgeben ist, wie der Place Royale oder Luxembourg in Paris. Die Galerie, die sich auf der gegenüberliegenden Seite erstreckt, ist größer und höher als die anderen und besteht aus drei Säulenreihen, und unter denen, die den Hof auf den drei anderen Seiten umgeben und schmaler und niedriger sind, befinden sich mehrere kleine Räume für die Soldaten der Wache. In der Mitte der großen Säulenhalle erkennt man eine Nische in der Wand, zu der der Kaiser von seinem Harem aus, durch eine kleine verborgene Treppe, Zugang hat, und wenn er dort seinen Platz einnimmt, dann sieht er wie eine Statue aus. Er hat dann keine Wachen bei sich, denn er hat nichts zu fürchten; und weder von vorn noch von hinten, weder von rechts noch von links kann sich ihm jemand nähern. Während der heißen Jahreszeit ist nur ein Eunuche oder häufiger noch eines seiner Kinder in der Nähe, um ihm Kühlung zuzufächeln. Die Höflinge bleiben unten in der Halle unterhalb dieser Nische.«

Die Säulenhalle, von der hier die Rede ist, wurde *Diwan-i-Am*, »Halle der öffentlichen Audienz«, genannt. Hier fanden die eigentlichen Regierungsgeschäfte statt, soweit sie die Anwesenheit des Herrschers erforderten. Allerdings gab es daneben auch noch eine kleinere Audienzhalle, den sogenannten *Diwan-i-Khas*, wo in engerem Kreise beraten wurde. Diese »private Audienzhalle« befand sich in jenem Teil des Palastes, der den eigentlichen Wohntrakt umfaßte. Er erstreckte sich direkt an der Mauer, dem Fluß zugewandt, und bestand aus einer Folge von Gebäuden, Höfen, Terrassen, Erkern und Bassins, die – neben dem Herrscher und seiner engeren Familie – vor allem auch seinem Harem vorbehalten waren, der von beachtlicher Größe war. Für diesen Harem ließ Schah Dschahan eine eigene Moschee, die sogenannte *Nagina Masdschid*, die »Vogel-Moschee«, errichten, die gleichfalls zu dem privaten Wohntrakt gehörte. Daneben gab es noch eine zweite, größere Moschee, *Moti Masdschid,* »Perl-Moschee«, genannt, die sich im Zentrum der Festung erhob und von dem großen Hof, der sich vor dem Diwan-i-Am erstreckte, aus zugänglich war. In der Nähe der Moschee, die allerdings erst 1655 fertiggestellt wurde, befand sich der *Minar-Basar.* Es war dies jener »Lampen-Markt«, der vorzugsweise zum Neujahrsfest abgehalten wurde und wo – wie es die Legende überliefert – Schah Dschahan alias Prinz Khurram zum ersten Mal seiner geliebten Mumtas Mahal begegnet war.

Die Pracht, die die Festung von Agra schließlich auszeichnete, blieb Mumtas Mahal versagt. Denn erst Schah Dschahan war es, der der Festung ihren eigentlichen Glanz verlieh, indem er sie zu einer prunkvollen Residenz ausbaute. Dies aber geschah erst, nachdem Mumtas Mahal, der es ja nur vergönnt war, den Anfang seiner Herrschaft mitzuerleben, bereits nicht mehr am Leben war. So war der Palast in Agra, in den sie schließlich einzog, nachdem sie zuvor zu einem eher unsteten Leben verdammt gewesen war, da ihr Gemahl dauernd in kriegerische Aktivitäten verwickelt war, noch nicht jener Ort einer verfeinerten Hofhaltung gewesen, wie man ihn noch heute bei einem Besuch der Festung in Agra erahnen kann. Das strahlende Weiß der Marmorverkleidungen und das bunte Leuchten der Intarsien, die Wände und Säulen schmücken, sind erst das Werk späterer Zeit. Das Bild, das sich Mumtas Mahal bot, war eher durch den strengen, düsteren Stil geprägt, wie er das Erbe Zentalasiens war und sich besonders in Fatehpur Sikri niederschlug. Ironischerweise verliehen gerade die Eleganz und Kunstfertigkeit, die der persischen Tradition entstammten, den baulichen Veränderungen, die Schah Dschahan durchführen ließ, einen besonderen Reiz, und dafür war letztlich Mumtas Mahal, die diese Neuerungen nicht mehr miterleben konnte, verantwortlich. Denn sie, die immerhin Perserin war, war es, die ihren Gemahl mit der verfeinerten Kultur ihres Volkes vertraut machte. Insofern war sie es auch, die eigentlich den Anstoß für jenes Bauwerk gab, das ihr somit ein nicht unverdientes Denkmal setzte.

Die Festung in Agra war zugleich Wohnsitz des Herrschers und Regierungszentrum. Dabei ließ sich nicht immer das eine vom andern trennen, wie aus der Schilderung des Tagesablaufes Schah Dschahans deutlich wird, die uns einer seiner Hofchronisten überliefert hat. Dieser, ein gewisser Abdul Hamid Lahori, berichtet, daß das Tagewerk des Herrschers noch vor Sonnenaufgang begann. Etwa zwei Stunden vor Tagesanbruch pflegte Schah Dschahan, in Verbindung mit rituellen Waschungen, sein erstes Gebet zu verrichten. Ein zweites Gebet folgte bei Sonnenaufgang. Nach etwa einer Stunde zeigte er sich dann auf dem *Dscharoka-i-Darschan*, dem »Balkon der Erscheinung«. Es war dies, wie bereits angemerkt, eine Art Tribüne in Form eines Erkers hoch oben an der Mauer der Festung, die dem Fluß zugekehrt war. Hier zeigte sich der Herrscher vor versammeltem Volk und nahm dessen Huldigung entgegen. In den Worten Abdul Hamids: »Nach dem Erscheinen Seiner Majestät erweisen ihm die Massen, die sich auf dem Platz unterhalb des Fensters versammelt haben, die Ehre, und all ihre weltlichen und geistlichen Bedürfnisse werden befriedigt.« Dies war ein Zugeständnis an das Volk, indem es direkt mit dem Herrscher in Verbindung treten konnte. Bitten und Beschwerden wurden vorgetragen, über die dann der Herrscher bei den folgenden Beratungen im Diwan-i-Am befand.

Allerdings diente der Dscharoka nicht nur dem öffentlichen Erscheinen des Kaisers. Dies war auch der Ort, von dem aus er den Elefantenkämpfen zusah, an denen er sich besonders ergötzte. Handelte es sich dabei doch um ein Schauspiel, das in seiner Urwüchsigkeit nicht seinesgleichen hatte. Wie es der Chronist ausdrückt: »Kein Zweifel: Ohne diesen großen Platz [unterhalb des Dscharoka] kann der Kampf zwischen einem solchen Paar Dämonen gleichender und wie Berge erscheinender Bestien nicht stattfinden; denn während ihrer Kämpfe und Verfolgungsjagden wird eine Welt unter den Füßen der beiden säulengetragenen Ungeheuer zerstampft.« Es traten jeweils zwei Elefanten gegeneinander an, und Schah Dschahan pflegte sich zuweilen vier bis fünf Kämpfe nacheinander anzusehen. Erst dann fühlte er sich bemüßigt, an das eigentliche Tagesgeschäft zu gehen. Es begann im Diwan-i-Am, der großen Halle für öffentliche Audienzen. Hier versammelten sich die Würdenträger des Hofes, wobei streng auf die Rangfolge geachtet wurde: »Die erhabenen Prinzen nehmen in den Alkoven, links und rechts neben Seiner Majestät, Aufstellung und nehmen dort Platz, wenn sie dazu aufgefordert werden. Der Mehrzahl der versammelten Edelleute und Hofbeamten wird die Ehre zugestanden, sich in dem überdachten Portikus unterhalb der Nische, mit dem Rücken zur Balustrade, aufzustellen, und einige, die sich durch größere Vertrautheit mit dem Kaiser auszeichnen, nehmen zur Linken und Rechten des erhabenen Alkovens, jeder nach seinem Rang, ihre Plätze ein. Die hohen Beamten des Reiches stehen, je nach Rang, vor der Nische und tragen Seiner heiligsten Majestät die Angelegenheiten des Staates vor.«

Im Diwan-i-Am, zu dem eine große Zahl von Beamten und Höflingen Zugang hatte, wurden alle Staatsgeschäfte getätigt, die allgemeinere Bedeutung hatten. Entscheidungen besonderer oder gar geheimer Art wurden in einem kleineren Kreis, der nur die höchsten Beamten und vertrauenswürdigsten Berater des Kaisers umfaßte, im Diwan-i-Khas getroffen, der kleineren, privaten Audienzhalle, die sich im Wohntrakt des Palastes befand. In besonderen Fällen zog sich der Kaiser, mit einem noch ausgewählteren Kreis von Vertrauten, in ein turmähnliches Gemach zurück, das den Palast an der dem Fluß zugekehrten Seite überragte. Hier verbrachte er noch einmal etwa eine Stunde, nachdem er für die Beratungen im Diwan-i-Am und Diwan-i-Khas jeweils zwei bis drei Stunden aufgewandt hatte.

Im Diwan-i-Khas, der privaten Audienzhalle, wurden vor allem jene königlichen Erlasse, *farman* genannt, ausgestellt, die die Entscheidungen und Anordnungen des Kaisers enthielten und auf Grund derer sein Wille überall im Reich kundgetan wurde. Bemerkenswert dabei ist, daß ein solcher Farman nur dann Gültigkeit hatte, wenn er mit dem königlichen Siegel versehen war und daß dieses Siegel im Harem aufbewahrt wurde, wo es der Königin oblag, darüber zu wachen und es einem Schreiben aufzusetzen. Abdul Hamid berichtet: »Wenn diese Erlasse zu Papier gebracht sind, wird ihnen die Ehre zuteil, daß sie der umsichtige und aufmerksame Kaiser noch einmal durchsieht und in Ausdrucksweise und Inhalt verbessert, wenn ihm dies notwendig erscheint. Der glückliche Beamte, der als Meister des Schriftverkehrs dient, macht auf der Rückseite des Gehorsam heischenden Erlasses einen Vermerk und versiegelt ihn; und am unteren Ende des Schreibens fügt der Wesir seine eigene Unterschrift hinzu. Die Erlasse, die verbindlich wie das Schicksal sind, werden dann in den heiligen Harem gebracht, wo sie mit dem erhabenen königlichen Siegel, das sich in der Obhut Ihrer Majestät der Königin, Mumtas al-Zamani, befindet, geschmückt werden.«

Eine aufwendige Prozedur, an der – solange sie lebte – keine Geringere als Mumtas Mahal Anteil hatte. Überhaupt war der Harem, der einen integralen Bestandteil des zugleich als Residenz und Regierungssitz dienenden Palastes bildete, ein Ort, wo nicht nur der Lustbarkeit gefrönt wurde. Wenngleich die Versicherung, zu der sich der loyale Chronist bemüßigt fühlt, auch nicht wörtlich zu nehmen ist. Er schreibt: »Sogar im heiligen Harem sieht Seine Majestät – im Unterschied zu anderen nachlässigen Königen – davon ab, sich fleischlicher Lust und sinnlichen Vergnügungen hinzugeben, und widmet sich statt dessen, den Bitten der Armen entgegenzukommen.« Auch wenn dies eher eine fromme Schmeichelei ist, so trifft die Bemerkung Abdul Hamids doch in den Fällen zu, wo sich der Kaiser, der sich über die Mittagszeit in den Harem zurückzog, von seinen Frauen, insbesondere seiner geliebten Mumtas Mahal, in jenen Dingen beraten ließ, bei denen an seine Mildtätigkeit appelliert wurde. »Was das betrifft«, berichtet Abdul Hamid, »so pflegt die keusche und unschuldige Sati al-Nisa Khanum, die auf Grund ihrer Vertrauenswürdigkeit, beredten Zunge, treuen Dienste und edlen Gesinnung das Glück hat, Ihrer Majestät der Königin aller Zeiten in der Ausübung dringlicher Arbeiten und geschäftlicher Belange zu dienen, jener ruhmreichen und keuschen Königin regelmäßig die Gesuche der Armen und Hilfsbedürftigen zur Kenntnis zu bringen. Jene Herrin des glückverheißenden Harems trägt sie dann dem gottesfürchtigen Kaiser vor, und der Welt wird somit Wohltätigkeit zuteil.«

Sati al-Nisa, das war jene Perserin, die ihrerseits Mumtas Mahal beriet (und offensichtlich die Überbringerin all der Gesuche war, die an die Königin gerichtet waren). Mumtas Mahal wandte sich dann an ihren Gemahl, der ihr wohl nur selten eine Bitte abschlug. Damit war dieser Weg, eine Gunst zu erlangen, zweifellos der erfolgversprechendste. Man mußte nur eben an Sati al-Nisa herankommen.

Den Nachmittag verbrachte Schah Dschahan im Harem. Nach dem Abendgebet begab er sich zuweilen noch einmal in den Diwan-i-Am, wenn wichtige Staatsgeschäfte anstanden. Zumeist aber begnügte er sich mit seinem Erscheinen im Diwan-i-Khas, wo er sich mit einigen Vertrauten noch einmal beriet oder aber, wenn es keine Regierungsgeschäfte zu erledigen gab, sich von Musik und Gesang unterhalten ließ. Damit verbrachte er noch einmal ein, zwei Stunden. Daraufhin verrichtete er das letzte Gebet des Tages und zog sich gelegentlich noch einmal in jenen Turm zurück, wo die vertraulichsten Gespräche mit seinen Beratern stattfanden, ehe er schließlich erneut den Harem aufsuchte, um sich noch einmal der Unterhaltung, Musik oder auch der Lektüre erbaulicher Werke, die sich der Kaiser vorlesen ließ, zu widmen. Auf diese oder auch andere Weise (über die sich der Chronist geflissentlich ausschweigt) in den Schlaf gelullt, fand Seine Majestät endlich ihre verdiente Ruhe, die bis zum ersten Gebet am Morgen währte.

DER PFAUENTHRON »Im Laufe der Jahre waren viele wertvolle Edelsteine in die Kaiserliche Schatzkammer gelangt, von denen jeder als ein Ohrgehänge für Venus dienen könnte oder den Gürtel der Sonne schmücken würde. Als der Kaiser den Thron bestieg, da kam ihm der Gedanke, daß, wie es die Meinung weitsichtiger Männer ist, der Erwerb solcher seltenen Juwelen und der Besitz solcher wundervollen Brillanten nur einen Zweck haben könnten, nämlich den Thron des Reiches zu schmücken. Sie sollten deshalb einer solchen Verwendung zugeführt werden, auf daß Betrachter an ihrer Pracht teilhaben und davon Nutzen haben könnten und die Herrscherwürde in vermehrtem Glanz erstrahlen könnte. Es wurde folglich angeordnet, daß, zusätzlich zu den Edelsteinen in der Kaiserlichen Schatzkammer, Rubine, Granate, Diamanten, wertvolle Perlen und Smaragde, im Wert von 20 Millionen Rupien, herbeigeschafft und dem Kaiser zur Prüfung vorgelegt werden sollten und daß sie, zusammen mit einigen großen, erlesenen Juwelen, deren Gewicht 50 000 *miskal* [ca. 800 000 Karat] übertraf und die einen Wert von 8,6 Millionen Rupien besaßen, nach sorgfältiger Prüfung Be-badal Khan, dem Oberaufseher des Amtes für Goldschmiede, übergeben werden sollten. Des weiteren sollte er 100 000 *tola* reines Gold erhalten, was einem Gewicht von 250 000 *miskal* und einem Wert von 1,4 Millionen Rupien entspricht. Der Thron sollte drei *gaz* [2,5 Meter] lang, zweieinhalb breit und fünf hoch sein und mit den obengenannten Edelsteinen geschmückt werden. Der Baldachin sollte nach außen hin glasiert und mit einzelnen Juwelen verziert werden, während er im Innern dicht mit Rubinen, Granaten und anderen Edelsteinen ausgelegt werden sollte, und er sollte von zwölf smaragdgeschmückten Säulen getragen werden. Auf dem Kapitell jeder Säule sollten zwei Pfauen, ganz mit Edelsteinen ausgelegt, und jeweils zwischen den beiden Pfauen ein Baum, gleichfalls aus Rubinen und Diamanten, Smaragden und Granaten, angebracht werden. Der Aufgang sollte aus drei Stufen bestehen, die mit feinsten Juwelen verziert werden sollten. Dieser Thron wurde im Verlauf von sieben Jahren fertiggestellt und kostete 10 Millionen Rupien.«

Über den Wert dieses Thrones wie auch über die genaue Art seiner Form gibt es unterschiedliche Angaben. Eines jedoch ist gewiß – der Thron, den Schah Dschahan bei seinem Machtantritt in Auftrag gab und der im Jahre 1634 vollendet wurde, war nicht nur ein Symbol seiner Macht und seines Reichtums, sondern auch ein Kunstwerk, das die ganze Fülle von Prunk und Pracht am Hofe der Moguln offenbarte. Bekannt wurde der Thron unter einem Namen, den ihm ein persischer Herrscher, in dessen Besitz er gelangte, gab: TAKHT-I-TAUS, »Pfauenthron«.

Dieser Thron fand zunächst im Diwan-i-Am in der Festung von Agra Aufstellung, wo er jene Nische schmückte, die der Herrscher bei seinen Auftritten benutzte, um nicht nur geschützt, sondern auch den

Versammelten entrückt zu sein. Der überirdische Glanz des Thrones unterstrich diese Entrücktheit: Der Pfauenthron war zugleich Sinnbild einer göttlichen Erscheinung, als die sich der Herrscher letztlich verehren ließ. Nannte man ihn doch auch den »Schatten Gottes auf Erden«, womit er sich als Vollstrecker des Willens Allahs ausgab.

Später, als Schah Dschahan nach Delhi übersiedelte, nahm er den Pfauenthron mit, der fortan zum Inbegriff des Herrscherglanzes der Moguln wurde. Schließlich fiel er in die Hände der Perser, die ihn freilich erst eigentlich berühmt machten. Wiewohl sie in ihm nur eine Beute, wenn auch eine von unschätzbarem Wert, sahen.

Der Reichtum, den die Moguln horteten, war unermeßlich. So soll die Schatzkammer in Agra unter anderem Perlen mit einem Gewicht von 750 Pfund und Smaragde von 275 Pfund sowie 5000 Edelsteine, die allein aus China stammten, enthalten haben. Dazu kamen fünf Thronsessel, zwei davon aus Gold und drei aus Silber, zweihundert schmuckverzierte Spiegel, goldenes Geschirr mit einem Gewicht von 50 000 Pfund, 100 000 Teller aus Silber, zweihundert Zierdolche, ferner goldgewirkte Gewänder, tausend Schmucksättel, die mit Gold und Edelsteinen besetzt waren, und ganze Kisten voller ungeschliffener Diamanten. Doch wie es heißt, war dies nur der Anfang: In Lahore, wo die Moguln gleichfalls hofhielten, sollen sich Schätze befunden haben, die jene in Agra um das Dreifache übertrafen.

Schon Babur hatte sich durch den Ruhm Indiens, ein Land märchenhaften Reichtums zu sein, zu seinem Kriegszug, der die Mogulherrschaft begründete, verleiten lassen. Unter Schah Dschahan ging dieses Kalkül auf: Der Glanz, mit dem er sich umgab, zeugte nicht nur von verschwenderischem Luxus; der Prunk, in dem er sich sonnte, übertraf auch alles, was es jemals zuvor in Indien gegeben hatte. Und das war, wovon nicht nur bildliche, sondern auch literarische Zeugnisse künden, nicht eben wenig gewesen.

Da wundert es nicht, wenn sozusagen auch die Krönung aller Schätze, die Indien berühmt machten, der gefeierte Kohinoor, seinen Weg zurück in die Schatulle der Moguln fand. Bernier, der französische Reisende, der sich gegen Ende der Regierungszeit Schah Dschahans in Indien aufhielt, berichtete: »Dschemla, dem es [...] gelungen war, wiederholt an den Hof Schah-Dschehans eingeladen zu werden, begab sich schließlich nach Agra, wobei er sich mit den wertvollsten Geschenken ausgestattet hatte, in der Hoffnung, daß der *Mogol* Krieg gegen die Königreiche Golkonda und Visapur [Bidschapur] wie auch gegen die Portugiesen ausrufen würde. Es war bei dieser Gelegenheit, daß er Schah-Dschehan jenen berühmten Diamanten zum Geschenk machte, von dem es heißt, daß er unvergleichlich an Größe und Schönheit ist.«

Mit Dschemla beziehungsweise Dschumla war ein Renegat gemeint, der sich mit dem König von Golkonda, einer Provinz im südlichen Dekkan, auf die die Moguln seit längerem ein Auge geworfen hatten, überworfen hatte und auf die Karte der Moguln setzte. Dafür zeigte er sich in der genannten Weise erkenntlich. Allerdings ist dabei nicht ganz klar, wie der Kohinoor, der »Berg des Lichts«, von Persien, wo ihn Humajun Schah Tahmasp überlassen mußte, zurück nach Indien gelangte. Wie es heißt, sandte Schah Tahmasp, der dem Diamanten seinen beziehungsreichen Namen gab, den Kohinoor an Nisam Schah, den Herrscher von Ahmednagar, einer anderen Provinz im Dekkan, als Geschenk. Von hier wanderte er weiter nach Golkonda, wo er in den Besitz Mir Dschumlas gelangte, der ihn dann Schah Dschahan verehrte. Damit war der Irrweg des Kohinoor allerdings noch nicht zu Ende, wie sich noch zeigen wird.

Der unvorstellbare Luxus, in dem die Moguln schwelgten, gründete sich vor allem auf den Reichtum des Landes, über das sie herrschten. Damit sind nicht nur jene Schätze gemeint, die – insbesondere in Form von Edelsteinen – das Land selbst hervorbrachte, denn es gab – vornehmlich im Dekkan – reiche Edelsteinvorkommen, die ein ständiger Anreiz für eine Ausdehnung des Reiches waren. Die Moguln begründeten auch – im Gegensatz zu ihren Vorläufern, die in ständige Thronwirren verwickelt waren und deren Macht folglich begrenzt war – ein festgefügtes Reich, mit geordneter Verwaltung und einem effektiven Steuersystem. Die Wirtschaft des Landes basierte wie eh und je auf der Landwirtschaft, und auf diesem Wirtschaftszweig, der rigoros besteuert wurde, beruhte die finanzielle Basis des Staates. Das heißt, ein Drittel der Ernte mußte entweder in Naturalien oder in Barzahlungen an den Staat abgeführt werden. Das war allerdings günstiger als in Gebieten wie etwa den Provinzen im Dekkan, die der Herrschaft der Moguln (einstweilen) noch nicht unterstanden und wo die steuerlichen Abgaben bei der Hälfte der Ernte lagen. Dennoch kam es auch im Mogulreich zu verheerenden Hungersnöten, die zwar in erster Linie in der Unberechenbarkeit des Klimas ihre Ursache hatten, zweifellos aber auch der Höhe der Steuern und dem Mißbrauch bei der Steuereintreibung, der trotz strikter Rechtsprechung nicht zu unterbinden war, anzulasten waren. Hinzu kam, daß verdiente Würdenträger und Mitglieder der Familie des Herrschers, wie wir gehört haben, mit *dschagirs* ausgezeichnet wurden, Landzuteilungen, über deren Rendite, die die darauf ansässigen Bauern erwirtschaften mußten, sie frei verfügen konnten; auch wenn die Inhaber dieser Lehen gewöhnlich einen Teil der erwirtschafteten Gewinne an den Staat abführen mußten.

Wie auch immer: Die Staatskasse war gefüllt, insbesondere während der Herrschaft Schah Dschahans, wohingegen das Volk, für das die Regierung praktisch nur aus der Auferlegung der Steuern und der Rekrutierung von Arbeitskräften und Soldaten bestand, darbte. Wenn es nicht sogar in akute Not geriet, wie beispielsweise im Jahre 1630, wo es in einigen Landesteilen, im Westen und im Süden, zu verheerenden Hungersnöten kam. Abdul Hamid, der Hofchronist Schah Dschahans, liefert dazu ein eindrucksvolles Zeugnis: »Während des vergangenen Jahres war in den Ländern des Balaghat [in Zentralindien] kein Regen gefallen, und die Trockenheit hatte besonders die Gegend von Daulatabad heimgesucht. Im gegenwärtigen Jahr hat es auch in den angrenzenden Provinzen keine ausreichenden Niederschläge gegeben, und es herrscht großer Mangel im Dekkan und in Gudscherat. Die Bewohner dieser beiden Gegenden wurden in höchste Not gestürzt. Man bot sein Leben für einen Laib Brot, doch es fand sich kein Käufer; Ämter waren für ein Stück Kuchen zu haben, doch es war niemand interessiert; die stets freigebige Hand wurde nun ausgestreckt, um Essen zu erbetteln; und der Fuß, der es gewohnt war, den Weg der Zufriedenheit zu gehen, irrte nur noch umher auf der Suche nach Nahrung. Es wurde zur Gewohnheit, Hundefleisch als das Fleisch von Ziegen zu verkaufen, und die zu Staub zermahlenen Knochen der Toten wurden mit Mehl vermischt und zum Kauf angeboten. [...] Die Not war schließlich so groß, daß die Menschen begannen, einander selbst zu verzehren, und man gab dem Fleisch eines Sohnes den Vorzug vor dem einer Geliebten. Die Menge der Sterbenden wurde zum Hindernis auf den Straßen, und jeder, der nicht dem schrecklichen Leiden zum Opfer fiel und der noch die Kraft hatte, sich zu bewegen, machte sich auf in die Städte und Dörfer anderer Länder. Jene Gegenden, die berühmt für ihre Fruchtbarkeit und ihren Überfluß gewesen waren, hatten keine Spur ihres Reichtums zurückbehalten.«

Es war eine jener Hungersnöte biblischen Ausmaßes, die Indien seit undenklichen Zeiten heimgesucht hatten und wie sie auch noch im vergangenen Jahrhundert auftraten. Schah Dschahan, der sich nicht nur mit dem Titel »Herrscher der Welt« schmückte, sondern auch den Anspruch erhob, *Schahanschah-i-Adil,* ein »gerechter« Herrscher, zu sein, versuchte, Abhilfe zu schaffen, indem er Suppenküchen einrichtete, Geld verteilen ließ und den von der Not Betroffenen die Steuern erließ. Was immerhin, so vermerkt Abdul Hamid, ein Elftel des gesamten Steueraufkommens ausmachte.

Wie wohltätig sich Schah Dschahan auch in diesem Fall erwiesen haben mag: Zwischen dem Glanz des Hofes, mit dem er sich umgab, und dem Los des Volkes, auf das er letztlich nur herabschaute, da er anders als sein Mentor und großes Vorbild Akbar dem hinduistischen Glauben der Massen nicht wohlgesonnen war, lagen Welten. Das wurde besonders deutlich bei den Festlichkeiten, mit denen der Herrscher sich feiern ließ und die einen Höhepunkt der Prachtentfaltung am Hof der Moguln darstellten. In diesem Zusammenhang sind besonders zwei Feiern zu erwähnen, die regelmäßig stattfanden: jene anläßlich des Geburtstages des Herrschers, wobei dieses Fest jeweils zweimal begangen wurde, da man sowohl einen Mond- als auch einen Sonnenkalender berücksichtigte, und eine zweite beziehungsweise dritte Feier, mit der der Thronbesteigung des Herrschers gedacht wurde. Auch das Neujahrsfest, *Naurus* genannt, stand letztlich mit der Person des Kaisers in Verbindung, symbolisierte der Beginn eines neuen Jahres zugleich doch auch die Erneuerung der göttlichen Kräfte des Herrschers. Bei all diesen Feiern, die am Hofe der Moguln – sei es in Agra, sei es in Delhi – abgehalten wurden, wurde ein verschwenderischer Luxus zur Schau gestellt, der sich immer noch mehrte. Denn ein wesentlicher Bestandteil dieser Feste bestand darin, daß man den Herrscher beschenkte, wobei die wertvollsten Edelsteine gerade gut genug waren.

Allerdings sollte hier auch nicht verschwiegen werden, daß es zumindest bei den Geburtstagsfeierlichkeiten auch einen Brauch gab, der die Mildtätigkeit des Herrschers auf besonders eindrucksvolle Weise zur Geltung brachte. Wie es dazu im »Schah Dschahan-Nama«, jener anderen Chronik, die über die Zeit der Herrschaft Schah Dschahans berichtet, heißt; wobei sich der Chronist, Inajat Khan, auf den ersten Geburtstag Schah Dschahans nach seiner Thronbesteigung bezieht: »Am letzten Tag des [Monats] Rabi I 1038 [n. d. H.] wurde die Wiegezeremonie Seiner Majestät im Palast von Fatehpur [Sikri] aus Anlaß seines 38. Geburtstags in seinem ewigdauernden Dasein, nach dem Mondkalender, gefeiert. Seine erhabene Erscheinung wurde einmal gegen Gold, einmal gegen Silber und sechsmal gegen andere Dinge gewogen; der Erlös wurde dann unter die Bedürftigen verteilt.«

Dieser Brauch, der jeweils zweimal im Jahr stattfand, war eine Neuerung, die Kaiser Akbar eingeführt hatte. Inajat Khan schreibt dazu: »Es sei angemerkt, daß die Tradition der Wiegezeremonie (*dschaschn-i-wasn*) auf den verstorbenen Kaiser Akbar zurückgeht, der seine glückverheißende Erscheinung zweimal im Jahr wiegen ließ, gelegentlich seines Geburtstages nach dem Sonnen- und dem Mondkalender. Zur Zeit der Feier nach dem Sonnenkalender wurde er zwölfmal gewogen, das erste Mal gegen Gold und elfmal gegen andere Dinge. Aus Anlaß des Geburtstags nach dem Mondkalender wurde er achtmal gewogen: zuerst gegen Silber und siebenmal gegen andere Dinge. Die Beträge, die sich daraus ergaben, wurden dann zu mildtätigen Zwecken verwandt.«

Neben Gold und Silber waren es Seide, Parfum und Zinngefäße, aber auch Butter, Milch und Reis, gegen die der Herrscher, der sich auf eine Waagschale setzen mußte, aufgewogen wurde. Nachdem die Waren gesegnet worden waren und man sorgfältig ihren Wert bemessen hatte, wurde die Summe in Form von Geld an die Bedürftigen verteilt. Bernier, der französische Reisende, der Zeuge einer solchen Zeremonie wurde, bemerkt dazu, wobei er sich auf Aurangseb, den Nachfolger Schah Dschahans, bezieht: »Ich erinnere mich, daß alle Höflinge sehr erfreut waren, als sich herausstellte, daß Aurang-Sebe zwei Pfund mehr wog als im Jahr zuvor.«

TANZ UND GESANG Zu den Bräuchen anläßlich der Feierlichkeiten zu Ehren des Herrschers gehörte auch, daß dieser Ihrer Königlichen Hoheit, seiner Mutter, sofern sie noch lebte, seine Aufwartung machte. Wozu er sich in den Harem begab. Obwohl dieser, wie wir gehört haben, ein integraler Bestandteil des Palastes war, stellte er doch eine eigene Welt dar, die nach außen hin völlig abgeschlossen war. Bernier schreibt dazu: »Es würde mir Vergnügen bereiten, Euch in den *Seraglio* zu geleiten, wie ich Euch mit anderen Teilen der Festung vertraut gemacht habe. Aber wo gibt es einen Reisenden, der auf Grund eigener Anschauung das Innere jenes Gebäudes beschreiben könnte? Ich habe es manchmal betreten, wenn der König nicht in Delhi war, und einmal, so hatte ich den Eindruck, sogar ziemlich weit, um meinen fachkundigen Rat im Falle einer hochgestellten Dame zu erteilen, die so krank war, daß man sie nicht an das äußere Tor bringen konnte, wie es bei solchen Fällen üblich ist; doch ein Tuch aus Kaschmirwolle, das wie ein langer Schal bis zu den Füßen reichte, bedeckte meinen Kopf, und ein Eunuch führte mich bei der Hand, als wenn ich ein Blinder gewesen wäre.«

Bernier war immerhin Arzt, sonst wäre ihm nicht einmal diese Art Besuch im königlichen Harem zuteil geworden, und was er über den »Seraglio« oder Serail in der Festung von Delhi berichtet, wo zu seiner Zeit Aurangseb residierte, trifft auch für den Harem im Palast in Agra zu, wo Schah Dschahan die ersten zwanzig Jahre seiner Regierung hofhielt. So deckt sich auch das, womit Bernier in seinem Bericht fortfährt, mit dem, was wir über den königlichen Harem in Agra wissen; zumal Schah Dschahan auch der Erbauer des Palastes in Delhi war, wohin er gegen Ende seiner Regierungszeit übersiedelte. Schreibt also Bernier: »Ihr müßt also mit einer allgemeinen Beschreibung vorliebnehmen, wie ich sie einigen der Eunuchen verdanke. Sie erzählen mir, daß der *Seraglio* schöne Räume enthält, die voneinander getrennt und mehr oder weniger geräumig und prächtig ausgestattet sind, je nach dem Rang und dem Einkommen der Frauen. Fast jedes Zimmer verfügt über ein Becken mit fließendem Wasser an der Tür; zu allen Seiten befinden sich Gärten, reizvolle Wege, schattige Plätze, Bäche, Brunnen, Grotten, unterirdische Gemächer, die Schutz vor der Sonne bieten, windumfächerte Diwane und Terrassen, um darauf in angenehmer Kühle nachts zu schlafen. Kurzum, innerhalb dieses bezaubernden Ortes fühlt man keine drückende oder lästige Hitze. Die Eunuchen heben besonders einen kleinen Turm hervor, der dem Fluß zugewandt und mit Gold verkleidet ist, ganz so wie die beiden Türme in Agra; und seine Räume sind geschmückt mit goldenen und azurfarbenen erlesenen Malereien und prächtigen Spiegeln.«

Wie in Agra, so liegt auch in Delhi die Festung, in der die Moguln residierten, an einem Fluß, noch dazu an dem gleichen: dem Dschumna. Hier wie dort bildete der Palast, der das eigentliche Zentrum der Festung ausmachte, einen Komplex von Gebäuden, die zum einen den Regierungsgeschäften und zum andern als Wohnsitz dienten. Dabei kam dem Harem eine besondere Bedeutung zu, denn es war dies der Bereich, wo sich das Familienleben des Herrschers abspielte. Der Harem war sozusagen der eigentliche Wohnsitz.

Dennoch war es nicht der Herrscher, der dem königlichen Harem sein eigentliches Gepräge verlieh. So sehr es auch nach außen hin den Anschein erweckte. Sicher, der Kaiser – wie jeder, der über einen Harem verfügte – war Herr über die *Zenana*, wie man in Indien – in Anlehnung an das persische Vorbild – den Harem nannte. Doch wer das Erscheinungsbild des Harems eigentlich prägte, das waren die Frauen. Der Harem war ihr Reich, über das sie zwar nicht geboten, dem sie aber unübersehbar ihren eigenen Stempel aufdrückten. Wie Manucci, der italienische Reisende, der noch genauer als Bernier Einblick in die Welt des königlichen Harems gewann, schreibt: »Gewöhnlich befinden sich im Palast zweitausend Frauen der unterschiedlichsten Rasse. Jede hat ihr Amt oder erfüllt besondere Pflichten, entweder im Dienst des Königs, seiner Frauen, seiner Töchter oder seiner Konkubinen. Was letztere betrifft, so erhält eine jede, um Ordnung zu wahren, eine eigene Zimmerflucht, und Matronen werden dazu bestellt, sie zu beaufsichtigen. Zusätzlich erhält jede von ihnen zehn oder zwölf Dienerinnen, die aus der Gesamtheit der Frauen, die oben genannt wurde, ausgewählt werden.«

Auch wenn nicht immer ganz deutlich wird, wie denn nun der Harem, über den ein Mogul verfügte, tatsächlich aussah und wie das Leben in ihm geordnet war, so sind sich doch alle Beobachter über eines einig: Der Harem eines Mogulherrschers war eine Institution gewaltigen Ausmaßes, die mit der Zeit noch an Größe und Bedeutung zunahm. Sie erreichte ihren Höhepunkt unter Schah Dschahan, dem zwar nachgesagt wurde, daß er – um es vorsichtig auszudrücken – den Frauen besonders zugetan war, der zugleich aber auch ein Herrscher war, der sich der Fülle seiner Macht bewußt war und sie in eindrucksvoller Weise zur Geltung brachte. Dazu gehörte auch, daß er sich mit dem Glanz eines Harems umgab, der alle anderen übertraf – auch wenn dies nicht bedeutete, daß er über all die Frauen, die seinen Harem bevölkerten, wirklich verfügte. Wie viele es waren, ist ungewiß, obwohl die Zahl 5000 genannt wird; die man allerdings auch schon seinem Großvater Akbar andichtete, auf den jedoch immerhin eine beträchtliche Ausweitung des Harems (wie auch der erste Versuch, ihn straff zu organisieren) zurückging.

Die meisten Insassen des königlichen Harems waren, wie es bereits bei Manucci anklang, in dienender Funktion tätig, wobei ihre jeweiligen Aufgaben von der Bewachung des Harems und der Beaufsichtigung der Konkubinen bis zur Verrichtung häuslicher Arbeiten und Sklavendiensten reichten. Das heißt, die meisten der Frauen, die mit dem königlichen Harem in Verbindung standen, bekam der Herrscher gar nicht zu Gesicht. Und er wäre daran auch nicht interessiert gewesen, denn sie wurden nicht danach ausgewählt, ob sie ihm womöglich gefallen könnten. Sowohl die rechtmäßigen Frauen als auch die Konkubinen, über die er verfügte, wußten dies tunlichst zu vermeiden. Es hätte ihre eigene Stellung gefährdet.

Von den 5000 »Haremsdamen«, die man Schah Dschahan nachsagte, lebte also nur ein Bruchteil tatsächlich im Harem. Es waren dies die Erwählten, zu denen – neben den Ehefrauen und Konkubinen – gemeinhin auch die Mutter des Herrschers, seine Schwestern, Tanten, Töchter sowie die Söhne gehörten, die im Harem aufgezogen wurden. Sie verfügten über all die Pracht und den Luxus, wie ihn Bernier erwähnt. Sowohl in Agra als auch in Delhi, wo die ausgedehnten Palastanlagen der Moguln erhalten geblieben beziehungsweise restauriert worden sind, künden noch heute prunkvolle Gemächer, Pavillons, Gärten, Brunnen und Terrassen von dem Zauber und der Opulenz, die die Welt eines königlichen Harems kennzeichneten.

Ganz anders waren jene bescheidenen Unterkünfte, in denen das Gros der Dienerinnen – wie auch die nicht geringe Zahl der Kurtisanen, mit denen sich der Herrscher zuweilen vergnügte – untergebracht waren. Sie gingen lediglich ihren jeweiligen Geschäften im Harem nach; ansonsten mußten sie sich mit einfachen Unterkünften aus Lehm und Bambus begnügen, die sich außerhalb des Palastes in einem besonderen Winkel der Festung befanden. Diejenigen schließlich, die mit verantwortungsvollen Aufgaben im Harem betraut waren, wobei es sich vornehmlich um weibliche Mitglieder aus den Familien der Höflinge beziehungsweise des Adels schlechthin handelte, hielten sich nur tagsüber in der Festung auf und kehrten abends zu ihren Familien zurück.

Es waren also nicht Tausende, mit denen sich ein Herrscher wie Schah Dschahan vergnügte, aber es waren andererseits auch nicht wenige. Eine Zahl von einigen Hundert dürfte der Wahrheit durchaus entsprechen. Wobei das, soweit es Schah Dschahan betrifft, immer noch übertrieben erscheint. Denn liebte er nicht seine Mumtas Mahal, und dies abgöttisch?

Der Eindruck, der entsteht, wenn man die Quellen durchgeht, läßt durchaus Zweifel aufkommen. Über eines sind sich zumindest die europäischen Beobachter – die offiziellen Chroniken enthalten sich eines diesbezüglichen Kommentars – einig: Schah Dschahan war dem weiblichen Geschlecht nicht nur zugetan, er war offensichtlich auch unersättlich. So schreibt Manucci, der – was den königlichen Harem angeht – die glaubhafteste Quelle darstellt: »Die ganze Welt weiß, daß die Mohammedaner, dem Beispiel ihres Meisters, Mohammed, folgend, sehr ausschweifend sind: weshalb es bei ihnen Männer gibt, mal mehr, mal weniger, hauptsächlich unter den Adligen und Königen, die sich nicht mit einigen wenigen Frauen zufriedengeben, sondern jede Möglichkeit suchen, sich in dieser Hinsicht zu vergnügen. Es kann als Tatsache angesehen werden, daß Schah Dschahan, was dies betrifft, nicht anders war als andere, denn, nicht zufrieden mit den Frauen, die er in seinen Palästen hatte, verspielte er sogar den Respekt, den ihm die Adligen an seinem Hof zollten, indem er sich auf Intrigen mit ihren Frauen einließ, was zu seinem Niedergang und Tod führte.«

Was letzteres betrifft, so werden wir auf die Umstände, die zu Schah Dschahans Sturz und Ende führten, an späterer Stelle zu sprechen kommen. Hier seien einstweilen einige Beispiele genannt, die Manucci anführt und die seine Aussage belegen. Er fährt in seinem Bericht fort: »An erster Stelle dieser Frauen ist eine zu erwähnen, an die er [Schah Dschahan] besonders oft dachte; sie war die Frau Dschafar Khans, und seine Liebe zu ihr war so groß, daß er ihren Mann töten wollte; doch sie rettete ihn, indem sie darum bat, daß er als Gouverneur nach Patna geschickt wurde, was auch geschah. In der gleichen Weise unterhielt er eine Bekanntschaft mit der Frau Khahil [Khalillulah] Khans, und dieser Mann rächte sich ... [später].«

Das Brisante an diesen beiden Bekanntschaften war, daß es sich im einen wie im andern Fall um Verwandte von Mumtas Mahal handelte. Die Frau Dschafar Khans, Farsanah Begam, war eine Schwester Mumtas Mahals, also Schah Dschahans Schwägerin, während die Frau Khalillulah Khans Mumtas Mahals Nichte war.

Das Techtelmechtel des Kaisers mit der einen wie mit der anderen war stadtbekannt, so daß, was wie ein Scherz klingt, durchaus der Wahrheit entsprochen haben mag. Wie Manucci berichtet: »Die Vertraulichkeit Schah Dschahans mit den Frauen Dschafar Khans und Khahil Khans war so berüchtigt, daß, wenn sie sich auf den Weg zum Palast machten, die Bettler mit lauter Stimme der Frau Dschafar Khans zuriefen: ›O Frühstück Schah Dschahans, erinnere dich unser!‹ Und wenn die Frau Khahil Khans vorbeikam, riefen sie: ›O Mittagsmahl Schah Dschahans, erbarme dich unser!‹ Die Frauen hörten das, und, ohne es als Beleidigung aufzufassen, veranlaßten sie, Almosen auszuteilen.«

Mögen diese beiden Frauen, wie es scheint, auch freiwillig den Avancen des Kaisers nachgekommen sein, wiewohl ihnen wohl kaum eine andere Wahl blieb, so war Schah Dschahan andererseits auch nicht darüber erhaben, Gewalt anzuwenden, um sich eine Frau gefügig zu machen. Dazu bediente er sich sogar seiner Tochter Dschahanara, wie Manucci zu berichten weiß: »Schah Dschahan verschonte nicht die Frau seines Schwagers Schaahisch Khan [Schaista Khan], wiewohl

HERRSCHAFTLICHER HAREM (MOGULMINIATUR, 18. JAHRHUNDERT)

nicht ohne List, denn sie wollte nicht einwilligen. Wer sich in dieser Sache als Kupplerin betätigte, war Begam Sahib [Dschahanara], die Tochter Schah Dschahans, die, in Absprache mit ihren Vater, die besagte Frau zu einem Festmahl einlud, an dessen Ende Schah Dschahan sie vergewaltigte. Diese Dame war dadurch so sehr bekümmert, daß sie, als sie nach Hause kam, weder etwas essen noch ihre Kleider wechseln wollte, und beendete so ihr Leben in Gram.«

Manucci, der dem Liebesleben Schah Dschahans besondere Aufmerksamkeit schenkt, schildert auch sehr ausführlich, wo denn der Kaiser gewöhnlich seine Schäferstündchen abhielt. Er schreibt: »Zur größeren Befriedigung seiner Lust ließ Schah Dschahan eine große Halle erbauen, zwanzig Ellen lang und acht Ellen breit, die überall mit großen Spiegeln ausgestattet war. Das Gold allein kostete fünfzehn Millionen Rupien, wobei die Emaillearbeiten und Edelsteine, über die nicht Buch geführt wurde, nicht mitgerechnet sind. An der Decke dieser besagten Halle befanden sich zwischen den Spiegeln Streifen aus Gold, reich mit Edelsteinen verziert. An den Ecken der Spiegel hingen große Büschel aus Perlen, und die Wände waren mit Jaspis verkleidet. All dieser Aufwand wurde getrieben, damit er [Schah Dschahan] sich und seine Favoritinnen beim Liebesspiel beobachten konnte.«

Schisch Mahal, »Spiegelpalast«, nannte man dieses Lustschlößchen, das ursprünglich ein Badehaus gewesen war. Man kann es noch heute in der Festung von Agra besichtigen, die übrigens – ebenso wie das Pendant in Delhi – »Rote Festung« genannt wird, weil die Mauern aus rotem Sandstein bestehen.

Offenbar unersättlich in seiner Sinnenlust, bediente sich Schah Dschahan einer besonderen Einrichtung, die ihn ständig mit Nachschub für seinen Harem versorgte. Es war dies jene Art von Basar, die sein Großvater Akbar eingeführt hatte, die aber offensichtlich unter Schah Dschahan besondere Bedeutung erlangte, wenngleich auch in eher eingeschränkter Weise, denn sie blieb allein ihm vorbehalten. Jedenfalls ist dies der Eindruck, den Manucci vermittelt, der Schah Dschahan immerhin noch zur Zeit seiner Regierung erlebte. Er schreibt: »Es könnte fast der Eindruck entstehen, als ob das einzige, wofür sich Schah Dschahan interessierte, die Suche nach Frauen war, um sich mit ihnen zu vergnügen. Mit diesem Ziel führte er eine

Messe an seinem Hof ein, die jedes Jahr acht Tage dauerte. Niemand erhielt Zutritt, außer Frauen aller Schichten – das heißt, sie konnten adlig oder aus dem Volk sein, reich oder arm, doch mußten sie alle hübsch sein. Jede von ihnen brachte das als Ware mit, was sie finden konnte. Doch das Beste, was sie feilbieten konnte, war ihr Körper. Das einzige, wonach sie trachtete, war der Wunsch, daß der König sich in sie verlieben möge; deshalb blieben ehrbare Damen diesem Ort fern. Während dieser acht Tage besuchte der König die Stände zweimal am Tag, wobei er auf einem kleinen Thron saß, den mehrere Tatarenfrauen trugen, während ihn mehrere Matronen, die Stöcke aus glasiertem Gold in der Hand hielten, und viele Eunuchen umgaben, alles Makler in dem folgenden Handel; auch eine Gruppe von Musikantinnen begleitete den König.«

Wie man sich erinnert, war es auf einem solchen Basar, der freilich noch unter der Herrschaft seines Vaters Dschahangir stattgefunden hatte, daß Schah Dschahan alias Prinz Khurram Ardschumand Banu, die er dann zur »Erwählten des Palastes« erkor, kennenlernte. Wenigstens berichtet dies die Legende. Offensichtlich hatte Schah Dschahan an dem Brauch des Höfischen Basars Geschmack gefunden – und funktionierte ihn in eine Art Heiratsmarkt um, was er zwar auch schon zuvor gewesen war, aber nicht mit ausschließlichen Rechten für den Kaiser. Wie Manucci weiter berichtet: »Schah Dschahan wandelt mit aufmerksamem Blick umher, und wenn er eine Händlerin, die seine Aufmerksamkeit erregt, sieht, dann geht er zu ihrem Stand und wählt mit freundlichen Worten einige Sachen aus und veranlaßt, daß, was immer sie verlangt, ihr gezahlt wird. Dann gibt der König ein vereinbartes Zeichen, und nachdem er weitergegangen ist, sorgen die Matronen, die sich in diesen Dingen gut auskennen, dafür, daß man ihrer habhaft wird; und wenn er schließlich danach verlangt, bringt man sie ihm. Viele von ihnen verlassen den Palast reich und zufrieden, während andere in ihm wohnen bleiben mit der Würde von Konkubinen. Diese acht Tage wurden im Palast mit großen Festlichkeiten, Tanz, Musik, Theater und anderen Vergnügungen, begangen. Die Festung blieb geschlossen, und niemand außer dem König befand sich darin. Einmal, aus purer Neugierde, zählte man die Frauen, als sie aus der Festung kamen, und es waren mehr als dreißigtausend.«

Man fragt sich, was Mumtas Mahal dazu sagte. Doch dabei sollte man eines nicht vergessen: Sie war zwar Königin, die Hauptfrau des Kaisers, aber dieser Rolle konnte sie sich nur kurze Zeit erfreuen. Bereits drei Jahre, nachdem Schah Dschahan den Thron bestiegen hatte, starb sie. Während er sie mehr als dreißig Jahre überlebte; den weitaus größten Teil davon als unumschränkter Herrscher. Das heißt, wirklich untreu wurde er ihr kaum. Es sei denn, in der Erinnerung an sie. Und das wirft denn doch einige Zweifel an der Überlieferung auf, derzufolge Schah Dschahan nach dem Tode Mumtas Mahals untröstlich gewesen sein soll und sozusagen von einem Tag auf den andern zu einem Greis alterte. Was immer er für Mumtas Mahal empfunden hatte, die Trauer hielt nicht lange an. Wenigstens nicht, wenn man darunter eine stille Besinnung und Abkehr von der Welt versteht. Wir werden darauf noch zu sprechen kommen.

Schon Manucci machte die Feststellung: »Es ist unmöglich, eine zufriedenstellende Erklärung für die Leidenschaft zu geben, die Schah Dschahan in dieser Hinsicht hatte.« Womit er die besondere Schwäche des Kaisers für das andere Geschlecht meinte, und er fährt fort: »Nicht zufrieden mit so vielen Erfindungen für seine ungezügelten Leidenschaften, erlaubte er auch den öffentlichen Frauen, von denen die meisten Tänzerinnen und Sängerinnen waren, große Freiheiten. Sie alle zahlten an den König Steuern.«

Die offensichtlich laxe Moral des Kaisers brachte ihm obendrein auch noch einen handfesten Gewinn ein. Was nicht bedeutet, daß er nicht auch selbst für die besonderen Reize derer, die dem leichten Gewerbe – und dazu zählten auch Tänzerinnen und Sängerinnen – nachgingen, empfänglich war. Besonders erstere, die in Indien seit alters her mit der geheiligten Tradition der Tempelprostitution in Verbindung standen, hatten es Schah Dschahan angetan. Manucci bemerkt dazu: »Unter ihnen [den öffentlichen Frauen] gibt es eine Gruppe, *Kanchani* genannt, die dazu verpflichtet ist, zweimal in der Woche bei Hofe zu erscheinen, wofür die Tänzerinnen bezahlt werden, und an einem besonderen Ort, den der König ihnen zugewiesen hat, aufzutreten. Diese Art Tänzerinnen werden höher geschätzt als andere, da sie von großer Schönheit sind. Wenn sie sich auf den Weg zum Palast machen, in einer Zahl, die fünfhundert übersteigt, fahren sie alle in reichgeschmückten Wagen und sind in kostbare Gewänder gekleidet. Sie alle erscheinen vor dem König und tanzen für ihn.«

Dabei geschah es, daß diese oder jene dem Herrscher besonders gefiel, so daß er sie in den Rang einer Konkubine erhob. Die Bedenken seiner Höflinge, daß diese Art Frauen nicht würdig sei, in den Palast aufgenommen zu werden, tat er mit den Worten ab: »Wenn eine Ware gut ist, spielt es keine Rolle, wo man sie erwirbt.« Auf diese Weise, indem er sich verschiedener Quellen bediente, brachte Schah Dschahan eine ansehnliche Kollektion von Frauen zusammen, die sich – wie Manucci bemerkt – vor allem durch eines auszeichneten: durch ihre Schönheit. Allerdings, so fügt Manucci hinzu, gab sich Schah Dschahan mit Schönheit allein nicht zufrieden: Diejenigen, denen er seine Gunst schenkte, mußten außerdem Geist und Verstand haben – was ihren Reiz zweifellos erhöhte und Schah Dschahan immerhin zur Ehre gereicht. Im übrigen weist Manucci ausdrücklich darauf hin, wie wir bereits gehört haben, daß »die Lüsternheit Schah Dschahans ihn keineswegs daran hinderte, seinen Regierungsgeschäften ordnungsgemäß nachzukommen.« Das überrascht einigermaßen, ist aber nicht gänzlich von der Hand zu weisen. Auch wenn Schah Dschahan in dieser Hinsicht Akbar, der zu den wirklich großen Herrschern der Weltgeschichte gehört, nicht das Wasser reichen konnte. Worin Schah Dschahan sich vor allem auszeichnete, das war die Verfeinerung der höfischen Kultur, auch wenn dies zuweilen an Ausschweifung grenzte, und sein ausgeprägter Sinn für Kunst und Architektur. Zumindest in letzterem wurde er von niemandem auf dem Thron der Mogule übertroffen.

PURDAH Der Harem ist eine Erscheinung, die man vornehmlich mit dem Islam in Verbindung bringt. Der es einem Rechtgläubigen immerhin erlaubt, vier legitime Frauen (und darüber hinaus eine unbegrenzte Zahl von Konkubinen beziehungsweise Sklavinnen) zu haben. Die Polygamie – oder, um es genauer zu benennen, die Polygynie, die »Vielweiberei« – ist im Islam ein Bestandteil des Glaubens;

sie wird durch die Religion sanktioniert. Insofern ist die Vorstellung, die man gemeinhin von muslimischen Gesellschaften hat, daß sie nämlich der »Vielweiberei« Vorschub leisten, nicht unbegründet. Dennoch sollte nicht übersehen werden, daß das Haremswesen beziehungsweise die Polygynie, wobei das eine mit dem andern nicht immer identisch ist, eine Form der Geschlechterbeziehung darstellt, die weitverbreitet und keineswegs nur auf die durch den Islam geprägten Gesellschaften beschränkt ist. Polygyne Geschlechterbeziehungen sind ein Ausdruck der gesellschaftlichen Vormachtstellung des Mannes, die praktisch alle Kulturen durchlaufen haben. Das trifft auch für Indien zu, und zwar vor dem Einfall des Islam. Auch in vorislamischer Zeit gab es in Indien das Haremswesen; allerdings handelte es sich dabei um eine eher begrenzte Erscheinung, die auf die herrschenden Kreise beschränkt blieb. Anders zur Zeit der islamischen Vorherrschaft: Sie führte dazu, daß die Institution des Harems allgemeine Verbreitung fand. Zumindest gilt das für den islamischen Teil der Bevölkerung, wobei freilich auch hier nur die Wohlhabenderen über die materiellen Voraussetzungen verfügten, sich einen Harem zuzulegen. Aber das Haremswesen erhielt durch die Einführung des Islam in Indien eine weit größere Verbreitung, als es zuvor der Fall gewesen war. Damit einher ging eine Veränderung der Stellung der Frau.

Nicht, daß die Frau im vorislamischen Indien gleichgestellt gewesen wäre. Aber es ist zweifelsfrei erwiesen, daß sie ein höheres gesellschaftliches Ansehen genoß als in späterer Zeit, in der der Islam beziehungsweise die durch ihn vorgegebenen Gesellschaftsnormen den Ton angaben. Das zeigte sich nicht nur in einem vermehrten Auftreten des Haremswesens, sondern auch in einer Erscheinung, die man mit dem persischen Wort *parda* umschreibt. »Parda« bedeutet »Vorhang«, und genau darum geht es: Die Frau verschwand sozusagen hinter einem Vorhang. Das reichte vom Schleier, der ihr Gesicht verhüllte, bis zur Einsperrung im Harem, der für die Frau de facto ein Gefängnis darstellte. *Purdah* – so die englische Bezeichnung, die sich schließlich durchsetzte – war eine Neuerung, die es zuvor in Indien nicht gegeben hatte. Sie wirkte sich denn auch, da sie eine weit größere Verbreitung als das Haremswesen fand, verheerend auf die Stellung der Frau in Indien aus. Der Brauch der Purdah war es, der das Schicksal der Frau in Indien, die nun das gleiche Los wie die Muslimin teilte, besiegelte: Sie verlor ihre Freiheit und ihre Rechte, ihre Würde und ihr Ansehen. Sie wurde degradiert zu einer Unperson, einem Wesen, das im wörtlichen Sinne unsichtbar ist: Man sieht über die Frau hinweg, so, als gäbe es sie gar nicht. Hier mehr, da weniger, doch überall mit einer Mißachtung ihrer elementarsten Rechte, die oft erschreckend ist. Erst in neuerer Zeit, in der der Feminismus auch in Indien Eingang gefunden hat, ändert sich das.

Der Harem, über den ein Herrscher wie Schah Dschahan verfügte, muß vor diesem Hintergrund gesehen werden. In ihn war eine Unzahl Frauen eingeschlossen: Eingesperrt hinter hohen Mauern, bewacht von Matronen und Eunuchen, war es den Frauen auch eines königlichen Harems nicht möglich, ein Leben zu führen, das ihnen ein normales Maß an Freiheit erlaubt hätte. Sie waren Gefangene, und selbst wenn es ihnen einmal gestattet wurde, ihr Gefängnis, den Harem, zu verlassen, dann geschah dies unter strengster Bewachung. Das traf selbst für die Mitglieder der kaiserlichen Familie, soweit es sich um ihre weiblichen Vertreter handelte, zu. Der folgende Bericht Taverniers bezieht sich zwar auf die Zeit Aurangsebs, doch wird es unter Schah Dschahan kaum anders gewesen sein: »Die Prinzessinnen, seien es die Frauen des Kaisers, seine Töchter oder seine Schwestern, verlassen niemals den Palast; es sei denn zu einem Ausflug aufs Land, um für ein paar Tage in frischer Luft und an einem anderen Ort zu verweilen. Einige von ihnen besuchen, wenn auch selten, die Frauen der Adligen, wie etwa die Frau Dschafar Khans, die die Tante des Kaisers ist. Doch geschieht dies nie ohne eine besondere Erlaubnis des Kaisers. Hier herrscht ein anderer Brauch als in Persien, wo die Prinzessinnen nur nachts, in Begleitung einer großen Zahl von Eunuchen, die alle Leute vertreiben, denen sie unterwegs begegnen, ihre Besuche unternehmen. Am Hof des Großen Moguls jedoch unternehmen die Damen gewöhnlich ihren Ausflug am Morgen gegen neun Uhr, wobei sie nur drei oder vier Eunuchen begleiten sowie zehn oder zwölf Sklavinnen, die als Ehrendamen dienen. Die Prinzessinnen werden in Sänften, die mit reich bestickten Tüchern verhangen sind, getragen, und jeder Sänfte folgt eine kleine Kutsche, in der sich nur eine Person befindet. Sie wird von zwei Männern gezogen, und die Räder sind nicht größer als ein Fuß im Durchmesser. Der Grund, weshalb diese Kutschen mitgeführt werden, besteht darin, daß, wenn die Prinzessinnen die Häuser, die sie besuchen wollen, erreicht haben, die Männer, die die Sänften tragen, nur Zugang bis zum ersten Tor haben, wo die Eunuchen sie dazu zwingen, sich zurückzuziehen; die Prinzessinnen steigen dann in die Kutschen um und werden von den Ehrendamen in die Frauengemächer gezogen. Denn [...] in den Häusern der Adligen befinden sich die Frauengemächer in der Mitte, und man muß gemeinhin zwei oder drei große Höfe und einen oder zwei Gärten durchmessen, um zu ihnen zu gelangen.«

Der Zweck der Übung war ein doppelter: Nicht nur sollte niemand der weiblichen Mitglieder der kaiserlichen Familie ansichtig werden, sie selbst hatten auch nicht die Möglichkeit, mit jemandem, dem sie womöglich begegneten, in Kontakt zu treten. Sie wurden hermetisch von der Außenwelt abgeschirmt. Und was für die Mitglieder der Familie des Kaisers galt, traf in noch größerem Maße auch für die übrigen Frauen des kaiserlichen Harems zu: Ihnen war es praktisch verwehrt, überhaupt den Harem zu verlassen. Sie waren Gefangene im wahrsten Sinne des Wortes, und ihr einziger Daseinszweck bestand darin, dem Herrscher zu Gefallen zu sein. Da dies jedoch selbst bei einem Mann wie Schah Dschahan, der in seinen sexuellen Gelüsten angeblich unersättlich war, nur selten geschah, stellt man die große Zahl der Frauen in seinem Harem in Rechnung, verwundert es nicht, daß die Frauen, die vernachlässigt wurden, obwohl sie doch allein zum Zwecke der Liebe im Harem eingepfercht waren, andere Möglichkeiten suchten, sich zu vergnügen. Da ihnen der Umgang mit anderen Männern verwehrt war – nicht umsonst durften, abgesehen vom Besitzer eines Harems, als Vertreter des männlichen Geschlechts nur Eunuchen einen Harem betreten –, gaben sie sich nur zu oft der Liebe mit ihresgleichen hin. Dafür gibt es sogar bildliche Belege, wie eine Miniatur beweist, die Frauen beim Liebesspiel in einem herrschaftlichen Harem zeigt und aus der Zeit Schah Dschahans stammt.

Eine andere Möglichkeit ergab sich, wenn man die Gelegenheit eines Arztbesuches dazu benutzte, sich auf besondere Weise Erleichterung zu verschaffen. Manucci, der aus eigener Erfahrung spricht, denn er betätigte sich unter anderem auch als Arzt, berichtet: »Es gibt einige, die stellen sich von Zeit zu Zeit krank, einfach aus dem Grunde, daß sie die Gelegenheit haben, sich mit dem Arzt, der sie aufsucht, zu unterhalten oder sich von ihm den Puls fühlen zu lassen. Letzterer streckt die Hand aus und hält sie durch die Öffnung eines Vorhangs, wo sie begierig ergriffen, mit Küssen bedeckt und sanft gebissen wird. Einige der Frauen legen sie, aus Neugier, auf ihre Brust, was mir mehrere Male passiert ist; aber ich gab den Anschein, es nicht zu bemerken, um das, was geschah, vor den Matronen und Eunuchen, die zugegen waren, geheimzuhalten und nicht ihren Argwohn zu erwecken.«

Man kann sich denken, daß derlei Visiten nicht ohne Risiko waren, sowohl für die Haremsdame, die eigentlich gar nicht krank war, wie auch für den Arzt, dessen Hilfe nicht wirklich gebraucht wurde. Es sei denn auf eine Weise, die im höchsten Maße verfänglich war. Der Tod winkte beiden, wenn sie mit ihrem »Doktorspiel« zu weit gingen.

Das Paradoxe an der Institution des Harems ist, daß er zwar ein Ort war, der – wenn auch nicht ausschließlich, so doch primär – der Liebe diente, diese aber, je größer die Zahl der Insassinnen eines Harems war, desto seltener der einzelnen zuteil wurde. Es sei denn, sie gehörte zu den Favoritinnen ihres Herrn. Die Folge war, daß die Haremsdamen sich nicht nur auf andere Weise Vergnügungen zu verschaffen versuchten, sie waren gewöhnlich auch in allerlei Intrigen und Eifersuchtsdramen verwickelt. Dabei ging es – neben der Gunst des Herrn, die man zu erlangen suchte – vor allem um eines: einen Sohn zur Welt zu bringen, der als Erbe beziehungsweise Thronfolger anerkannt wurde. Denn dadurch erhöhte sich auch der Status der Frau, die das Kind geboren hatte. Hier ergaben sich oft erbitterte Rivalitäten, wie das folgende Beispiel zeigt, das Tavernier überliefert: »Da es Brauch ist, daß der Erstgeborene, sogar wenn es sich um den Sohn einer Sklavin handelt, auf den Thron folgt, wenden die Frauen im kaiserlichen Harem, wenn sie merken, daß eine von ihnen ein Kind erwartet, jedes nur denkbare Mittel an, um eine Fehlgeburt herbeizuführen. Als ich im Jahre 1666 in Patna war, versicherte mir der Arzt Schaista Khans, der zur Hälfte Portugiese ist, daß die Frau Schaista Khans, eine

Prinzessin, in einem Monat bei acht Frauen seines Harems Fehlgeburten herbeigeführt hatte, da sie es nicht zulassen würde, daß irgendwelche Kinder außer ihren eigenen überlebten.« Schaista Khan, der ein Sohn Asaf Khans und damit ein Bruder Mumtas Mahals war, trat die Nachfolge seines Vaters als Wesir an. Er war mit einer Schwester Schah Dschahans verheiratet, die offensichtlich eifersüchtig über ihre Privilegien wachte.

Daß auch im Harem Schah Dschahans ähnliche Praktiken herrschten, darauf weist der Umstand hin, daß die einzigen Kinder, die er hatte (sieht man von einer Tochter aus der Ehe mit Akbarabadi einmal ab; einen Sohn aus der Ehe mit seiner dritten Frau ließ Schah Dschahan vom Hof entfernen), aus der Verbindung mit Mumtas Mahal stammten. Auch wenn er ihr offensichtlich besonders zugetan war und diese Zuneigung zu fortwährenden Schwangerschaften führte, was beweist, daß er sich darin durchaus bewährte, so war er doch – wie wir gehört haben – alles andere als monogam, so daß er eigentlich auch anderweitig eine zahlreiche Nachkommenschaft hätte haben müssen. Man denke an Rames II., den ägyptischen Pharao, der sich gleichfalls mit einem reich ausgestatteten Harem umgab: Ihm werden über hundert Kinder nachgesagt. Offensichtlich wurde im kaiserlichen Harem recht rigoros jene Praxis angewandt, von der Tavernier berichtet. Inwieweit Mumtas Mahal darin involviert war, ist freilich nicht erkennbar. Ihrem Wesen nach scheint sie weniger energisch und ehrgeizig gewesen zu sein als ihre Tante Nur Dschahan, der man derartige Praktiken durchaus zutrauen würde. Wahrscheinlich war es Schah Dschahan selbst, der – da er Mumtas Mahal besonders zugetan war und deshalb einen Thronfolger aus dieser Verbindung wünschte – dafür sorgte, daß es keine Rivalen aus einer anderen Verbindung gab.

Wie auch immer: Es herrschte also nicht nur eitel Freude im Harem. Andererseits trösteten der Luxus und der Müßiggang, denen sich die Haremsdamen hingeben konnten, über so manche Unannehmlichkeit und Enttäuschung hinweg. Schließlich war das Los der meisten Menschen außerhalb eines herrschaftlichen, besonders aber kaiserlichen Harems keine Verlockung: Sie führten ein Leben in Armut und Not, während es den Erwählten, die ihren Weg in den kaiserlichen Harem gefunden hatten, an nichts mangelte, soweit es ihr materielles Leben betraf. So verwundert es nicht, daß der Harem des Kaisers ein wahres Schmuckkästchen war, denn nicht nur waren diejenigen, die er für die Aufnahme in den Harem für wert befunden hatte, von erlesener Schönheit, sie verwendeten auch besondere Sorgfalt darauf, ihre Reize durch Kleidung und Schmuck zu erhöhen. Damit befriedigten sie nicht nur ihre Eitelkeit, sondern suchten auch die Aufmerksamkeit dessen, der ihr einziger Daseinszweck war, zu erregen. So mache von ihnen mußte, wenn sie sich herausgeputzt hatte, einen atemberaubenden Anblick geboten haben. Kein Wunder, daß Schah Dschahan ihnen nicht widerstehen konnte. »Ihre Kleider sind von großer Pracht und Kostbarkeit«, berichtet Manucci, »mit Rosenessenzen bestäubt.« Und weiter: »Ihr Haar ist stets sorgfältig frisiert, zu Zöpfen geflochten und mit wohlriechendem Öl parfümiert.« Besonders aber ihr Schmuck verlieh ihnen einen Glanz, wie er seinesgleichen suchte: »Sie tragen an den Armen, oberhalb des Ellbogens, kostbare Armspangen, fünf Zentimeter breit, mit Juwelen verziert und kleinen Büscheln aus Perlen, die von ihnen herabhängen. Ihre Handgelenke zieren sehr kostbare Armbänder oder auch Schmuck mit Perlen, die gewöhnlich neun- oder auch zwölfmal um das Gelenk gewunden sind. Auf diese Weise ist die Stelle, wo man den Puls fühlt, oft so verdeckt, daß es für mich schwierig war, meine Hand darauf zu halten. An den Fingern tragen sie kostbare Ringe, und an ihrem rechten Daumen befindet sich stets ein Ring, der, anstelle eines Edelsteins, mit einem kleinen runden Spiegel geschmückt ist, der von einem Kreis aus Perlen umgeben ist. Diesen Spiegel gebrauchen sie, um sich zu betrachten, etwas, was sie liebend gern tun, und dies fortwährend. Außerdem tragen sie eine Art Gürtel aus Gold, zwei Finger breit, der überall mit großen Edelsteinen besetzt ist; an den Enden der Schnüre, mit denen ihre Hosen befestigt sind, befinden sich Büschel aus Perlen, die aus fünfzehn fünf Finger langen Schnüren bestehen. An den Knöcheln tragen sie wertvolle metallene Fußspangen oder Schnüre aus kostbaren Perlen.«

Lange, weite Hosen gehörten zur Tracht, die die Frauen am Hofe der Moguln trugen. Es war dies ein Erbe ihrer zentralasiatischen Heimat, wo die Frauen – neben der Hose – noch ein Hemd trugen, das lose darüberfiel. Diese traditionelle Tracht, die den puritanischen

Vorschriften des Islam entsprach, der die Zurschaustellung menschlicher Körperformen, zumal der Frau, untersagt, war nicht immer kleidsam, da sie – wie Malereien aus der Zeit der Moguln deutlich erkennen lassen – die derart Gekleidete häufig unförmig erscheinen lassen. Das ist übrigens auch heute noch häufig in Indien (und Pakistan), zumal bei den Musliminnen, die sich nach wie vor in dieser Art kleiden, zu beobachten.

Dagegen ist die Tradition der Hindus, deren Frauen ja weitaus größere Freiheit genossen, hinsichtlich der Kleidung der Frau sehr viel weniger streng. Mehr noch: Es gibt wohl kein anderes Kleidungsstück, das der Erscheinung einer Frau so sehr schmeichelt wie der Sari. Dieser fand denn auch am Hofe der Moguln, zumindest unter Akbar, der der indischen Tradition gegenüber aufgeschlossen war, Eingang. Ein kurzes enges Jäckchen und ein langer Rock, dazu ein schleierartiger Schal, der über dem Haar getragen wurde: Dies war die Tracht, die sich schließlich am Hof der Moguln durchsetzte. Auch wenn Schah Dschahan, dessen Mutter immerhin eine Radschputin war, indischen Bräuchen weniger zugeneigt war, was sich unter anderem auch darin äußerte, daß er – im Gegensatz zu seinem Vater wie auch seinem Großvater, der diese Neuerung einführte – keine Radschputenprinzessin zur Frau nahm. Was nicht bedeutet, daß nicht auch Hindufrauen – ebenso wie Christinnen, jene Portugiesinnen, die in Bengalen aufgegriffen worden waren – ihren Weg in den Harem Schah Dschahans fanden. Doch er zog offensichtlich Frauen, die der muslimischen Tradition entstammten (und Perserinnen waren), vor. Sicher liegt darin auch eine Erklärung dafür, weshalb er gerade Mumtas Mahal so zugetan war.

BURHANPUR Anders als Nur Dschahan, ihre Tante, trat Mumtas Mahal politisch nicht in Erscheinung. Für sie war der Harem der Ort ihres Wirkens: Wie sie als Kind durch den Harem geprägt worden war, so paßte sie sich ihm auch später an. Der Harem war ihre Welt; damit begnügte sie sich. Freilich hätte sie auch kaum eine andere Wahl gehabt: Denn im Gegensatz zu Nur Dschahan, die nach ihrer

Heirat mit Dschahangir keine Kinder mehr bekommen hatte, was ihr die Möglichkeit verschaffte, sich anderen Dingen zu widmen, folgte bei Mumtas Mahal eine Schwangerschaft auf die andere. In den neunzehn Jahren ihrer Ehe mit Schah Dschahan brachte sie vierzehn Kinder zur Welt. Selbst wenn sie es Nur Dschahan, die sich mit der traditionellen Rolle der Frau nicht begnügte, hätte nachtun wollen, was aber wohl auch nicht ihrem Naturell entsprach, wäre sie dazu kaum in der Lage gewesen. Es sei denn, sie hätte Mittel und Wege gefunden, die endlose Folge von Schwangerschaften zu beenden. Immerhin war diese selbst unter den damaligen Umständen ungewöhnlich, und es erhebt sich die Frage, warum man nichts dagegen unternahm. Da ist natürlich zum einen die traditionelle Rolle der Frau, die besonders bei den Muslimen ausgeprägt war und sich – abgesehen von ihrer Funktion als Spenderin sexuellen Vergnügens, das der Mann erwartete – auf die Mutterschaft beschränkte. Die Frau als Geschlechtspartner und Mutter: Das war, aus der Sicht der Muslime, ihre eigentliche Bestimmung. Nicht ganz so begrenzt war der Wirkungsbereich der Frau bei den Hindus, zumal den Radschputen, wo die Frau zuweilen nicht nur an Regierungsgeschäften beteiligt war, sondern sich häufig auch, als tapfere Streiterin für die Rechte ihres Volkes, im Krieg auszeichnete. Eine derartige Rolle der Frau im öffentlichen Leben vertrug sich nicht mit den Vorschriften des Islam, der ja genau das Gegenteil verlangte: die Frau, die als das alleinige Eigentum ihres Mannes betrachtet wurde, vom öffentlichen Leben fernzuhalten.

Dies war der eine Grund, weshalb Mumtas Mahal, die im übrigen ja auch jünger als Nur Dschahan war, sich in die Rolle, die von ihr erwartet wurde, fügte. Ein anderer wird darin zu suchen sein, daß Schah Dschahan für sie offenbar tatsächlich eine besondere Zuneigung empfand, die während ihrer ganzen Ehe anhielt. Das heißt, er kam seinen »ehelichen Pflichten« regelmäßig nach, obwohl er sich doch anderweitig hätte vergnügen können. Was er zweifellos auch tat, doch nicht in dem Maße, daß er darüber Mumtas Mahal vergaß. Was für sie allerdings nicht nur Anlaß zu Freude und Genugtuung war. Die Aufmerksamkeiten ihres Gatten hatten stets ein Nachsehen zur Folge, unter dem allein sie zu leiden hatte. Das wurde spätestens dann offensichtlich, als Mumtas Mahal ihrer vierzehnten Entbindung entgegensah.

Als dies geschah, befand sich Schah Dschahan im Krieg. Diesmal ging es um eine Auseinandersetzung mit Ahmednagar, einem Fürstentum auf dem Dekkan, über das zwar schon Akbar eine Art Oberhoheit errungen hatte, das aber die Wirren, die der Thronbesteigung Schah Dschahans vorausgegangen waren, genutzt hatte, um seine Souveränität zurückzuerlangen. Als es schließlich zu einem weiteren Affront kam, als Murtaza II., der Herrscher von Ahmednagar, einem Verräter, jenem Statthalter Schah Dschahans, der seinem Herrn die Gefolgschaft aufgekündigt hatte, Unterschlupf gewährte, sah sich der Kaiser genötigt, zur Tat zu schreiten. Es wurde das größte militärische Unternehmen, seit die Moguln ihre Herrschaft in Indien errichtet hatten.

Das Heer der Moguln umfaßte zur Zeit Schah Dschahans etwa eine halbe Million Mann. Davon waren rund ein Drittel Reiter, die den eigentlichen Kern des Heeres und seine eigentliche Schlagkraft ausmachten. Dagegen waren die Fußsoldaten – wie auch die Artillerie – nur von geringer militärischer Bedeutung. Ausbildung und Ausrüstung waren mangelhaft, was überraschen mag: Denn waren die Moguln nicht die Erben einer kriegerischen Tradition, die bis auf die Mongolen, die als der Inbegriff eines kriegerischen Volkes gelten, zurückging? Nun, seit dem Einfall Baburs waren hundert Jahre vergangen, und das Heer der Moguln hatte sich den örtlichen Bedingungen anpassen müssen. Das größte Handikap war, daß sich das Heer, das zudem keine stehende Armee war, aus unterschiedlichen Teilen zusammensetzte. Damit sind nicht die unterschiedlichen Waffengattungen gemeint, sondern die Quellen, aus denen sich das Heer rekrutierte. Da waren zum einen die Kontingente, die die Mansabdare, die Würdenträger des Reiches, stellen mußten. Sie befehligten auch eine zweite Gruppe, die sogenannten *dakhili*, für deren Besoldung der Staat aufkam. Daneben gab es eine dritte Gruppe, *ahidis* genannt, die eine Art Elitetruppe bildeten und einen höheren Sold als die Dakhili bezogen. Schließlich waren all jene Fürsten, die einen Vasallenstatus einnahmen, zur Bereitstellung von Soldaten verpflichtet, die sie im Kampf selbst anführten. Es verwundert nicht, daß bei einer solchen

Zusammensetzung des Heeres der Moguln seine Wirkung nicht immer den Erwartungen entsprach. Zumal ihre Gegner, die zudem mit den jeweiligen örtlichen Verhältnissen vertraut waren, sich vorzugsweise auf den Guerillakrieg verlegten, während die Streitmacht der Moguln unbeweglich und schwerfällig war. Sie wirkte allein auf Grund ihrer Größe abschreckend. Und immens war das Unternehmen in der Tat, das Schah Dschahan in Szene setzte, als er sich entschloß, gegen Ahmednagar zu Felde zu ziehen.

Das Heer versammelte sich vor den Toren von Agra, und allein dies nahm drei Monate in Anspruch. Astrologen wurden konsultiert, um ein günstiges Datum für den Abmarsch zu bestimmen. Zwei Dutzend Damen des kaiserlichen Harems wurden aufgefordert, Schah Dschahan auf seinem Kriegzug zu begleiten. Zu diesen Favoritinnen, die der Kaiser auswählte, gehörte auch Mumtas Mahal, obwohl sie – wie könnte es anders sein? – schwanger war. Aber das war kein Hindernis: Mumtas Mahal hatte ihren Gatten stets auf seinen Kriegszügen begleitet, und so manches Mal hatte sie fern der Annehmlichkeiten des kaiserlichen Palastes ein Kind zur Welt gebracht. Das sollte auch diesmal so sein. Allerdings war der Ausgang weniger glücklich, als es bisher der Fall gewesen war. Auch wenn dies nicht für diese, sondern für die nächste Schwangerschaft zutreffen sollte. Denn in Burhanpur kam die Kaiserin diesmal gleich zweimal nieder.

Natürlich wurden auch Tänzerinnen, Musikanten, Dichter und Gelehrte aufgefordert, sich der Streitmacht zuzugesellen, um den Herrscher bei Laune zu halten. Soweit die Auswahl, die er unter den Haremsdamen getroffen hatte, dies nicht vermochte. Schließlich wurde auch geistlicher Beistand, in Form eines Imams, eines Vorbeters, rekrutiert, der – mit einem kostbaren Exemplar des Koran ausgestattet – in einer goldenen *Howdah*, einem baldachingeschmückten Sitz, auf dem Rücken eines Elefanten Platz nahm. Dort hielt er – als sich die Streitmacht in Bewegung setzte – von Zeit zu Zeit das Heilige Buch in die Höhe und deklamierte dazu Gebete, auf daß Allah dem Unternehmen gnädig sei und für einen glücklichen Ausgang sorgte. Währenddessen das Volk, das herbeigeströmt war, in Jubelrufe, die die Größe Allahs beschworen, ausbrach. Ein beeindruckendes Schauspiel, das Agra bei dieser Gelegenheit bot.

Die ersten sieben Tage seines Feldzuges verbrachte Schah Dschahan auf einem Boot, mit dem er den Dschumna hinabfuhr. Das Schiff, mit einem Ober- und einem Unterdeck, stammte noch aus der Zeit Akbars, der sich damit zu seinen Feldzügen im Osten begeben hatte. Auf dem Oberdeck richtete sich der Kaiser ein, mit allem Komfort, den er von seinem Palast gewohnt war, das Unterdeck wurde von seiner zahlreichen Dienerschaft bevölkert. In einem zweiten Boot folgten die Damen des Harems, die er zu seiner Begleitung ausgewählt hatte, und daran anschließend zehn weitere Boote, in denen sich Gefolgsleute befanden, die mit dem Kaiser in den Krieg zogen. Die Flottille wurde von Wachmannschaften geschützt, die die Schiffe vom Ufer aus begleiteten.

Da der Feldzug nicht nach Osten, sondern nach Süden führte, mußten die Transportmittel schließlich gewechselt werden. Der Kaiser stieg nun auf einen Elefanten, die Würdenträger mußten sich mit Pferden begnügen, und der Troß ging zu Fuß. Für die Damen wurden besondere Vorkehrungen getroffen. Bernier, der Zeuge eines kaiserlichen Zuges wurde, erinnert sich: »Ich kann nicht umhin, auf diese prunkvolle Prozession des *Seraglio* einzugehen. Sie hat während des jüngsten Marsches meine besondere Aufmerksamkeit erregt, und mit Freuden rufe ich sie mir in Erinnerung. Selbst wenn man seiner Phantasie freien Lauf ließe, würde man sich kaum ein größeres und eindrucksvolleres Schauspiel vorstellen können, als es *Rauchenara-Begam* bot, die auf einem gewaltigen burmesischen Elefanten ritt, in einer Howdah sitzend, die blaubemalt und mit Gold verziert war, und gefolgt von fünf oder sechs weiteren Elefanten, gleichfalls mit Howdahs ausgestattet, die beinahe ebenso prächtig geschmückt und von Damen angefüllt waren, die zu ihrem Hofstaat gehörten. In der Nähe der Prinzessin ritten die Obereunuchen, in kostbaren Gewändern und ein jeder mit seinem Amtsstab in der Hand; auch eine Schar Dienerinnen, Tataren und Kaschmiris, prächtig gekleidet und auf kleinen, edlen Pferden, umgab sie. Außer diesen Begleitern waren da noch zahlreiche weitere Eunuchen zu Pferde, außerdem eine Vielzahl von Fußsoldaten, die mit langen Stöcken ausgestattet waren und, zu beiden Seiten des Weges, der Prinzessin in großer Entfernung vorausgingen, um den Weg freizuhalten und jeden, der sich nähern sollte, zu vertreiben. Unmittelbar hinter dem Gefolge *Rauchenara-Begams* erscheint eine hochgestellte Dame des Hofes, in ähnlicher Weise auf einem Elefanten reitend und von Dienerinnen umgeben wie die Prinzessin. Dieser Dame folgt eine dritte, der wiederum eine vierte und so fort, bis fünfzehn oder sechszehn hochgestellte Damen vorüberziehen, jede in dem Glanz und mit der Ausstattung und dem Gefolge, wie es ihrem Rang, ihren Einkünften und ihrem Amt entspricht. Es liegt etwas sehr Beeindruckendes und Hoheitsvolles in der Prozession dieser sechzig oder mehr Elefanten, in ihren feierlichen und, wie es schien, gemessenen Schritten, in der Pracht der Howdahs und in der reichgewandeten und unzähligen Gefolgschaft, und wenn ich dieses prunkvolle Schauspiel nicht mit einer Art philosophischen Gleichmuts betrachtet hätte, hätte es wohl geschehen können, daß ich mich so sehr im Reich der Phantasien verloren hätte, wie das bei den meisten indischen Dichtern der Fall ist, wenn sie von Elefanten berichten, die eine Unzahl von Göttinnen befördern, dem Blick der Sterblichen entzogen.«

»Rauchenara« beziehungsweise Roschanara war eine der Töchter Schah Dschahans. Sie war 1617 in Burhanpur geboren worden, dort, wo ihre Mutter, Mumtas Mahal, nun erneut »freudigen Ereignissen« entgegensah. Denn Burhanpur war ein Vorposten der Moguln an der südlichen Grenze ihres Reiches. Hier hatte Schah Dschahan, als Prinz Khurram, seine ersten militärischen Erfolge errungen. Denn mit den Verhältnissen auf dem Dekkan war er vertraut. Nicht nur hatte er, im Namen seines Vaters, hier bereits Kriege geführt, auch während der Wirren, die um die Nachfolge entbrannten, war er immer wieder in den Dekkan ausgewichen. Nun sollte er zum dritten Mal dieses Grenzland aufsuchen, das den Moguln keine Ruhe gab.

Der Kaiser reiste mit großem Gefolge. Die Vorhut bestand aus einem Musikkorps, das mit Trommeln und Trompeten das Nahen des Kaisers ankündigte, sowie aus Standartenträgern und Ersatzpferden, die dem Herrscher dienten, wenn er die Art seiner Fortbewegung ändern oder einen Ausritt unternehmen wollte. Dann folgte der eigentliche Hauptteil des Zuges, mit dem Kaiser und seinem Gefolge, worauf sich die Nachhut anschloß, die sich aus Leibwächtern und der Dienerschaft zusammensetzte. Das eigentliche Heer, das einen weiten Bogen bildete, folgte in einiger Entfernung, während der kaiserliche Harem zumeist eine Abkürzung nahm und vorausgeschickt wurde. Er erwartete den Herrscher bereits im Feldlager, das von einer Vorausabteilung errichtet wurde, so daß der Kaiser, der nie mehr als eine Strecke von zehn Meilen am Tag zurücklegte, jeden Abend mit einem angemessenen Komfort, wie er einem Herrscher gebührte, rechnen konnte.

Schah Dschahan zog zwar seinem Heer voraus, um dem Volk gegenüber zu dokumentieren, daß er tatsächlich der oberste Kriegsherr war. Doch galt dies nur, solange man sich in den sicheren Grenzen des Mogulreiches bewegte. Als der Vorposten und Stützpunkt Burhanpur erreicht war, richtete Schah Dschahan sich hier häuslich ein und überließ den eigentlichen Feldzug seinen Generälen, obwohl er sich letzte Entscheidungen selbst vorbehielt.

Man kam überein, den Feind an mehreren Stellen gleichzeitig anzugreifen, und zwar sowohl an seinen Flanken, im Osten und Westen, als auch im Zentrum, dem eigentlichen Kernland von Ahmednagar, wo der Hauptangriff erfolgen sollte. Mit dem Vorstoß ins Zentrum wurde Iradat Khan beauftragt, der Sohn des Oberkommandierenden der Mogulstreitkräfte. Ihm gelang es, eine Serie von Erfolgen zu erzielen, auch wenn die letzte Entscheidung nicht auf dem Schlachtfeld stattfand. Und der Sieg, den man errang, sich letztlich als Pyrrhussieg erweisen sollte.

Die erste Bastion des Feindes, die fiel, war Dharur, eine Festung in strategischer Lage, um die ein Kampf entbrannte, der zum Musterbeispiel dieses Krieges wurde: erst Verwüstung und Plünderung, dann Belagerung und Kapitulation. Lahori, der Verfasser des »Padschah-Nama«, berichtet: »Nachdem Azam Khan [das ist Iradat Khan] den Paß von Andschan-dudh erklommen hatte, schlug er drei *kos* [anderthalb Meilen] vor Dharur das Lager auf. Er befahl dann Multafit Khan und anderen, die Stadt Dharur und ihren Markt, auf dem einmal in der Woche das Volk aus näherer und weiterer Umgebung zusammenzukommen pflegte, um Handel zu treiben, anzugreifen. Die Festung von Dharur war überall im Dekkan berühmt wegen ihrer Stärke und Bewaffnung. Sie erhob sich auf der Höhe eines Bergrückens, und tiefe Flußtäler, die schwer zu passieren waren, schlossen sie auf zwei Seiten ein. Sie galt als so sicher, daß zu befürchten stand, daß jeder Versuch des

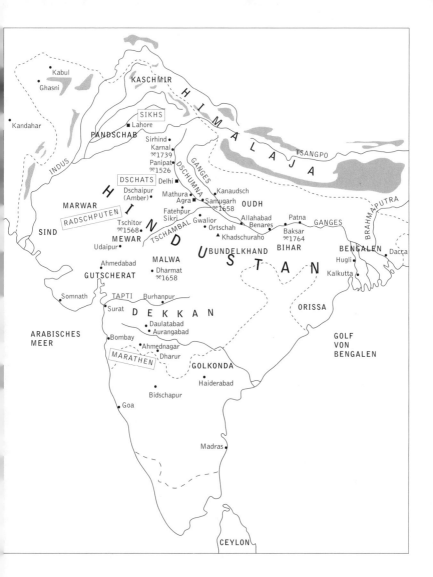

Das Reich der Moguln

- - - - - - Ausdehnung des Reiches
unter Schah Dschahan (1658)

– – – Maximale Ausdehnung
unter Aurangseb

▲ Ruinen

KM

königlichen Heeres, sie einzunehmen, sich als erfolglos erweisen würde; also wurde Marhamat Khan angewiesen, die Stadt und den Markt zu plündern, doch keinen Vorstoß gegen die Festung zu unternehmen. ... Die Garnison verlor ihren Kampfgeist und vernachlässigte ihre Pflichten ... Am 23. [des Monats] Dschumada-s sani gelangte Marhamat Khan mit einigen seiner Männer in das Innere und öffnete eine Seitenpforte. Azam Khan drang dann mit all seinen Offizieren ein, und an die zweitausend Soldaten erklommen die Mauern und gelangten in die Festung. Eine große Menge an Waffen und Edelsteinen wurde erbeutet.«

Was hier nicht deutlich wird, aber anderen Quellen zu entnehmen ist, das ist der Umstand, daß es den Angreifern schließlich doch gelang, die Verteidiger zu entmutigen, so daß sich Sidi Salim, der Kommandant der Festung, gezwungen sah, sich zu ergeben.

Die Politik der verbrannten Erde war ein wesentlicher Bestandteil der Strategie, die die Generäle Schah Dschahans verfolgten. Die verheerenden Auswirkungen dieser Taktik waren um so schwerwiegender, als sich zudem noch eine Dürrekatastrophe einstellte, die zu der bereits erwähnten Not in weiten Teilen Zentralindiens führte. Sie machte auch dem Heer der Moguln schwer zu schaffen, so daß der Angriff auf eine zweite Festung, Parenda, abgebrochen werden mußte, während der Vorstoß gegen eine dritte, Kandhar, erst nach monatelanger Belagerung gelang. Geschenkt wurde den Generälen des Kaisers nichts. Das wurde gerade auch in Kandhar deutlich, einer Festung an der östlichen Flanke des Feindes, deren Besatzung erbitterten Widerstand leistete. Die Angreifer mußten sich daher einer besonderen Taktik bedienen, die allerdings ein bewährtes Mittel ihrer Kriegführung war, seit Akbar in verbissenem Kampf die Festung von Tschitor eingenommen hatte. Lahori berichtet dazu: »Nasiri Khan war mit dem Kommando einer Streitmacht betraut worden, die die Provinz Telingana unterwerfen sollte. Er beschloß, die Festung Kandahar zu besetzen, die von großer Stärke und die bedeutendste jener Provinz war. Sie stand unter dem Kommando von Sadik, dem Sohn Jakut Khudawand Khans, und war für den Kampf voll gerüstet. Am 23. [des Monats] Dschumada-l awal schlug Nasiri Khan sein Lager eine halbe Meile vor der Festung auf. Am nächsten Tag traf er Vorkehrungen, die Stadt Kandahar anzugreifen; doch bevor er den Ort erreichen konnte, stellte sich ihm Sarfaraz Khan, der Heerführer, der den Oberbefehl in jener Provinz führte und Stellung zwischen der Festung und der Stadt bezogen hatte, entgegen und erwartete, seine Front von Artillerie geschützt, den Angriff. Er erhielt außerdem Deckung durch die Kanonen und Musketen der Festung. Das königliche Heer griff mit großem Kampfeswillen an und tötete eine große Zahl der Feinde. Sarfaraz Khan ergriff mit einigen wenigen seiner Gefolgsleute die Flucht. Nach diesem Sieg setzte Nasiri Khan die Belagerung fort.«

Das heißt, die Belagerung setzte jetzt erst eigentlich ein, und dabei kam jenes Mittel zur Anwendung, das sich auch diesmal als erfolgreich erweisen sollte. Wie es bei Lahori weiter heißt: »Von den einundzwanzig Stollen, die gegraben worden waren, waren sechs fertig; drei wurden mit Pulver versehen, und drei wurden in Reserve gehalten. Azam Khan, der zur Unterstützung Nasiri Khans herbeigeeilt war, näherte sich jetzt, und Nasiri Khan ging ihm entgegen, um ihn zu begrüßen und ihm die Sprengung der Stollen und den Angriff auf die Festung zu zeigen. Die Lunte wurde in den drei Stollen entzündet; eine versagte, doch die anderen beiden brachten einen Teil der Mauern zum Einsturz. Die Verteidiger setzten ihren Kampf mit Raketen, Mörsern, Steinen und Granaten fort, doch die Angreifer preschten voran. Der Kampf dauerte von Mittag bis Sonnenuntergang, doch die Mauer der Festung war nicht genügend zerstört worden, und die Verteidiger leisteten solch einen erbitterten Widerstand, daß die Angreifer sich zurückziehen mußten.«

Doch in der Nacht wurden die Arbeiten an den anderen Stollen fortgesetzt, und man traf Vorkehrungen, auch sie zu sprengen. Die Verteidiger erkannten, daß sie keine Chance hatten, und ergaben sich. Die Belagerung hatte viereinhalb Monate gedauert.

Mit vereinten Kräften war auch dieses Bollwerk gefallen, und Schah Dschahan hatte damit – da auch der Vorstoß im Westen erfolgreich gewesen war – die Oberhand gewonnen. Doch ein endgültiger Sieg war ihm bislang versagt geblieben, da Murtaza, der Herrscher von Ahmednagar, der eine Allianz mit der Nachbarprovinz Bidschapur eingegangen war, was seine Position stärkte, eine Niederlage nicht anerkannte. Er beging jedoch den Fehler, seinen bisherigen Heerführer, der ihm immerhin treu ergeben gewesen war, durch einen anderen zu ersetzen, der zwar eine Wende auf dem Schlachtfeld versprach, es jedoch für opportun hielt, mit Schah Dschahan Verbindung aufzunehmen. Vorher setzte er noch seinen Herrn, Murtaza, gefangen, was einer Palastrevolution gleichkam.

Schah Dschahan war einem Friedensangebot nicht abgeneigt, verlangte aber, daß Fath Khan, der neue starke Mann in Ahmednagar, als Zeichen seiner Loyalität dem Kaiser gegenüber einen untrüglichen Beweis erbringen müsse: Er sollte Murtaza, seinen Gefangenen, töten. Also reichte Fath Kahn seinem einstigen Herrn einen Becher mit Gift und zwang ihn, diesen zu leeren. So endete der Krieg gegen Ahmednagar. Mit reicher Beute – darunter dreißig Elefanten und Juwelen im Wert von 800 000 Rupien, einem Tribut, der aus dem Nachlaß Murtazas stammte – trat Schah Dschahan am 6. März 1632 seinen Rückweg nach Agra an. Doch diesmal ohne Mumtas Mahal. Ihr Leichnam war bereits im Dezember des vergangenen Jahres nach Agra überführt worden.

HIMMLISCHE GEFILDE »Inmitten all dieses Müßiggangs, der Freuden und der Pracht ist es unvermeidlich, daß sich in ihrem Geist die Unreinheit vieler Laster ansammelt. Denn sie denken niemals an den Tod, und in all den Palästen wird so etwas nie erwähnt oder auch nur im entferntesten angedeutet. Wenn es geschieht, daß diese Damen krank werden, dann bringt man sie in eine sehr hübsche Zimmerflucht im Palast, die sie *bimar-khanal* nennen, ›Haus der Kranken‹. Dort werden sie gepflegt und versorgt mit aller nur erdenklichen Sorgfalt, und sie kommen erst wieder zum Vorschein, wenn sie entweder wieder gesund oder tot sind. Wenn letzteres der Fall ist, dann eignet sich der König all die Besitztümer der Verstorbenen an. Falls die Patientin jemand ist, die vom Monarchen geschätzt wird, dann sucht er sie zu Beginn ihrer Krankheit auf, doch wenn sie sich nicht unverzüglich erholt, dann besucht er sie nicht mehr, sondern schickt von Zeit zu Zeit eine Sklavin, um sich nach dem Stand ihrer Gesundheit zu erkundigen.«

Was Manucci hier über die Gewohnheiten des Herrschers berichtet, wenn er mit Krankheit oder Tod in seinem Harem konfrontiert wurde, bezieht sich zwar auf Aurangseb, den Nachfolger Schah Dschahans, trifft aber zweifellos auch auf diesen zu. Wenngleich auch Schah Dschahan von umgänglicherem Wesen als ein Sohn und Erbe war. Was vor allem in einem Fall außer Frage steht: wenn es sich um seine geliebte Mumtas Mahal handelte.

Die bevorzugte unter den drei Frauen Schah Dschahans – die erste hatte er ja noch vor der Vermählung mit Mumtas Mahal geheiratet, während er eine dritte Ehe, auf Geheiß seines Vaters, 1617 eingegangen war – erfreute sich seiner uneingeschränkten Zuneigung. Die sie offenbar rückhaltlos erwiderte. Denn in all den Jahren, die er als Prinz ein unstetes Leben geführt hatte – zuerst auf Feldzügen im Namen seines Vaters, dann als Rebell im Kampf um den Thron –, hatte Ardschumand Banu nicht nur zu ihm gehalten, sie hatte ihn auch auf all seinen Kriegszügen begleitet. Was um so höher zu werten ist, als sie ja praktisch ständig schwanger war und so manches Mal unter erschwerten Bedingungen, fernab der Annehmlichkeiten des kaiserlichen Palastes, ein Kind zur Welt brachte. Allerdings war Burhanpur, wo sie wiederholt niederkam, kein einfaches Feldlager, sondern eine befestigte Stadt, die immerhin mit einigem Komfort aufwarten konnte. Hier hatte sie Roschanara, ihre dritte Tochter, zur Welt gebracht. Und hier schenkte sie auch zwei weiteren Töchtern das Leben: Husnara und Gohanara. Es waren ihre beide letzten Kinder.

Das Unglück begann mit einer neuerlichen Niederkunft, die sich über dreißig Stunden hinzog, und dies zur Zeit der größten Hitze, Mitte Juni. Es verwundert deshalb nicht, daß es diesmal Komplikationen gab, die im Nachherein zu einer Legende verklärt wurden. Bei Suniti Devi, der Maharani von Cooch Behar, heißt es:

»Zwanzig Jahre gemeinsamen Lebens banden sie immer enger aneinander. Dann kam die schreckliche Stunde des Abschiednehmens. Sie befanden sich in Burhanpur während einer der kaiserlichen Feldzüge, als der gefürchtete Ruf erfolgte. Plötzlich und geschwind erschien der Bote des Todes. Mumtaza erkannte seine Gegenwart und schickte Dschahanara, ihren Vater zu holen. Schah Dschahan eilte in das Gemach, wo die Sultanin in ihrer letzten Krankheit lag. Seine Hände umklammernd, sah seine geliebte Frau ihn an und sagte mit trauriger Stimme:

›*Dschahapuna*, die Stimme Gottes ruft mich. Ich werde diese irdischen Gefilde verlassen und mich in das Haus der Ewigkeit begeben. König und Gebieter, verzeih mir, wenn ich irgendeinen Fehler begangen oder ein böses Wort gesagt habe. Geliebter Gatte, ich teilte deine Sorgen, als du ein Prinz warst, und nun, da der Allmächtige dir die Macht, über die Welt zu herrschen, gegeben hat, muß ich dich verlassen, und ich habe eine Bitte, die ich an dich richten möchte, mein Kaiser.‹

Schah Dschahan beugte sein Haupt über ihre Hände. In seinen Augen standen Tränen. Seine ganze Seele war von Kummer erfüllt. Dann, ihr in die erlöschenden Augen sehend, sagte er zu ihr, seiner einzigen Liebe, mit erstickter Stimme: ›Geliebte, was immer es ist: bei meinem Leben und meiner Seele, ich verspreche dir, es zu tun.‹

›Geliebter Gatte‹, sagte sie mit sanfter Stimme, ›heirate keine andere Frau, wenn ich nicht mehr da bin, denn ich fürchte, wenn du es tust, wird es Streit zwischen ihren und meinen Kindern geben. Laß Dschahanara, unsere älteste Tochter, meinen Platz in deinem Haushalt einnehmen, und lasse sie eine Mutter für ihre Brüder und Schwestern sein. Sei ein guter Vater für unsere geliebten Söhne, und sei ein Sohn für meine betagte Mutter. Leb wohl‹, und mit einem Lächeln auf ihrem Gesicht schloß sie die Augen, um sie nie wieder zu öffnen.«

Soweit die Legende, die sich um den Tod Mumtas Mahals, der »Erwählten des Palastes«, rankt. Wobei dies nur ein Teil der Legende ist; denn ein zweiter ist nicht minder bedeutsam, wie wir noch sehen werden.

Die genaueren Umstände des Todes von Mumtas Mahal sind nicht bekannt. Fest steht lediglich, daß sie bei der Geburt ihres vierzehnten Kindes starb. Nicht einmal über das genaue Datum ihres Todes herrscht Einigkeit; auch wenn man heute dazu neigt, den 17. Juni 1631 als Todestag zu bezeichnen.

Die Chronisten beschränken sich lediglich auf eine kurze Erwähnung des Dahinscheidens Mumtas Mahals. So schreibt Lahori: »Am 17. [des Monats] Zi-l kada 1040 [n.d.H.] starb Nawab Aliya Begam [Mumtas Mahal], im vierzigsten Jahr ihres Lebens, zum großen Kummer ihres Mannes, des Kaisers.« Und Inajat Khan, im »Schah Dschahan-Nama«, ergänzt: »Am 17. Zil-kada 1040 ereignete sich das unglückliche Ableben Ihrer Majestät der Königin kurz nach ihrer Entbindung und verwandelte die ganze Welt in ein Haus der Trauer.« Und er fügt hinzu: »Jene edelste der Töchter Adams hatte sich 19 Jahre, acht Monate und einige Tage lang im kaiserlichen Palast des Glücks beider Welten erfreut. Sie stand im vierzigsten Jahr ihres Lebens, als sie sich in Eile in den himmlischen Garten begab.«

Eilig hatte sie es in der Tat; denn der Tod kam plötzlich und unerwartet. Aber abgesehen von der ungünstigen Jahreszeit, noch dazu in einem Teil Indiens, der von der sommerlichen Hitze besonders betroffen ist, war es wohl auch der Umstand, daß Mumtas Mahal alias Ardschumand Banu fast ununterbrochen den Beschwernissen einer Schwangerschaft ausgesetzt war, was zu ihrem frühen Tod führte. Ihr Körper war geschwächt und ihre Widerstandskraft aufgezehrt; es war nur eine Frage der Zeit, bis das Schicksal sie erlöste. Vielleicht hat sie es selbst als Erlösung empfunden. Am Ende hatte sich die verzehrende Liebe, die Schah Dschahan für sie empfand, in einen Fluch verwandelt.

II IM GARTEN DER EWIGKEIT

EIN LETZTER WUNSCH Übereinstimmend wird in den Quellen berichtet, daß der Tod Mumtas Mahals Schah Dschahan tief berührte. So heißt es im »Schah Dschahan-Nama«: »Eine ganze Woche nach diesem erschütternden Ereignis war der Kummer Seiner Majestät so groß, daß er sich weder in der Öffentlichkeit zeigte noch sich in irgendeiner Weise um die Staatsgeschäfte kümmerte. Am Donnerstag, dem neunten Tag nach dem Ereignis, besuchte er das Grab jener, die sich in das Reich der Ewigkeit begeben hatte, und erfreute ihren reinen Geist durch das Rezitieren der Eingangsverse des heiligen Koran. Er machte es sich zur Regel, solange er in Burhanpur blieb, jeden Freitag abend den Schrein der Empfängerin der Gnade Gottes aufzusuchen. Nach diesem Unglück enthielt er sich der Gewohnheit, Musik und Gesang zu lauschen und feines Leinen zu tragen. Da er fortwährend weinte, war er gezwungen, eine Brille zu tragen; und sein erhabener Bart, der zuvor nur einige wenige weiße Haare aufgewiesen hatte, wurde in einigen wenigen Tagen aus tiefem Kummer zu mehr als einem Drittel weiß.«

Weiß war auch die Trauerkleidung, die der ganze Hof anlegte. Die Frauen rauften sich die Haare und stimmten Klagegesänge an. Die Regierungsgeschäfte wurden unterbrochen, und Schah Dschahan war versucht, gänzlich seiner Macht zu entsagen. »Die Herrschaft hat keinen Reiz für mich!« erklärte er. »Sogar des Lebens bin ich nun überdrüssig!«

Niemand vermochte, ihn zu trösten, und jedesmal, wenn er in die Frauengemächer ging, brach er in Tränen aus. Er mochte niemanden sehen, und kein Antlitz konnte ihn noch erfreuen. Er fühlte sich jedesmal an die eine erinnert, die er nie wiedersehen würde, und sein Kummer wurde nur noch größer. Zwei Jahre hielt diese Trauer an. Aber auch dann noch gedachte der Kaiser immer wieder seiner verlorenen Liebe. Freilich wurde er nun auch täglich daran erinnert. Denn der Legende nach hatte es da noch einen zweiten Wunsch gegeben, den Mumtas Mahal auf ihrem Sterbebett geäußert hatte.

Sie wurde zunächst in Burhanpur bestattet. Im »Schah Dschahan-Nama« heißt es dazu: »Diese Schatzkammer der Keuschheit wurde vorübergehend in einem Pavillon im Garten von Zainabad in Burhanpur, der auf der anderen Seite des Flusses Tapti liegt, beigesetzt.« Es war, wie gesagt, die Zeit der größten Hitze und nicht daran zu denken, den Leichnam in die Hauptstadt zu transportieren und dort beizusetzen. Was der Wunsch Schah Dschahans war, der seine geliebte Mumtas Mahal auch nach ihrem Tode in der Nähe haben wollte. So wartete man, bis die kühlere Jahreszeit einsetzte, und überführte dann den Leichnam nach Agra. Prinz Schudscha, einer der Söhne, leitete die Eskorte; Schah Dschahan, den der Krieg zurückhielt, folgte erst im Frühjahr.

In Agra, wo der Leichnam Mumtas Mahals im Dezember eintraf, wurde er zunächst wiederum in einem provisorischen Grab bestattet. Denn da war jener andere Wunsch der Verstorbenen, von dem die Legende berichtet. Nicht nur solle er, Schah Dschahan, davon absehen, das Erbe ihrer Kinder zu gefährden, sie bat ihn auch, ihr ein Grabmal zu errichten, wie es die Welt noch nicht gesehen hatte. Auch diesen Wunsch, den sie im Angesicht des Todes geäußert hatte, versprach er, ihr zu erfüllen.Und er hielt sein Wort. Mehr, als Mumtas Mahal es jemals hätte ahnen können.

VÄTERLICHES ERBE Schah Dschahan kehrte im Juni 1632 nach Agra zurück. Es war nun ein Jahr seit dem Dahinscheiden seiner geliebten Gemahlin vergangen, und so wurde, wie es Brauch war, die Erinnerung an ihren Tod feierlich begangen. Im »Schah Dschahan-Nama« heißt es dazu:

»Da inzwischen ein Jahr vergangen war seit dem Dahinscheiden der einstigen Königin, wurde angeordnet, daß die traditionellen Feierlichkeiten anläßlich des ersten Jahrestages ihres Todes genauestens eingehalten werden sollten. Die zuständigen Beamten des königlichen Palastes errichteten, dieser Anweisung gemäß, prächtige Zelte in den

Gärten, die das heilige Grab umgaben, breiteten kostbare Teppiche aus und stellten ein reichhaltiges Angebot an Speisen, Getränken, Gewürzen, Süßigkeiten und wohlriechenden Essenzen bereit – mehr, als man sich vorstellen kann. Dann kamen all die Gelehrten und frommen Geistlichen und Wahrsager zusammen und bildeten eine ruhmreiche Versammlung.

Zu diesem heiligen Ort begab sich dann Seine Majestät, in Begleitung all der Edlen, Großen, Würdenträger und Beamten, die mit ihm aus der siegreichen Schlacht zurückgekehrt waren, wie derer, in großer Zahl, die aus allen Teilen des Reiches herbeigekommen waren, um ihm zu seinen kürzlichen Erfolgen und der triumphalen Rückkehr der kaiserlichen Standarten in die Hauptstadt nach dem dreijährigen Feldzug im Dekkan zu gratulieren.

Nachdem die erste Sure in der Gegenwart des Salomos der Welt – da er doch der Herr jener Königin war, die Bilkis [Königin von Saba] an Würde glich – verlesen worden war, zog sich seine Majestät in sein privates Zelt zurück, um der Menge der Gäste, die zusammengeströmt waren, zu entgehen. Er beauftragte aber Dschamin al-Daula [Asaf Khan], dem [persischen] Botschafter Mohammed Ali Beg den Vorrang unter allen Würdenträgern und Beamten des Reiches einzuräumen, während der Rest sich mit den Plätzen begnügte, die dem jeweiligen Rang entsprachen.

Dann teilten die Diener des Palastes die Teller aus und trugen, indem sie allerlei Speisen und Getränke, Süßigkeiten und Duftwässer herbeibrachten, das erlesene Gericht auf. Von den 100 000 Rupien, die für mildtätige Zwecke bereitgestellt worden waren, wurden 50 000 unter den Armen und Notleidenden männlichen Geschlechts verteilt; die verbleibenden 50 000 wurden zurückbehalten, um sie am nächsten Tag an die Keuschen und Tugendhaften des weiblichen Geschlechts auszuteilen. Es wurde des weiteren festgelegt, daß künftig bei allen weiteren Erinnerungsfeiern 50 000 Rupien für mildtätige Zwecke aufgewandt werden sollten, jeweils zur Hälfte an die Rechtschaffenen des einen wie des anderen Geschlechts, sofern sich die kaiserlichen Standarten in der Hauptstadt befanden; doch wenn sie nicht zugegen waren, dann sollte dieser Betrag auf 12 000 Rupien vermindert werden.«

Mildtätigkeit war ein Gebot des Islam. Sie gehörte zu den besonderen Verpflichtungen eines Herrschers, der sich als Vertreter Gottes auf Erden sah. Bei einer Vielzahl von Anlässen kam ein muslimischer Herrscher, wenn er die Gebote seines Glaubens befolgte, dieser Verpflichtung nach. Besonders anläßlich einer Krankheit oder eines Todes erwies man sich freigebig, galt es doch, sich auf diese Weise des Wohlwollens Gottes zu versichern. So war an den Prinzen Schudscha, der den Leichnam seiner Mutter nach Agra begleitet hatte, ausdrücklich die Anweisung ergangen, an jedem Ort, wo der Trauerzug Station machte, Geld und Nahrung an die Bedürftigen zu verteilen. Im Falle Mumtas Mahals fiel die Mildtätigkeit des Kaisers zweifellos großzügiger als gewöhnlich aus; je mehr man um jemand trauerte, um so größer war die Freigebigkeit, mit der man sich des Dahingeschiedenen würdig erweisen zu müssen glaubte.

Die Feierlichkeiten in Erinnerung an einen Toten erschöpften sich auch nicht in einem üppigen Mahl; Schah Dschahan verbrachte die Nacht im Gebet, und tat dies auch in den folgenden Jahren, wenn der Tag des Dahinscheidens seiner geliebten Mumtas Mahal wiederkehrte. Doch damit begnügte er sich nicht. Denn sogleich, nachdem er von seinem Feldzug im Dekkan zurückgekehrt war, begann er damit, jenes Versprechen einzulösen, das er Mumtas Mahal auf dem Totenbett gegeben hatte.

Allerdings: Ob er wirklich dieses Versprechen gab (und sie den Wunsch geäußert hatte), ist nicht erwiesen. Das ändert jedoch nichts am Ergebnis. Eher schon am Motiv; denn da sind doch einige Zweifel angebracht. Im »Schah Dschahan-Nama« ist zu lesen: »Auf Befehl des Königs wurde mit unglaublicher Schnelligkeit das Grab jener ›Welt der Reinheit‹ vor den Blicken der Öffentlichkeit abgeschirmt. Anschließend wurde ein stattliches Gebäude mit einer Kuppel über dem Grab errichtet; und vier Millionen Rupien wurden aufgewandt, damit geschickte und erfahrene Baumeister dieses prächtige Grabmal vollendeten.«

Vier Millionen Rupien: Das waren vierzigmal soviel wie die Summe, die der Kaiser beim Fest zur Erinnerung an die Tote für die Armen bereitgestellt hatte. Oder achtzigmal soviel wie der Betrag, den er jährlich aus diesem Anlaß für mildtätige Zwecke aufwenden wollte (sofern er mit seinem Hof in Agra weilte). Das Grabmal, das er zu errichten gedachte, sollte also in der Tat ein prächtiges Bauwerk sein. Die Frage ist: Was veranlaßte ihn zu dieser Extravaganz (die, wie sich zeigen sollte, an den Grundfesten der Finanzkraft des Reiches rütteln würde)? Nur seine »unsterbliche« Liebe, die er – angeblich – für die Favoritin in seinem Harem (was Mumtas Mahal unbestreitbar war) empfand? Oder gar der Wunsch, den sie im Angesicht des Todes geäußert haben soll? Es ist dies eher unwahrscheinlich, so sehr Schah Dschahan der »Erwählten des Palastes« auch zugetan war. Wie sehr sie auch seine Leidenschaft entfacht haben mag (und vierzehn Kinder, die sie ihm schenkte, sind dafür sicher ein untrüglicher Beweis): Mumtas Mahal war nicht die einzige Leidenschaft Schah Dschahans. Läßt man die anderen Damen, die seinen Harem bevölkerten (und die er offensichtlich nicht unbeachtet ließ) einmal beiseite, dann war da noch eine zweite große Leidenschaft, die Schah Dschahan beseelte und ihm wahrscheinlich noch mehr bedeutete als jede andere. Es war dies seine Begeisterung für die Baukunst, die zwar ein Erbe seiner Väter war (und einen der großen Triumphe des Islam, wenn nicht gar den größten, darstellt), die kein anderer aber zu solcher Vollendung führte wie Schah Dschahan.

Schon in jungen Jahren begeisterte sich Schah Dschahan für die Architektur; hatte er doch in Akbar, der nicht nur die Festung in Agra erbaut, sondern auch eine ganze Stadt, Fatehpur Sikri, neu erschaffen hatte (auch wenn es sich, genaugenommen, eigentlich nur um einen riesigen Palastkomplex handelte), ein leuchtendes Vorbild, dem er nacheiferte. So baute Schah Dschahan nicht nur die Festung in Agra aus (und gründete seinerseits eine neue Stadt: Schahdschahanabad), sondern errichtete auch jenes Mausoleum, das die Krönung seiner baulichen Aktivitäten werden sollte.

Aber auch hier folgte er nur einer Tradition, die auf seine Vorväter zurückging. Bereits Humajun zu Ehren war ein monumentales Grabmal errichtet worden, und auch Akbar und Dschahangir wurden in Mausoleen beigesetzt. Desgleichen Itimad-ud-Daulah, jener Perser, der am Hof der Moguln sein Glück gemacht hatte und dessen Nachfahren, einschließlich Mumtas Mahals, ihn an Ruhm noch übertreffen sollten.

All diese Mausoleen waren monumentale Bauwerke, auch wenn keines unter ihnen an die Größe und Pracht des Tadsch Mahal heranreicht. Doch an ihrem Beispiel läßt sich ablesen, welchen Weg die Baukunst, die schließlich im Tadsch Mahal gipfelte, gegangen ist. Waren es zunächst Stilelemente aus der zentralasiatischen Heimat der Moguln, die im Vordergrund standen, so setzte sich immer mehr die Eleganz und Schwerelosigkeit, wie sie die persische Baukunst auszeichnet, durch. Bis schließlich jene Perfektion erreicht war, wie sie sich im Tadsch Mahal manifestiert.

Doch das Tadsch Mahal ist mehr als nur ein Bauwerk. Es stellt eine Verbindung aus Mausoleum im eigentlichen Sinne und parkartiger Gartenanlage dar. Wobei letzteres nicht weniger bedeutsam als der eigentliche Bau ist: Denn der Garten ist ein Abbild des Paradieses, so, wie sich die Moguln in Erinnerung an ihre zentralasiatische Heimat das Paradies vorstellten. Denn auch der Garten ist ein Element ihrer Tradition, das sie ursprünglich in Indien nicht vorfanden. Wie schon Babur, der Begründer der Moguldynastie, bemängelte, der denn auch nichts Eiligeres zu tun hatte (nachdem er seine Herrschaft in Indien gesichert hatte), als eine Reihe von Gärten anzulegen, in deren kühlem Schatten er sich von der drückenden Hitze Indiens erholen konnte. So ließ er allein in Agra drei Gärten anlegen. Ein Beispiel, dem nun Schah Dschahan folgte, indem er von einem Radschputenfürsten, der am Ufer des Dschumna Ländereien besaß, ein besonders geeignet erscheinendes Stück Land erwarb. Dieses Grundstück, das etwas erhöht direkt am Ufer des Flusses lag, verwandelte Schah Dschahan in ein Abbild des Paradieses auf Erden.

WUNDER DER ZEIT »Weil es in Indien nur selten fließende Gewässer gibt, was ein großer Nachteil ist, wollte ich immer dort, wo ich mich aufhielt, Wasserräder errichten, um fließendes Wasser zu haben und das Land in ordentlicher und systematischer Weise anzulegen. Ein paar Tage nach meiner Ankunft in Agra überquerte ich den Jumna mit der Absicht, Plätze zu suchen, die für eine solche Anlage günstig wären. Aber die Orte waren so unfreundlich und wüst, daß ich mit den unangenehmsten Eindrücken weiterging. Ja, diese Orte waren so entsetzlich und häßlich, daß ich mir den Gedanken, einen Garten anzulegen, schon aus dem Kopf schlagen wollte. Da aber in der Nähe von Agra kein anderer Platz zu finden war, mußte ich die Errichtung des Gartens doch ein paar Tage später dort in Angriff nehmen. Ich fing damit an, daß ich einen großen Brunnen bohren ließ, der das Dampfbad versorgen sollte, und ich ließ das Grundstück vorbereiten, das heute mit Tamarisken bepflanzt ist und auf dem sich das achteckige Becken befindet. Danach ließ ich das große Wasserbecken mitsamt der Mauereinfassung bauen, dazu den kleinen Garten und die Privatgemächer und zum Schluß das Dampfbad. So gab es in diesem reizlosen und unordentlichen Indien nun auch ordentliche und symmetrisch angelegte Gärten. In jeder Ecke ließ ich schöne Blumenbeete mit Rosen und Narzissen in wohlgeordneten Reihen anpflanzen.«

Gärten bedeuteten für die Moguln nicht nur einen Ort der Erholung; sie gestalteten sie auch zu einem Kunstwerk. Das können wir noch heute überall beobachten, sei es in Agra, in Delhi, in Lahore oder in Kaschmir. Überall, wo sie residierten – in Kaschmir, in den Bergen des Himalaja, taten sie dies in der heißen Jahreszeit –, legten sie Gärten an, die Schmuckstücke der Gartengestaltung waren und – neben der eigentlichen Natur, die aus Blumen, Büschen und Bäumen bestand – stets auch künstliche Wasserbecken, Springbrunnen und Pavillons umfaßten. Es waren Oasen, die das Auge erfreuten und die Seele erfrischten – kein Wunder, daß Babur ihnen ein solches Loblied singt.

Die Gärten, die er in Agra anlegte – und er hatte, wie er schreibt, einige Schwierigkeiten, einen geeigneten Ort zu finden –, befanden sich auf der der Stadt gegenüberliegenden Seite, wo auch die beiden Grabmäler, dasjenige Akbars und das Itimad-ud-Daulahs, errichtet wurden. Der Ort, den Schah Dschahan wählte, lag auf der diesseitigen Seite des Flusses, ungefähr zwei Kilometer von der Festung, die den Moguln als Palast diente, entfernt. Der Fluß macht hier eine Biegung, wendet sich nach Osten, so daß die Festung im Westen und das Gelände, das für die Errichtung des Tadsch Mahal vorgesehen war, im Süden liegt. Diese Zuordnung der beiden Wahrzeichen Agras schuf die Möglichkeit, das Grabmal vom Palast aus zu betrachten. Ein Vorzug, den Schah Dschahan in späteren Jahren zu schätzen lernen sollte.

Ob er dies auch zu Anfang tat, ist fraglich. Immerhin entschied er sich, noch ehe der Bau des Tadsch Mahal beendet war, die Residenz der Moguln nach Delhi zu verlegen. Was uns zu der Frage zurückführt: Welches waren seine Motive, die ihn zum Bau des Tadsch Mahal veranlaßten? Wir haben gehört, daß ihn der Tod Mumtas Mahals tief bewegt hat. Und es kann auch kein Zweifel daran bestehen, daß die »Erwählte des Palastes«, auch wenn Ardschumand Banu dieser Ehrentitel nicht von Schah Dschahan, sondern seinem Vater verliehen worden war, die Favoritin unter all den Frauen, die ihm zur Verfügung standen, war. Dies wird, zumindest was seine beiden anderen legalen Ehefrauen betrifft, im »Schah Dschahan-Nama« noch einmal ganz deutlich bekräftigt, wenn Inajat Khan im Zusammenhang mit den Tod Mumtas Mahals schreibt: »Seine Majestät hatte die beiden lieblichen Töchter Muzaffar Husain Mirza Safawis und Schahnawaz Khans, des Sohnes von Abd-al-Rahim, *Khan Khanan,* des Oberkommandierenden, geehelicht. Doch seine ganze Freude konzentrierte sich auf diese berühmte Dame, und dies in solchem Maße, daß er gegenüber den andern nicht ein Tausendstel jener Zuneigung empfand, die er Ihrer verstorbenen Majestät entgegenbrachte; und er ließ es nie zu, daß das Licht des kaiserlichen Schlafgemaches von ihm getrennt wurde, weder im Palast, noch wenn er unterwegs war.«

Und daß eine solche außergewöhnliche Zuneigung – trotz der polygamen Privilegien, die zumal ein muslimischer Herrscher besaß – nicht gänzlich ungewöhnlich war, das hatte Dschahangir, der Vater Schah Dschahans, bewiesen, der Nur Dschahan, dem »Licht der Welt«, verfallen war. Und dies sogar in weit größerem Maße, als das bei Schah Dschahan der Fall war, der – wie wir gehört haben – trotz seiner Vergnügungssucht die Staatsgeschäfte nicht vernachlässigte. Und dennoch war es nicht Dschahangir, der seinem »Licht der Welt« ein Denkmal errichtete: Es war Schah Dschahan, der dies tat. Freilich starb seine geliebte Gemahlin vor ihm, während Nur Dschahan ihren Gemahl überlebte (und die Zeit nutzte, nicht nur ihm, sondern auch sich selbst ein Grabmal zu errichten).

Daß aber ein Mann für eine Frau ein Mausoleum errichtete, das war – zumindest im islamischen Kulturkreis – ohne Beispiel. So etwas hatte es noch nie gegeben, und es widersprach auch völlig der Sicht der Dinge: Es war der Mann, zumal wenn es sich um einen Herrscher handelte, der in der Öffentlichkeit Macht und Ansehen vertrat. Nur ein Mann identifizierte sich mit dem Göttlichen, dem Propheten oder Allah, und nur ein männlicher Herrscher umgab sich mit dem Nimbus des Überirdischen. Die Frau, wie sehr sie auch geliebt sein mochte (und das war, zumal im Islam, durchaus keine Selbstverständlichkeit), war in der Öffentlichkeit tabu. Undenkbar, daß man ihr zu Ehren sogar ein Denkmal errichtete, das selbst den Glanz dessen, der es erbauen ließ, überstrahlte. Das hätte vielleicht Dschahangir, der sich in seinen späteren Jahren mit Wein, Weib und Gesang zufriedengab und sich von der ehrgeizigen Nur Dschahan um den Finger wickeln ließ, mit sich machen lassen. Nicht aber Schah Dschahan, der nicht umsonst seinen Vater wegen dessen Untätigkeit und Hörigkeit Nur Dschahan gegenüber verachtet hatte. Schah Dschahan, der sich »Herr der Welt« nannte, wenngleich es wiederum sein Vater gewesen war, dem er eigentlich diesen Titel verdankte, war von der Größe seiner Macht und der Würde seiner Person zu sehr überzeugt, als daß er den Anschein hätte erwecken wollen, nur einer Frau zuliebe ein Werk zu schaffen, das das Reich immerhin an die Grenze seiner Leistungsfähigkeit brachte. Denn die Errichtung des Tadsch Mahal kam durchaus dem Bau der Pyramiden gleich, mit denen es denn auch zu vergleichen ist. Der äußere Anlaß für die Errichtung des Tadsch Mahal war zwar der Tod Mumtas Mahals, aber was Schah Dschahan mit diesem Bauwerk (das ja nicht auf ein bloßes Gebäude beschränkt blieb) tatsächlich bezweckte, ging weit über diesen unmittelbaren Anlaß hinaus: Die Großzügigkeit der Planung, die Perfektion der Ausführung und die Pracht und die Majestät, in der das Tadsch Mahal schließlich erstrahlte, dienten vor allem einem Zweck – die Größe des Herrschers zu dokumentieren, der ein Abbild des Himmels auf Erden geschaffen hatte, mit dem er sich schmückte. Wäre es ihm nur um ein Denkmal, das ihn an eine geliebte Frau erinnern sollte, gegangen: Wie hätte er dann Agra den Rücken kehren können, kaum daß es vollendet war? Die Trauer um den Verlust einer geliebten Person, die er zweifellos empfand, wurde am Ende überschattet von einem ähnlichen Bewußtsein majestätischer Größe, wie es auch die Erbauer der Pyramiden gekennzeichnet hatte. Nur daß Schah Dschahan (und diejenigen, die er mit der Ausführung der Bauarbeiten und Ausschmückung betraute) einen größeren Kunstsinn bewies. Denn wie schrieb doch Bernier: »[Dieses] prächtige Grabmal verdient weit mehr einen Platz unter den Wundern der Welt als die unförmigen und massigen Steinhaufen in Ägypten.« Dem ist nichts hinzuzufügen.

Der Ruhm, den Schah Dschahan mit dem Bau des Tadsch Mahal erlangte, ist um so bedeutsamer, als er nicht nur den Anstoß zu diesem Bauwerk gab und alle Mittel, die für seine Errichtung nötig waren, bereitstellte, sondern auch regen Anteil am Fortgang der Arbeiten nahm und sogar selbst nicht unwesentlich an Konzeption und Planung des Baus mitwirkte. In den Chroniken wird ausdrücklich erwähnt, daß Schah Dschahan bei allen Bauvorhaben, die er in Angriff nahm, direkt beteiligt war und dabei großen Sachverstand bewies. So schreibt Abdul Hamid Lahori, im Zusammenhang mit der Schilderung der täglichen Geschäfte Schah Dschahans: »Einen Teil seiner Zeit verbringt Seine Majestät damit, die Arbeiten großer Meister der Steinschneidekunst, Emaillearbeit und anderer handwerklicher Tätigkeit zu begutachten. Bei anderer Gelegenheit legen die Leiter der Arbeiten an königlichen Gebäuden, in Absprache mit den wundervollbringenden Baumeistern, dem König Pläne von Gebäuden vor, die er mit kritischem Auge prüft. Der königliche Geist, der erleuchtet wie die Sonne ist, schenkt den Plänen und dem Bau dieser stolzen und gewaltigen Bauten große Aufmerksamkeit, die, in Übereinstimmung mit dem Sprichwort ›Was wir hinterlassen, ist unser wahres Abbild‹, mit stummer Beredsamkeit von dem gottgegebenen Trachten und erhabenen Schicksal Seiner Majestät berichten und für alle Zeiten als Denkmäler seiner fortwährenden Liebe für die Baukunst, Verzierung und Schönheit dienen werden.«

Schah Dschahan hatte also direkten Anteil am Zustandekommen des Tadsch Mahal, auch und gerade was die Planung und künstlerische Ausgestaltung betrifft. Dennoch lag die eigentliche Arbeit in der Hand professioneller Baumeister, deren Identität allerdings nicht genau geklärt ist. Dem Bericht eines europäischen Reisenden, des Spaniers

Sebastian Manrique, der 1641 in Agra weilte, zufolge war es ein Italiener, Geronimo Veroneo, der aus Venedig stammte und eigentlich Juwelier war, dem das Tadsch Mahal seine Entstehung verdankte. Doch wenn die Intarsien, die das Tadsch Mahal zieren, auch von großer, erlesener Kunstfertigkeit zeugen, wie sie gerade auch Italien zur Zeit der Renaissance auszeichnete, so gilt der Hinweis Manriques heute doch als widerlegt. Zumal es insbesondere, was Einlegearbeiten mit Edelsteinen betrifft, in Indien selbst bedeutende Vorläufer gibt, die ihrerseits bis auf das Erbe von Byzanz zurückgeführt werden können. Im übrigen mag Veroneo ein Künstler seines Faches als Edelsteinschleifer gewesen sein, doch das befähigte ihn noch nicht dazu, zugleich auch ein bedeutender Baumeister zu sein.

Man neigt heute eher dazu, einem Mann namens Ustad Ahmed Lahori, was »Meister Ahmed aus Lahore« bedeutet, den Vorzug zu geben. Er wird zwar im Zusammenhang mit dem Tadsch Mahal in den offiziellen Berichten nicht erwähnt, es gibt aber immerhin andere Indizien, die darauf hindeuten, daß »Meister Ahmed« zumindest maßgeblichen Anteil am Bau des Tadsch Mahal hatte. Genaueres über seine Identität ist nicht bekannt, immerhin so viel, daß er maßgeblich an der Planung des Festungspalastes von Delhi beteiligt war, den Schah Dschahan nach dem Bau des Tadsch in Auftrag gab, und daß der Kaiser ihm den Ehrentitel *Nadir al-Asr*, »Wunder des Zeitalters«, verlieh. Was zumindest im Hinblick auf das Tadsch Mahal, wenn »Meister Ahmed« tatsächlich dessen eigentlicher Erbauer war, nicht übertrieben erscheint.

Andererseits sollte nicht übersehen werden, daß die Errichtung eines solchen gewaltigen Monumentes das Werk nicht nur eines begnadeten Baumeisters war, der vielleicht für den Entwurf verantwortlich war und die Oberaufsicht führte, sondern daß daran eine Vielzahl von Künstlern und Handwerkern beteiligt war, die zum Teil aus so entfernten Gegenden wie der Türkei, Zentralasien, Arabien und Persien kamen. Sie waren Architekten und Kalligraphen, Maurer und Steinmetzen, Mosaikleger und Steinschneider, Gartengestalter und Wasserbauingenieure. Unter ihrer Anleitung arbeiteten zwanzigtausend Arbeiter. Um das Heer dieser Arbeiter und Baumeister unterzubringen und zu versorgen, entstand vor den Toren von Agra eine eigene Siedlung, die als »Mumtazabad« bekannt wurde. Sie bildete zusammen mit der eigentlichen Anlage des Mausoleums einen zusammenhängenden Komplex, der ein Areal umfaßte, das fast so groß war wie die Festung von Agra.

Die Arbeiten am Tadsch Mahal dauerten zwölf Jahre. Nicht das geringste Problem war, die Baumaterialien, die wiederum aus einer Vielzahl von Quellen stammten, herbeizuschaffen. Welche Mühe dies bereitete, davon kündet Manrique, wenn er schreibt: »Einige dieser Blöcke, die ich unterwegs sah [...], waren von so ungewöhnlicher Größe und Länge, daß sie viele mächtige Ochsengespanne und solche wildaussehender, großhörniger Büffel, die, jeweils zu zwanzig oder dreißig Tieren, gewaltige, robust gebaute Wagen zogen, zum Schwitzen brachten.«

Roter Sandstein, der einen Hauptteil des Baumaterials ausmachte, konnte in Steinbrüchen in der Nähe von Agra gewonnen werden. Doch das, was dem Tadsch Mahal seinen eigentlichen Glanz verlieh, der weiße Marmor, mußte von weit her, aus den Bergen von Makran in Persien, herbeigeschafft werden. Und was die Edelsteine betraf, von denen nicht weniger als dreiundvierzig Arten zur Verzierung des Tadsch Mahal verwendet wurden, so stammten sie aus so entlegenen Gebieten wie Ägypten und Afghanistan, China und Tibet und natürlich dem Dekkan, wo in Golkonda die reichsten Minen Indiens lagen. Selbst der Indische Ozean lieferte Muscheln und Korallen, die bei der Ausschmückung des Tadsch Verwendung fanden. Man kann wohl mit Fug und Recht sagen, daß der Bau am Denkmal Mumtas Mahals eine der gewaltigsten Unternehmungen seiner Zeit war, dem erst Ludwig XIV. mit der Errichtung von Versailles Konkurrenz machte. Doch als dies geschah, war das Tadsch Mahal längst vollendet.

DUNKLE SCHATTEN Die Arbeiten am Tadsch Mahal begannen im Sommer 1632 und dauerten bis Anfang 1643. In dieser Zeit widmete sich Schah Dschahan freilich nicht nur seinem Lieblingsprojekt; schließlich war er Herrscher über ein Reich, dem er ständig seine Aufmerksamkeit widmen mußte. Allerdings unterstützten ihn zunehmend seine Söhne bei der Verwaltung und – wo es not tat – der militärischen Befriedung der Grenzregionen. Dabei zeigte es sich jedoch, daß Rivalitäten zwischen den Prinzen, die gegeneinander integrierten, so manchen Erfolg zunichte machten. Schah Dschahan beging den Fehler, die Gefahr, die sich daraus ergab, nicht früh genug erkannt zu haben. So wurde ihm der Streit zwischen den Söhnen schließlich selbst zum Verhängnis.

Immerhin, das Zepter behielt Schah Dschahan noch sechsundzwanzig Jahre in der Hand, und in dieser Zeit war er unumschränkter Herrscher. Unter seiner Herrschaft erlangte die Macht der Moguln zwar nicht ihren Höhepunkt – das blieb seinem Sohn und Nachfolger Aurangseb vorbehalten, der die Grenzen des Reiches fast über den ganzen indischen Subkontinent ausdehnte –, aber es war die Herrschaft Schah Dschahans, die den größten Glanz entfaltete. Schah Dschahan liebte Prunk und Zeremoniell, und er tat alles, um seinen Anspruch, ein göttliches Abbild auf Erden zu sein, vor aller Augen zu dokumentieren. Darin unterschied er sich sehr wesentlich von Aurangseb, der zwar der Religion sehr viel mehr zugetan war als Schah Dschahan, doch dies in einer Weise tat, die ihn fast als Asketen erscheinen ließ. Der Luxus (und die Lasterhaftigkeit) seines Vaters waren ihm fremd; vor allem aber hatte er nicht das Glück gehabt, einen Mentor wie Akbar gehabt zu haben, dem Schah Dschahan so manches, was auch ihm Größe verlieh, verdankte.

Dazu gehörte – neben militärischen Ambitionen, bei denen Schah Dschahan allerdings weniger Geschick bewies als sein Großvater – vor allem sein Ehrgeiz, als großer Bauherr in die Geschichte einzugehen. Das bewies Schah Dschahan nicht nur in Agra, wo er neben dem Tadsch Mahal auch die Festung, die den Moguln als Residenz diente, ausbaute, sondern auch mit dem Entschluß – ähnlich wie es seinerzeit Akbar getan hatte –, eine völlig neue Residenz zu schaffen. Denn kaum näherten sich die Arbeiten am Tadsch ihrem Ende, da begann Schah Dschahan mit dem Bau einer neuen Hauptstadt, die nun nicht mehr an seinen Großvater erinnerte, dem zu Ehren Agra in »Akbarabad« umbenannt worden war, sondern mit seinem eigenen Namen geschmückt wurde: Delhi nannte sich nun »Schahdschahanabad«.

Die neue Residenz, die – was den eigentlichen Palast betraf, der wiederum die Form einer Festung hatte – ein Spiegelbild der alten war, wurde 1648 eingeweiht. Es war dies das zwanzigste Jahr der Thronbesteigung Schah Dschahans. Inzwischen hatte es eine Reihe neuer militärischer Auseinandersetzungen gegeben. Da war zunächst die Kampagne in Bundelkhand, mit der Aurangseb betraut worden war. Sie fand – wir erwähnten es bereits – mit dem Tod des Fürsten von Ortschah, der auf der Flucht ermordet wurde, 1634 ihren Abschluß. Damit aber begnügte sich Schah Dschahan nicht. Nicht nur, daß er sich in den Besitz der Schätze des Fürsten brachte und die Frauen aus dem fürstlichen Harem in seinen eigenen kaiserlichen Harem überführte, sofern er nicht auch diesen oder jenen seiner Vertrauten mit einem entsprechenden Geschenk bedachte. Schah Dschahan bestand auch darauf, daß die Söhne des Fürsten, der ein Radschput, also Hindu, gewesen war, zum islamischen Glauben übertreten mußten. Ja, er ging sogar so weit, daß er die hinduistischen Tempel, die Ortschah schmückten, zerstören ließ.

Es war dies ein Akt des Vandalismus, der ganz im Gegensatz zu der versöhnlichen Politik stand, für die Akbar eingetreten war. Zwar war Schah Dschahan kein fanatischer Bilderstürmer wie später sein Sohn und Nachfolger Aurangseb, doch auch er schreckte vor gewaltsamen Maßnahmen gegen die Hindus, die immerhin die große Mehrheit des Volkes in seinem Reich ausmachten, nicht zurück. Besonders Benares, ein traditioneller Ort hinduistischer Wallfahrt, hatte unter den Restriktionen Schah Dschahans zu leiden. So schreibt Abdul Hamid, in der Chronik über die Regierungszeit Schah Dschahans: »Es war Seiner Majestät zur Kenntnis gebracht worden, daß während der Regierungszeit seines Vorgängers in Benares, dem großen Bollwerk des Unglaubens, mit dem Bau vieler heidnischer Tempel begonnen worden war, diese aber nicht fertiggestellt worden waren. Die Ungläubigen hatten nun den Wunsch, sie zu Ende zu bauen. Seine Majestät, der Verteidiger des Glaubens, gab den Befehl, daß in Benares, wie auch an allen anderen Orten in seinem Reich, alle Tempel, mit deren Bau man begonnen hatte, niedergerissen werden sollten. Es wurde daraufhin aus der Provinz Allahabad berichtet, daß sechsundsiebzig Tempel im Distrikt von Benares zerstört worden waren.«

Ähnlich äußerte sich auch Bernier, der Schah Dschahan bescheinigt, »ein unbeugsamerer Mohammedaner als sein Vater« gewesen zu sein. Das wirkte sich nicht zuletzt auch nachteilig auf die Christen aus, die in einigen Teilen des Mogulreiches ihre eigenen Gotteshäuser unterhielten. Wie Bernier berichtet: »Ehe es zur Katastrophe von Hugli kam, hatten die Missionare bereits unter dem Unwillen Schah Dschahans zu leiden: Er befahl, die große und stattliche Kirche in Agra, die, zusammen mit einer weiteren in Lahore, unter der Herrschaft Dschahangirs errichtet worden war, niederzureißen. Ein hoher Turm krönte diese Kirche, mit einer Glocke, deren Läuten überall in der Stadt zu hören war.«

Letzteres war freilich keine Empfehlung, soweit es die Muslime betraf, die das als Konkurrenz zum Ruf des Muezzin auffassen mußten. Wozu noch die Unduldsamkeit und der Fanatismus der christlichen Missionare kam, die in ihrem Bekehrungseifer nicht weniger kompromißlos waren als die Muslime. Unter Akbar – wie auch noch unter Dschahangir – hatte man ihnen freie Hand gelassen; Schah Dschahan, der dem orthodoxen Glauben entsprechend den Islam wieder zur Richtschnur von Politik und Gesellschaft machte, erwies sich als weniger tolerant: In Delhi ließ er die größte Moschee auf indischem Boden errichten.

Christen und Hindus waren aber nur Irritationen geringerer Art. Auch Aufstände und Rebellionen im Inneren bedeuteten keine wirkliche Gefahr für den Bestand des Reiches. Was sich als Problem erwies, das war die Sicherung der Grenzen, sowohl im Süden als auch im Nordwesten. Unruhen und Kriege, die hier ausbrachen, überschatteten die Herrschaft Schah Dschahans während ihrer gesamten Dauer. Erschwert wurden diese kriegerischen Auseinandersetzungen durch die Uneinigkeit unter den Prinzen, die mit den militärischen Operationen betraut wurden, sofern sie es nicht vorzogen, sich bei Schah Dschahan einzuschmeicheln. Das gelang aber nur Dara Schukoh, dem ältesten seiner Söhne, während Aurangseb fortwährend im Felde stand.

Schah Dschahan beging hier einen Fehler, der ihm schließlich zum Verhängnis wurde. Obwohl Dara Schukoh sein Lieblingssohn war, gedachte er doch auch, indem er ihn nicht ins Feld schickte, sondern mit Aufgaben am Hof betraute, dem vorzubeugen, was er selbst seinem

MUSLIMISCHES ERBE AUF DEM DEKKAN: DIE NEKROPOLE VON GOLKONDA

Vater angetan hatte: seine Favoritenrolle *und* die Erfahrungen im Kriege, die er gewonnen hatte, dazu zu nutzen, sich gegen seinen Vater aufzulehnen. Eine Wiederholung einer solchen Entwicklung, die dem Ansehen der Moguln schadete und das Reich schwächte, wollte Schah Dschahan, zumal er ein tatkräftigerer Herrscher als sein Vater war, unter allen Umständen verhindern. Er hätte jedoch aus eigener Erfahrung wissen müssen, daß nur der am Ende den Thron gewinnen würde, der im Krieg erfahren war und die nötige Rücksichtslosigkeit entwickelt hatte, seine Ziele auch mit Gewalt durchzusetzen.

Die Auseinandersetzungen im Dekkan traten in eine neue Phase, als es schließlich 1636 zu einer vertraglichen Vereinbarung kam, die eine endgültige Regelung vorsah: Ahmednagar, das ohnehin bereits geschwächt war, wurde aufgelöst, wobei ein Teil der Provinz dem angrenzenden Fürstentum Bidschapur überlassen wurde, während der Rest in das Reich der Moguln integriert wurde. Darüber hinaus erklärten sich sowohl Bidschapur als auch sein Nachbarstaat Golkonda bereit, die Souveränität Schah Dschahans anzuerkennen und Tribute zu entrichten. Dabei wurde Golkonda seinerseits für dieses Zugeständnis dadurch entschädigt, daß Schah Dschahan ihm seine Integrität zusicherte, das heißt, es vor Übergriffen seitens Bidschapurs, das imperialistische Ambitionen hegte, zu schützen. Besiegelt wurde der Pakt durch die Entsendung Aurangsebs als Vizekönig für das Grenzgebiet im Dekkan, eine Position, die er acht Jahre lang, bis 1644, innehatte. Während dieser Zeit herrschte im Süden Frieden.

Im Nordwesten kam es mittlerweile auch zu einer Entwicklung, die erfolgversprechend war: 1638 fiel Kandahar, ein Ort in strategischer Lage im heutigen Afghanistan, der fünfzehn Jahre zuvor an die Perser verlorengegangen war, an die Moguln zurück. Es war ihnen gelungen, den persischen Statthalter auf ihre Seite zu ziehen, wofür er mit dem Posten eines Gouverneurs über die Grenzterritorien in Afghanistan und Pakistan betraut wurde.

Die Erfolge im Nordwesten verleiteten Schah Dschahan, die Verlegung der Hauptstadt nach Delhi ins Auge zu fassen, ein Vorhaben, das denn auch mit dem Beginn des Baus der Festung in Delhi in die Tat umgesetzt wurde. Auch eine Ausweitung des Herrschaftsgebietes der Moguln über die Grenzen Afghanistans hinaus, bis nach Zentralasien, der Heimat seiner Väter, hielt Schah Dschahan für möglich. Es war dies ein Traum, den er hegte, seit er die Erinnerungen des Begründers der Dynastie, das »Babur-Nama«, gelesen hatte. Also beauftragte Schah Dschahan Murad Bakhsch, seinen jüngsten Sohn, mit einem Feldzug nach Samarkand, der jedoch kläglich scheiterte. Nicht zuletzt deshalb, weil die Moguln es inzwischen verlernt hatten, sich in den rauhen Regionen Zentralasiens zurechtzufinden. Das Klima machte ihnen zu schaffen; gerade so, wie es Babur in seinen Erinnerungen geschildert hatte. Nur daß sich nun die Perspektiven verschoben hatten: Jetzt wollte man nach Indien zurück. Der Chronist Abdul Hamid bemerkt dazu: »Viele der Amire und Mansabdare [Heerführer], die zum Gefolge des Prinzen gehörten, stimmten mit ihm in diesem unsinnigen Wunsch überein. Die natürliche Liebe zu ihrer Heimat, die Vorliebe für die Sitten und Bräuche Hindustans, eine Abneigung gegen die Menschen in Balkh und ihre Lebensweise und die Widrigkeiten des Klimas: all dies trug zu diesem Wunsch bei.«

»Unsinnig« war dieser Wunsch deshalb, weil er Schah Dschahan absolut nicht einleuchtete, so daß er Prinz Murad von seinem Posten abberief und statt dessen Aurangseb, der ein erfahrenerer Feldherr war, an seine Stelle setzte. Doch auch diesem war kein Erfolg beschieden, denn die Usbeken, gegen die sich der Vorstoß richtete, verbündeten sich mit den Persern, und diesen beiden Verbündeten, zumal in einer entlegenen Bergregion, an die die Moguln nicht mehr gewöhnt waren, war das Heer der Moguln nicht gewachsen. Unverrichteter Dinge kehrte Aurangseb nach Indien zurück und wurde schließlich erneut in den Dekkan versetzt. Im Nordwesten gelang es mittlerweile den Persern, auch Kandahar wieder zu besetzen, und obwohl Schah Dschahan wiederholt den Versuch unternahm, die Stadt zurückzuerobern, gelang es ihm doch nicht. Fortan verdüsterte die Gefahr einer Invasion aus dem Nordwesten die Zuversicht Schah Dschahans. Doch noch war die Macht der Moguln zu gefestigt, als daß die Perser es hätten wagen können, in Indien einzufallen. Aber es sollte der Augenblick kommen, da sie eine geeignete Chance sahen und sie wahrnahmen.

Im Dekkan war es während der Abwesenheit Aurangsebs zu neuen Unruhen gekommen, die Aurangseb nach seiner Rückkehr zum Anlaß nahm, diesmal militärisch auch gegen Bidschapur und Golkonda vorzugehen. Doch auch hier blieb ihm der Sieg versagt, da Dara Schukoh, sein Rivale, bei Hofe intrigierte, Emissäre der bedrohten Provinzen mit Geschenken den Kaiser umstimmten und dieser schließlich Aurangseb erneut von seinem Posten abberief. Es war die letzte souveräne Entscheidung, die Schah Dschahan traf. Für Aurangseb war das Maß voll. Allerdings kam ihm ein Umstand zu Hilfe, der die Katastrophe, die nun einsetzte, recht eigentlich erst auslöste: Schah Dschahan erkrankte, im September 1657.

DSCHAHANARA Die Krise, die das Ende der Herrschaft Schah Dschahans überschattete, wurde zwar durch seine schwere Erkrankung ausgelöst, doch der eigentliche Grund für diese Krise lag in dem Umstand, daß es bei den Moguln keine feste Regelung für die

Thronfolge gab. Die Gefahren für den Bestand des Reiches, die daraus erwuchsen, waren erstmals beim Regierungsantritt Schah Dschahans deutlich geworden, der sich nur mit Gewalt hatte durchsetzen können. Der Präzedenzfall, den er damit schuf, wurde nicht nur ihm selbst zum Verhängnis, sondern überschattete auch den weiteren Verlauf der Herrschaft der Moguln. Sie wurde dadurch immer mehr geschwächt, bis sie schließlich so weit an Bedeutung verloren hatte, daß die Moguln nur noch ein Spielball in der Hand anderer, neuer Mächte waren.

Die Rivalität zwischen Dara Schukoh und Aurangseb, der eine Favorit und designierter Nachfolger des Kaisers, der andere der fähigste Heerführer und Administrator unter seinen Söhnen, spitzte sich schließlich derart zu, daß es zu einem Kampf auf Leben und Tod kam. Damit trat genau das ein, was Mumtas Mahal angeblich hatte verhindern wollen, als sie Schah Dschahan auf ihrem Totenbett beschwor, es nicht zu einem Streit um die Thronfolge kommen zu lassen. Allerdings bezog sie sich bei ihrer vermeintlichen Warnung auf die Gefahr, die sich durch den Anspruch der Söhne anderer Frauen ergeben könnte. Was das betraf, so blieb Schah Dschahan seinem Versprechen (sofern es denn tatsächlich zu einer solchen Unterredung kam) treu: Er sah davon ab, noch einmal zu heiraten, und richtete es so ein, daß sich auch kein legitimer Nachwuchs mehr einstellte. Immerhin war Schah Dschahan ja noch mit zwei weiteren Frauen verheiratet, die er durchaus als Ehefrauen anerkannte und würdigte. So berichtet der Chronist Inajat Khan im Hinblick auf ein Neujahrsfest, das im dreiundzwanzigsten Jahr der Regierung Schah Dschahans, also im Jahre 1650, stattfand: »Zur gleichen Zeit zeigte er [Schah Dschahan] sich auch den anderen Damen, die hinter dem Schleier der Keuschheit verborgen sind, gegenüber großzügig, indem er ihnen Geschenke und Einkünfte, wie es ihrem jeweiligen Rang entsprach, gewährte. Darunter waren auch 100 000 Rupien, die er jeweils seinen beiden Gemahlinnen, die da Akbaradi Mahal und Fatehpuri Mahal genannt werden und denen besondere Ehre gebührte, zum Geschenk machte.« Was die Namen dieser beiden Frauen, deren besonderen Status Schah Dschahan immerhin anerkannte, betrifft, so fügt der Chronist hinzu: »Seit der Regierung des Kaisers Akbar gab es die Bestimmung, daß die

Namen der Bewohnerinnen des Harems in der Öffentlichkeit nicht genannt werden sollten, sondern daß man ihnen einen Beinamen gibt, der sich entweder von dem Ort ihrer Geburt oder dem Land oder der Stadt, wo sich das Auge des Herrschers zum ersten Mal mit Zuneigung auf sie gerichtet hat, ableitet; und dies ist der Grund, weshalb die beiden Gemahlinnen so genannt werden.« Die eine, Akbarabadi Mahal, stammte aus Agra, das Akbar zu Ehren in »Akbarabad« umbenannt worden war; sie hatte Schah Dschahan, wie bereits angemerkt, als seine erste Frau geehelicht. Sie schenkte ihm, als einziges Kind, das aus dieser Ehe hervorging, eine Tochter, die – wie sie selbst – ihn überlebte. Die andere Gemahlin, Fatehpuri Mahal, die Schah Dschahan 1617 als dritte Frau geheiratet hatte, hatte ihm einen Sohn geboren, den er bezeichnenderweise jedoch nicht anerkannt hatte beziehungsweise vom Hof entfernen ließ; das Kind starb bald darauf. Auch aus dieser Ehe gingen weiter keine Kinder hervor. Fatehpuri Mahal schmückte der Name jener Stadt, die Akbar – nachdem sein Wunsch nach einem Thronfolger in Erfüllung gegangen war – gegründet hatte.

Wer bei dem Neujahrsfest, von dem Inajat Khan berichtet, außerdem – und dies in besonderem Maße – berücksichtigt wurde, das war Dschahanara, die älteste Tochter Schah Dschahans. Sie erhielt die Gegend von Panipat als Lehen, jener Stadt, vor deren Toren einst Babur seinen entscheidenden Sieg, der zur Begründung der Herrschaft der Moguln in Indien geführt hatte, errungen hatte. Die Einkünfte aus diesem Lehen beliefen sich auf eine Viertelmillion Rupien im Jahr.

Nun war Dschahanara nicht irgendeine Tochter. Sie war es, die Mumtas Mahal auf ihrem Totenbett als Nachfolgerin benannt hatte. Damit hatte sie ihre Funktion als Herrin des Harems gemeint, die nun auf ihre Tochter übergehen sollte. Zugleich sollte diese, die sie immerhin das älteste ihrer Kinder war, die Rolle einer Mutter übernehmen, damit ihre jüngeren Brüder und Schwestern auf die mütterliche Fürsorge nicht verzichten müßten. Dschahanara, die bei dem Tode Mumtas Mahals siebzehn Jahre alt war, kam dem Wunsch ihrer Mutter auf bemerkenswerte Weise nach. Nicht nur, daß sie nach dem Tode der Mutter an deren Stelle die Oberaufsicht über den königlichen Haushalt führte, sie versuchte auch, als es schließlich zum Zerwürfnis zwischen den Prinzen kam, zu vermitteln; wiewohl sie sich eindeutig auf die Seite ihres Vaters stellte, der seinerseits Dara Schukoh begünstigte, der immerhin der älteste und fügsamste seiner Söhne war.

Dschahanara, die man ehrfürchtig auch »Begam Sahib« nannte, spielte zweifellos eine bedeutende Rolle nach dem Tode Mumtas Mahals. Sie war ihrem Vater, indem sie ihm mit Rat und Tat zur Seite stand, eine ebenso treuergebene Stütze, wie es ihre Mutter gewesen war. So innig war das Verhältnis zwischen Vater und Tochter, daß das Gerücht aufkam, Dschahanara sei auch in anderer, weniger schmeichelhafter Weise an die Stelle ihrer Mutter getreten. So berichtet Bernier: »*Begam-Saheb,* die ältere Tochter Schah Dschahans, war sehr hübsch, besaß ein temperamentvolles Wesen und wurde von ihrem Vater leidenschaftlich geliebt. Gerüchten zufolge erreichte seine Anhänglichkeit einen Grad, den man nur schwer nachvollziehen kann, dessen Rechtfertigung er jedoch auf die Entscheidung der *Mullahs,* das heißt ihrer Rechtsgelehrten, gründete. Danach wäre es ungerecht gewesen, dem König das Privileg vorzuenthalten, die Früchte des Baumes zu ernten, den er selbst gepflanzt hatte.«

Obwohl die Stichhaltigkeit des Vorwurfs, den Bernier hier erhebt, umstritten ist, so weist doch gerade die Erwähnung der »Mullahs« darauf hin, daß es offenbar mehr als nur ein Gerücht war. Fest steht, daß Schah Dschahan verhinderte, daß Dschahanara heiratete, obwohl dies ganz offensichtlich ihr Wunsch war und sich auch wiederholt entsprechende Kandidaten fanden. Allerdings gab es auch eine Verfügung, die noch aus der Zeit Akbars stammte und die besagte, daß Töchter aus dem Herrscherhaus nicht heiraten durften, da dies zu politischen Verwirrungen führen konnte. Denn die Ehemänner der Töchter aus königlichem Geblüt würden über ihre Heirat einen Status erlangen, der es ihnen erlaubte beziehungsweise sie dazu verleitete, als Rivalen der Prinzen, auf die allein die Thronfolge beschränkt bleiben sollte, aufzutreten. Wie auch immer: Tatsache ist, daß Schah Dschahan verhinderte, daß Dschahanara eine Ehe einging und daß er sich damit eine Gefährtin sicherte, die – wenn sie nicht auch seine Geliebte war – immerhin seine Vertraute und größte Stütze wurde. Was nicht bedeutet, daß Dschahanara ganz leer ausging; wie innig das Verhältnis zu ihrem Vater auch immer gewesen sein mag. Aber auch da gibt es zwei Anekdoten, die darauf hindeuten, daß sie schon

PRINZESSIN DSCHAHANARA, UM 1635

einiges Geschick aufwenden mußte, wenn sie das Mißfallen (oder die Eifersucht) ihres Vaters nicht erwecken wollte. Wobei allerdings Bernier generell – und dies nicht zu Unrecht – anmerkt: »Liebesabenteuer sind nicht mit derselben Gefahr in Europa verbunden wie in Asien. In Frankreich dienen sie nur der Belustigung; man lacht darüber, und die Sache ist vergessen. Doch in diesem Teil der Welt geschieht es nur selten, daß sie nicht irgendeine schreckliche und tragische Katastrophe nach sich ziehen.«

Das war natürlich vor allem in dem andersartigen Moralkodex begründet, der das Verhältnis zwischen den Geschlechtern in der islamischen Welt regelte; es war einer sehr viel strengeren Norm unterworfen, als das in Europa, zumal in Frankreich, der Fall war. Hinzu kam allerdings, soweit es Dschahanara betrifft, daß Schah Dschahan sich offensichtlich auch von persönlichen Gefühlen leiten ließ, wenn er die Liebesabenteuer seiner Tochter zu unterbinden versuchte. Dabei nahm er Bernier zufolge zu recht drastischen Mitteln Zuflucht. So schreibt dieser, unter Bezug auf die erste der beiden Episoden, von denen er berichtet: »Es heißt denn auch, daß Begam-Saheb, obwohl sie in einem Harem eingeschlossen war und wie andere Frauen bewacht wurde, die Besuche eines jungen Mannes erhielt, der zwar keinen besonders hohen Rang bekleidete, doch von angenehmen Wesen war. Es war kaum möglich, daß sie, die sie auf allen Seiten von jenen ihres eigenen Geschlechts umgeben war, deren Neid sie seit langem erregte, mit ihrem Verhalten nicht Aufmerksamkeit erregte. Schah Dschahan wurde von ihrem Vergehen unterrichtet und beschloß, ihre Räume zu einer ungewöhnlichen und unerwarteten Stunde aufzusuchen. Sein Nahen erfolgte zu plötzlich, als daß sie lange nach einem Versteck suchen konnte. Der erschreckte Liebhaber suchte Zuflucht in dem geräumigen Kessel, der für die Bäder benutzt wurde. Der König ließ sich weder Überraschung noch Mißfallen anmerken; er unterhielt sich mit seiner Tochter über beliebige Dinge, beendete jedoch ihre Unterhaltung mit der Bemerkung, daß ihre Haut Zeichen der Vernachlässigung aufwies und daß es angezeigt sei, ein Bad zu nehmen. Er befahl sodann den Eunuchen, ein Feuer unter dem Kessel zu entfachen, und zog sich erst dann zurück, als sie ihm zu verstehen gaben, daß sein unglückliches Opfer nicht mehr am Leben war.«

Auf ähnlich tragische Weise endete auch eine zweite Liebschaft Dschahanaras, von der Bernier berichtet. In diesem Fall handelte es sich allerdings nicht nur um einen bloßen Liebhaber, sondern um einen angesehenen jungen Mann, der eigentlich als Ehemann hätte in Frage kommen können. Bei Bernier heißt es dazu: »Zu einem späteren Zeitpunkt verliebte sich Begam-Saheb erneut; aber auch diesmal führte dies nicht zu einem glücklichen Ende. Sie erwählte zu ihrem *Kane-Saman*, das heißt Verwalter ihrer Güter, einen Perser namens Nasir Khan, einen jungen Edelmann von bemerkenswerter Anmut und hohen geistigen Fähigkeiten, voller Esprit und Ehrgeiz und der Liebling des ganzen Hofes. Schaista Khan … [der Bruder Mumtas Mahals] schätzte diesen jungen Perser sehr und wagte, ihn als Begam-Sahebs Ehemann vorzuschlagen; ein Vorschlag, der bei dem Mogul großes Mißfallen auslöste. Er hatte in der Tat schon einigen Verdacht geschöpft, daß es zu einem unziemlichen Umgang zwischen dem beliebten Edelmann und der Prinzessin gekommen war, und überlegte nicht lange, welche Schritte er unternehmen sollte. Als ein Zeichen außergewöhnlicher Gunst überreichte der König, in Gegenwart des ganzen Hofes, dem nichtsahnenden Jüngling *betel*, was er sogleich kauen mußte, so war es Brauch in diesem Land. Betel ist ein kleines Päckchen, das aus aromatischen Blättern und anderen Zutaten, vermischt mit ein wenig Kalk, das aus Muscheln gewonnen wird, besteht und die Lippen und den Mund rot färbt und dem Atem einen angenehmen Duft verleiht. Der unglückliche Liebhaber konnte nicht ahnen, daß es Gift war, was der lächelnde Herrscher ihm gegeben hatte, und, indem er sich dem Traum zukünftiger Wonnen hingab, zog er sich aus dem Palast zurück und bestieg seine Sänfte. So stark war das Gift jedoch, daß er starb, bevor er zu Hause anlangte.«

Ob sich diese oder ähnliche Vorfälle tatsächlich zutrugen, ist nicht gesichert; es gibt immerhin auch zeitgenössische Stimmen, die derartige Vorkommnisse am Hof Schah Dschahans in Abrede stellen. Doch eins ist gewiß, und darin stimmen alle Quellen überein: Schah Dschahan war nach dem Tode Mumtas Mahals in besonderer Weise auf Dschahanara, seine älteste Tochter, fixiert, und obwohl sie sich ihm gegenüber bis zu seinem Tode loyal verhielt, geschah dies doch eher unfreiwillig. Wenn sie letztlich, im Streit um die Nachfolge, der gegen

Ende der Herrschaft Schah Dschahans entbrannte, für Dara Schukoh, der vom Kaiser favorisiert wurde, Partei ergriff, dann geschah das nicht zuletzt deshalb, weil er ihr versprochen hatte, ihr, wenn er König geworden war, eine Heirat zu gestatten. Doch dazu kam es nicht. Dara unterlag, und Dschahanara fügte sich in ihr Schicksal. Ohnehin war sie inzwischen in einem Alter, wo die Glut der Liebe, wenn nicht erloschen, so doch kein loderndes Feuer mehr war. Außerdem war sie zu klug, sich dem Sieger, der ein bigotter Frömmler war, zu widersetzen. Ganz im Gegensatz zu Roschanara, ihrer Schwester, die zwar eine Parteigängerin Aurangsebs gewesen war, doch die Unklugheit beging, ihn mit einem ausschweifenden Lebenswandel, den sie nicht bereit war aufzugeben, zu brüskieren.

PARADIES AUF ERDEN Das Leben bei Hofe hatte allmählich wieder seinen normalen Gang genommen. Bereits 1633, kaum zwei Jahre nach dem Tode Mumtas Mahals, wurde die Frist der offiziellen Trauer aufgehoben. Der Anlaß war die Vermählung Dara Schukohs, des Kronprinzen, mit einer Tochter des Prinzen Parwis, einem Bruder Schah Dschahans, dem seine Trunksucht zum tödlichen Verhängnis geworden war. Eigentlich hatte die Heirat Dara Schukohs schon früher erfolgen sollen, denn die Verlobung hatte noch zu Lebzeiten Mumtas Mahals stattgefunden. Ihr plötzlicher Tod, der zum Verbot jeglicher Festlichkeiten im Reich geführt hatte, hatte auch eine Verschiebung der Vermählung zur Folge gehabt. Doch nun, im Januar 1633, begannen die Vorbereitungen für das festliche Ereignis, das zugleich auch ein Ende der Trauer um die verstorbene Königin signalisierte. Inajat Khan schreibt in seiner Chronik: »Da Musik und Gesang, auf Befehl Seiner Majestät, bis zu diesem Zeitpunkt gänzlich untersagt gewesen waren, als Folge des bedauerlichen Todes der einstigen Königin, wurde nun die königliche Zustimmung zu ihrer Wiederaufnahme erteilt. Wie es der Brauch vorsah, wurden goldgewirkte Gürtel unter den Anwesenden verteilt, und Tabletts, die mit Rosenessenzen und anderen aromatischen Stoffen sowie Gewürzen und Früchten aller Art gefüllt waren, wurden

SCHAH DSCHAHAN UND DARA SCHUKOH BEI DEN FEIERLICHKEITEN ANLÄSSLICH DER HOCHZEIT DES PRINZEN (OUDH, UM 1700)

von den Dienern des Kaisers in die Versammlungshalle gebracht. Am Ende des Tages wurden von den Verwandten der Braut zahlreiche Feuerwerkskörper entlang der Ufer des Dschumna entzündet, was den Zuschauern besondere Freude bereitete.«

Die Festlichkeiten anläßlich der Vermählung des designierten Thronfolgers zogen sich mehrere Wochen lang hin, wobei ein wesentliches Element darin bestand, Geschenke auszutauschen beziehungsweise aus Anlaß des feierlichen Ereignisses an Höflinge und Würdenträger zu verteilen. Es war dies ein besonderes Kennzeichen der Mogulherrschaft, trachtete man doch durch die Überreichung prunkvoller Geschenke danach, sich der Gefolgschaft und Treue Untergebener wie auch des Wohlwollens und der Gnade eines Herrn beziehungsweise des Herrschers zu versichern. Denn der Akt des Schenkens beruhte immer auf Gegenseitigkeit, wodurch man zugleich, neben der Bekundung von Freigebigkeit und Anerkennung, auch Wohlstand und Status zur Geltung bringen wollte. So heißt es bei Inajat Khan weiter: »Dann übergab Seine Majestät, der Schatten Gottes, ihm [Prinz Dara] ein prächtiges Gewand, um ihn zu ehren, einen juwelengeschmückten Dolch, der mit eingeritzten Blumenornamenten verziert war, ein Schwert und einen Gürtel, der mit Edelsteinen besetzt war, einen Rosenkranz aus Perlen, der auch mit einigen Rubinen geschmückt war, zwei erlesene Pferde, das eine mit einem juwelengeschmückten, das andere mit einem Sattel aus glasiertem Schmuck ausgestattet, und einen prächtigen Elefanten mit silberner Schabracke, zusammen mit einer Elefantenkuh – das Ganze im Wert von 400 000 Rupien. Dschamin al-Daula [Asaf Khan] erhielt ein prächtiges Ehrengewand mit goldverzierter Weste und einen edelsteinverzierten Dolch mit eingeritzten Ornamenten; und auch den anderen Würdenträgern, Edelleuten und bedeutenden Männern wurden prächtige Gewänder und Kleider überreicht, wie auch die verschiedenen Unterhaltungskünstler mit Geschenken bedacht wurden.«

Dara Schukoh erwiderte die zeremonielle Geste, indem er seinerseits seinem Vater Geschenke überreichte sowie an die Würdenträger des Reiches Präsente austeilen ließ. Damit fanden die Feierlichkeiten, die mit der eigentlichen Hochzeitszeremonie im Beisein eines Geistlichen ihren Höhepunkt erreichten, ihr Ende. Die Kosten für dieses Ereignis,

PRINZ AURANGSEB, TOLLKÜHN UND UNERSCHROCKEN

einschließlich der Geschenke, beliefen sich auf über drei Millionen Rupien. Von denen die Hälfte Dschahanara beisteuerte, die auch mit der eigentlichen Ausrichtung der Festlichkeiten betraut worden war.

Kaum waren diese abgeschlossen, da rüstete man am Hofe Schah Dschahans zu einer neuen aufwendiger Hochzeitsfeier. Diesmal war der Bräutigam Schah Schudscha, nach Dara Schukoh der zweitälteste Sohn, dessen Vermählung gleichfalls noch zu Lebzeiten Mumtas Mahals ins Auge gefaßt worden war. Seine Hochzeit fand kaum einen Monat nach der seines Bruders statt. Schah Dschahan war zum prunkvollen Stil seiner Herrschaft zurückgekehrt.

Das zeigte sich auch, als sich Schah Dschahan wieder einer Vergnügung zuwandte, die sich bei den Moguln besonderer Beliebtheit erfreute. Es waren dies jene Elefantenkämpfe, die der Herrscher von der Höhe seines Palastes aus verfolgte wie einst die Cäsaren die Zirkusspiele in Rom. In diesem Falle wäre es jedoch beinahe zu einer Katastrophe gekommen, denn im Überschwang der Freude ließ sich die kaiserliche Familie dazu herbei, selbst an den Kämpfen teilzunehmen.

Wie Inajat Khan berichtet: »Eines Tages, am Ende des gleichen Monats ... [in dem zum zweiten Mal die Erinnerungsfeier zu Ehren Mumtas Mahals stattgefunden hatte], erfreute sich Seine Majestät an dem Schauspiel eines Kampfes zwischen zwei königlichen Elefanten, die mit berauschenden Mitteln aufgeputscht worden waren. Da die beiden Tiere im Verlauf des Kampfes außer Sicht gerieten, folgte er ihnen zu Pferde, in Begleitung der Prinzen Muhammed Schah Schudscha und Muhammed Aurangseb, die bis auf die Höhe der Elefanten vorpreschten, um den aufregenden Kampf aus nächster Nähe zu verfolgen. Die Tiere hielten inne und ließen voneinander ab, bis schließlich eine beträchtliche Entfernung zwischen ihnen bestand. Worauf eines der beiden, da es seinen Gegner so weit weg sah, sich umwandte und in wildem Ansturm auf Prinz Muhammed Aurangseb losging, der ihm am nächsten war.«

Ein solcher Angriff war nicht ungefährlich, und er hätte wahrlich zu einer Katastrophe führen können, wenn Aurangseb nicht den Mut gehabt hätte, sich dem Ungeheuer entgegenzustellen. Das war um so bemerkenswerter, als er gerade vierzehn Jahre alt war und außer einer Lanze und einem Schwert nichts hatte, womit er sich zu Wehr setzen konnte. So ist denn der Lobgesang, den Inajat Khan anstimmt, nicht ganz unberechtigt: »Dieser Jüngling mit dem Herzen eines Löwen und voller Tapferkeit und Unerschrockenheit rührte sich nicht vom Fleck; erst als der Elefant sich ihm näherte, galoppierte er ihm entgegen, richtete sich in den Steigbügeln auf und schleuderte seine Lanze mit all seiner Kraft gegen die Stirn des Tieres. Das Ungeheuer, von der Verwundung erschreckt, hielt inne, ging aber dann erneut in wildem Ansturm zum Angriff über; und das Roß jenes ›Kühnen Ritters auf dem Schlachtfeld der Tapferkeit‹, das an seiner Flanke von den Stoßzähnen des Elefanten getroffen wurde, brach unter der Wucht des Anpralls zusammen. Kaum war Prinz Aurangseb aus dem Sattel gestürzt, sprang er behende auf und stellte sich, mit dem Schwert in der Hand, dem Angreifer entgegen.«

Dennoch, wie tapfer der junge Aurangseb dem Ungeheuer auch entgegentrat, er wäre verloren gewesen, wenn ihm nicht sein Bruder, Schah Schudscha, und schließlich der König selbst, der sein Gefolge anwies, das Tier abzulenken, zu Hilfe geeilt wären und schließlich sogar der andere Elefant, der eigentliche Gegner, den ursprünglichen Kampf wiederaufgenommen hätte. So ging dieses Spektakel, das leicht ein ungutes Ende hätte nehmen können, noch einmal glimpflich ab. Aurangseb aber erwarb sich mit diesem Beweis seiner Kühnheit den Titel »Bahadur«, mit dem sein Vater ihn auszeichnete. »Der Tapfere« – so die Bedeutung von »Bahadur« –, das war fortan die Devise Aurangsebs. Doch für Schah Dschahan sollte dies nicht nur ein Grund zur Freude sein. Auch wenn er dies erst in späteren Jahren erkannte.

Für Aurangseb wurde seinerseits eine Hochzeit 1637 ausgerichtet. Er heiratete eine Nichte Nur Dschahans. Zwei Jahre später erfolgte der Auftakt zum krönenden Werk Schah Dschahans: Er erteilte den Befehl, den Bau einer neuen Hauptstadt in Angriff zu nehmen. Manucci, der die neue Residenz nach ihrer Fertigstellung besuchte, bemerkt dazu: »Nach dem Tod seiner geliebten Königin Tadsch [Mumtas] Mahal wählte Schah Dschahan in Hindustan die Stadt Delhi aus, um dort eine neue Stadt als Hauptstadt zu errichten und so seinen Ruhm zu verewigen, aber auch weil dort das Klima gesund ist. Er verwendete die Ruinen des alten Delhi und Tughluqabad zum Bau dieser neuen Stadt, der er den Namen Schahdschahanabad gab – das heißt ›Von Schah Dschahan‹ erbaut.«

Der Bau beziehungsweise Neubau begann 1639. Es war dies das siebte Mal, daß in der Gegend von Delhi eine städtische Neugründung erfolgte. Damit ist allerdings nur die Zeit seit der Errichtung muslimischer Herrschaft in Indien, Ende des 12. Jahrhunderts, gemeint. Die Geschichte Delhis reicht sehr viel weiter zurück; erste Ansätze zu einer Siedlung datieren aus der Zeit um 1200 v. Chr. Delhi war also geschichtsträchtiger Boden, was allerdings nicht nur auf ein vergleichsweise günstiges Klima zurückzuführen war, sondern seinen Grund vor allem in der strategischen Lage Delhis hatte, das – wie Agra am Ufer des Dschumna gelegen – sozusagen das Eingangstor zum eigentlichen Indien bildet. Wer aus dem Nordwesten kam, passierte gewöhnlich die Gegend von Delhi, wenn er es darauf absah, auch Bengalen, also die östlichen Landesteile, oder den Dekkan, Zentralindien, unter seine Kontrolle zu bringen. Andererseits bot sich Delhi als Ausgangspunkt für Vorstöße in das nordwestliche Grenzgebiet an, das ja stets die Achillesferse Indiens gewesen war, zugleich aber auch in das Stammland der Moguln führte, das zurückzugewinnen auch Schah Dschahan noch nicht aufgab. Delhi bot also einige Vorteile gegenüber Agra, der traditionellen Hauptstadt der Moguln, und Schah Dschahan, der seine militärischen Unternehmungen immer mehr auf das nordwestliche Grenzgebiet konzentrierte, nahm denn auch konsequent den Ausbau Delhis zur neuen Hauptstadt in Angriff.

Manucci berichtet: »Er [Schah Dschahan] stellte große Summen für den Bau dieser Stadt bereit, und er ließ mehrere Verbrecher enthaupten, um sie als Opfergabe in die Fundamente einzumauern. Die besagte Stadt befindet sich am Ufer des Dschumna-Flusses, in einer weiten Ebene von großem Umfang, und besitzt die Form eines unregelmäßigen Halbmondes. Sie ist mit zwölf Toren ausgestattet, und das alte Delhi bildet einen Vorort, was auch für mehrere andere Dörfer zutrifft.«

Das »alte Delhi«, Reste der früheren Siedlungen, erstreckte sich südlich der neuen Stadt, deren Kern die eigentliche neue Residenz war, die Lal Qila, das heißt »Rote Festung«, genannt wurde. Sie war das Herzstück der neuen Hauptstadt, Festung und Palast zugleich, ein Pendant zur Residenz der Moguln in Agra. Auch in Delhi erstreckte sich die herrschaftliche Festung, die wiederum von einer Mauer und einem Graben umgeben war, entlang des Ufers des Dschumna. Auch sie wies einen Basar, Audienzhallen, Haremsgemächer, Bäder und Gärten auf. Eine Stadt in einer Stadt, die als besondere Attraktion eine künstliche Wasserzufuhr aufwies, die die Palastanlagen in einem in Marmor gefaßten Kanal durchfloß und für gleichbleibende Kühle der Räume sorgte. Es war dies ein technisches Meisterwerk, dessen wahre Bedeutung die Ausführungen Manuccis nur erahnen lassen: »Die königliche Festung weist zwei Tore auf, die in die Stadt führen, und in ihrer Mitte befindet sich ein großer, offener Platz. Schah Dschahan ließ zwei große Gärten anlegen, einen im Norden, den andern im Süden, und da der Fluß Dschumna nicht so hoch liegt, daß er diese Gärten bewässern könnte, ließ Schah Dschahan mit großem Aufwand an Geld und Arbeit einen tiefen Kanal ausheben, der von einem Fluß in der Nähe der Stadt Sirhind, hundert Meilen [hier: ca. 500 km] von Delhi entfernt, abzweigt. Dieser Kanal fließt in die Festung und füllt die kleineren

DIE GROSSE MOSCHEE IN DELHI

Kanäle, in denen Schah Dschahan Zierfische aussetzen ließ, deren Köpfe mit goldenen Ringen geschmückt sind; jeder Ring ist mit einem Rubin und zwei Perlen verziert.«

Wie beim Bau seines anderen ehrgeizigen Projektes, des Tadsch Mahal, ließ Schah Dschahan es auch im Falle der neuen Hauptstadt, die er mit seinem Namen zu schmücken gedachte, an nichts fehlen. Die Kosten allein für die Festung beliefen sich auf sechs Millionen Rupien. Hinzu kamen die Aufwendungen für weitere Bauten, die die Anlage der eigentlichen Stadt betrafen. Hier ist vor allem der Bau der Dschama Masdschid, der »großen Moschee«, zu erwähnen, die Schah Dschahan in Angriff nahm und die noch heute zusammen mit der Festung ein Wahrzeichen des alten Delhi, dem die Moguln ihr Gepräge gaben, darstellt.

Der Bau der Festung dauerte neun Jahre. Als das Werk vollendet war, ließ es sich der prunksüchtige Schah Dschahan nicht nehmen, mit gebührendem Pomp und Zeremoniell Einzug in seiner neuen

Residenz zu halten. Im »Schah Dschahan-Nama« des Inajat Khan heißt es dazu: »Im einundzwanzigsten Jahr der glücklichen Regierung, am Montag, dem 24. [des Monats] Rabi I 1058 [n.d.H.], was dem dreißigsten Tag des Monats Farwardin im Sonnenkalender entspricht (18. April 1648), machte sich der Monarch, dessen Thron das Firmament ist, voller Freude und Glücksgefühl auf den Weg nach der neuen Hauptstadt, nachdem er bei der Anlegestelle von Khwadscha Khisr, wo er ein Lager aufgeschlagen hatte, ein Boot bestiegen hatte. Genau in dem Augenblick, der als besonders günstig verheißen worden war, ging Seine Majestät an Land und setzte seinen zeremoniellen Einzug in die prunkvollen Paläste der Festung fort. Nachdem er die verschiedenen Bauten und Gebäude besichtigt hatte, nahm er Platz auf dem Juwelengeschmückten Thron in der Halle der Öffentlichen Audienzen, wo er einen offiziellen Empfang gab, während das laute Schlagen auf den königlichen Trommeln das freudige Ereignis aller Welt verkündete.«

Und wieder wurden verschwenderisch Geschenke ausgeteilt, darunter tausend Ehrenroben, für die, wie Inajat Khan anmerkt, zehn Tage benötigt wurden, um sie ordnungsgemäß – und mit dem nötigen Zeremoniell – zu verteilen. Der »Juwelengeschmückte Thron«, auf dem Schah Dschahan die ersten Huldigungen in seiner neuen Residenz entgegennahm, war nur einer von vielen, über die er verfügte. Der aber, der sie alle an Pracht und Prunk überstrahlte, der berühmte Pfauenthron, den Schah Dschahan sogleich nach seiner Thronbesteigung in Auftrag gegeben hatte, siedelte erst 1650, als Schah Dschahan nach zweijähriger Abwesenheit erneut prunkvollen Einzug in Delhi hielt, in die neue Residenz über. Er stellte fortan das Glanzstück des neuen Palastes dar, wo er im Diwan-i-Khas, der Halle für private Audienzen, Aufstellung fand. Der französische Reisende Tavernier, der von Beruf Juwelenhändler war und den Thron, den er mit eigenen Augen sah, sehr ausführlich beschreibt, schätzte seinen Wert auf über hundert Millionen Rupien. Dafür hätte Schah Dschahan mehr als ein Dutzend neuer Residenzen bauen können. Selbst das Tadsch Mahal konnte sich, was seine Aufwendungen betraf, damit nicht messen. Der Pfauenthron bildete wahrlich die Krönung der neuen Residenz, von der denn auch Schah Dschahan mit Fug und Recht behaupten konnte: »Wenn es auf Erden ein Paradies der Glückseligkeit gibt, so ist es hier! So ist es hier! So ist es hier!« So eine Inschrift, die die Halle der Privataudienzen in der Festung von Delhi schmückte.

THRON DER GÖTTER »Wenn man Agra in Richtung Osten verläßt, betritt man eine lange, breite, gepflasterte Straße, die sanft ansteigt und auf einer Seite von einer hohen, langgestreckten Mauer gesäumt wird, die einen quadratischen Garten, der weit größere Ausmaße als unsere *Place Royale* hat, begrenzt, während sich auf der anderen Seite eine Reihe neuer Häuser befindet, die mit Arkaden versehen sind und denen ähneln, die die größeren Straßen in Delhi säumen [...].«

So beginnt Bernier, der französische Reisende, seine Beschreibung dessen, was er weit über die Pyramiden Ägyptens stellt – jenes Mausoleums, das – wie er schreibt – »Schah Dschahan [...] zur Erinnerung seiner Frau Tadsch Mahal [errichtete], jener außergewöhnlichen und gefeierten Schönheit, in die ihr Gemahl so sehr verliebt war, daß es heißt, daß er ihr zu ihren Lebzeiten treu ergeben war und durch ihren Tod so sehr getroffen wurde, daß er ihr beinahe ins Grab gefolgt wäre«.

Daß Schah Dschahan davon absah und auch schon bald seine Trauer, wie tiefempfunden sie auch gewesen sein mag, überwand, ist inzwischen hinlänglich deutlich geworden. Dennoch gilt es festzuhalten – und Bernier legt davon ein eindrucksvolles Zeugnis ab –, daß Schah Dschahan seinem ursprünglichen Plan, Mumtas Mahal, seiner unsterblichen Liebe, ein gebührendes Denkmal zu errichten, treu blieb. Die Arbeiten an dem Mausoleum gingen zügig voran, und obwohl sie sich insgesamt über einen Zeitraum von 22 Jahren hinzogen, war das eigentliche Grabmal bereits 1643 so weit vollendet, daß Mumtas Mahal darin endlich ihre letzte Ruhe fand.

In jenem Jahr wurde in einer feierlichen Zeremonie zum zwölften Mal des Todes der einstigen Königin gedacht. Im Zusammenhang mit diesem Ereignis berichtet Inajat Khan, der Chronist Schah Dschahans:

»Es sollte nicht verschwiegen werden, daß das kürzlich fertiggestellte Mausoleum im Verlauf von zwölf Jahren erbaut worden war, wobei die Kosten sich auf fünf Millionen Rupien beliefen, daß seine Gärten mit Plätzen, Rasthäusern und Basaren umgeben wurden und daß eine große Zahl bedeutender Werkstätten hinter den Rasthäusern eingerichtet wurde. Diese volkreiche Siedlung ähnelt einer großen Stadt und hat den Namen Mumtazabad erhalten. Um das Mausoleum und seine Gärten instand zu halten, richtete Seine Majestät eine Stiftung ein, die auf den jährlichen Einkünften von dreißig Weilern, die sich im Bezirk von Akbarabad befinden, und einigen anderen beruht, was sich auf vier Millionen *dam*, gleich 100 000 Rupien, oder mehr in günstigen Jahren beläuft; und ein gleicher Betrag wird zusätzlich erzielt aus den jährlichen Mieten und Erträgen, die die Basare und Rasthäuser abwerfen.«

Aus diesen Einkünften wurden alle jene entlohnt, die mit der Bewachung und Instandhaltung des Mausoleums, das ein ausgedehntes Areal und einen ganzen Komplex von Gebäuden umfaßte, betraut waren. Außerdem wurden aus den Erträgen, die in die Stiftung flossen, Almosen an Bedürftige gezahlt. Der Rest verblieb in einer Schatzkammer, die dem Mausoleum zugeordnet war.

Der gesamte Komplex, der, wie gesagt, erst später – 1654 – fertiggestellt wurde, umfaßte sozusagen eine eigene Stadt, die aus dem Mausoleum, den Unterkünften für die Wachmannschaften und dem Basar, der eigentlichen Siedlung, bestand. Dabei gliederte sich das Mausoleum wiederum in verschiedene Teilbereiche, die jedoch eine harmonische Einheit bildeten. Heute entspricht das Bild, das sich dem Betrachter bietet, nicht mehr ganz demjenigen, das sich einem Reisenden wie Bernier bot; was sowohl für den Basarbezirk, das eigentliche Mumtazabad, das völlig verschwunden ist, zutrifft als auch für das Mausoleum im engeren Sinne, also den Grabmalkomplex. So mag es angezeigt sein, Bernier bei seinem Besuch des Tadsch Mahal zu folgen. Er, der sich in den Jahren 1658 bis 1664 in Indien aufhielt, war in der glücklichen Lage, das Grabmal kurz nach seiner endgültigen Fertigstellung kennenzulernen. »Wenn man sich, in Richtung auf den Garten, ein klein wenig in das Innere des Pavillons begeben hat«, fährt er in seiner Beschreibung fort, »findet man sich unter einer hohen Kuppel wieder, die oben mit einer Galerie ausgestattet ist, während sich unten, zur Rechten und Linken, zwei Plattformen befinden, die sich acht bis zehn Fuß über dem Boden erheben. Gegenüber dem Eingang von der Straße her befindet sich ein großer offener Torbogen, durch den man hinaus auf einen Weg gelangt, der fast den ganzen Garten in zwei gleiche Hälften teilt.«

Das, was Bernier als »Pavillon« bezeichnet, stellt den Zugang zur eigentlichen Grabanlage dar. Es handelt sich dabei um einen mächtigen Torbau, der mit Türmen bewehrt ist und an seiner äußeren Fassade eine Sure, also einen Spruch aus dem Koran, aufweist, der die Bedeutung dieses Gebäudes eindrucksvoll zur Geltung bringt. Kündet diese Sure doch von dem drohenden Unheil, das alle diejenigen am Tag des Jüngsten Gerichts erwartet, die gegen die Gebote Gottes verstoßen haben. Verheißen aber wird in dieser Sure auch der Lohn für diejenigen, die sich in ihrem Leben keine Schuld aufgeladen haben. Heißt es doch am Ende der Sure:

»O du beruhigte Seele,
Kehre zurück zu deinem Herrn zufrieden, befriedigt,
Und tritt ein unter Meine Diener,
Und tritt ein in Mein Paradies!«

Wer also das Tor durchschreitet, das mit dieser Sure, die da »Die Morgenröte« heißt, geschmückt ist, der erheischt nichts Geringeres als einen Blick auf das Paradies. Denn dies, ein irdisches Abbild des Paradieses, ist es, was das Tadsch Mahal eigentlich darstellt. Durch das Tor erhält man Zugang dazu, und der Garten, den man auf dem Weg zum eigentlichen Mausoleum durchschreitet, ist nichts anderes als ein Spiegelbild der paradiesischen Gefilde, die in der Art eines Gartens von ewiger Freude künden.

Wie das Paradies, das dem Gottesfürchtigen verheißen ist, so ist auch der Garten, der den größten Teil der Grabanlage einnimmt, mit Kanälen, die Wasserläufe symbolisieren, ausgestattet; sie weisen in die vier Himmelsrichtungen und bilden ein Kreuz, das an seinem Schnittpunkt zu einem Becken geformt ist, mit dem der Mittelpunkt des Gartens markiert wird. Dieser aber findet nicht hierin seinen krönenden Abschluß, sondern wird am jenseitigen Ende, das dem Ufer des Dschumna zugewandt ist, durch ein Pendant ergänzt, das – wenn man die Gesamtanlage berücksichtigt – dem Vorhof mit den Nebengebäuden, die sich vor dem Torgebäude erstrecken, entspricht. Über diesen Teil der Anlage nun, der sich an den Garten anschließt, berichtet Bernier: »Wenn man seinen Weg auf der Hauptachse [die durch den von Norden nach Süden verlaufenden Kanal zweigeteilt wird] fortsetzt, gewahrt man vor sich in einiger Entfernung eine große Kuppel, unter der sich die Grabstätte befindet, während man vor jenem Kuppelbau, der auf einer Erhöhung steht, zu beiden Seiten Gehwege, die von Bäumen gesäumt sind, und Beete erkennt, die mit Blumen bepflanzt sind.«

Die Bäume, die einst Schatten spendeten, sind heute weitgehend verschwunden, wie auch die Blumenbeete, die leeren Rasenflächen Platz gemacht haben. Was jedoch die »Kuppel«, also das eigentliche Grabmal, zu beiden Seiten, im Osten und Westen, eigentlich säumt, das sind zwei kleinere Gebäude, die gleichfalls von Kuppeln gekrönt sind und eine Art Rahmen darstellen, der das zentrale Bauwerk besonders zur Geltung bringt. Es handelt sich bei diesen beiden Nebengebäuden im einen Fall um eine Moschee, während das andere Gebäude, das damit korrespondiert, eigentlich nur dem Zweck der Symmetrie dient, wenngleich es auch als Versammlungshalle genutzt wurde.

Was nun den zentralen Bau, der das eigentliche Mausoleum darstellt, betrifft, so berichtet Bernier: »Dieses Gebäude ist ein gewaltiger Kuppelbau aus weißem Marmor, von fast ebensolcher Höhe wie [die Kirche] *Val de Grace* in Paris; die Kuppel wird von kleinen Türmen umgeben, die ebenfalls aus Marmor bestehen. Das Ganze ruht auf vier großen Bögen, von denen drei nach außen hin offen sind, während der vierte durch die Wand eines Raumes, der mit einer Galerie versehen ist, verschlossen ist. Hier lesen *Mullahs* [Geistliche], die zu diesem Zweck dem Grabmal zugewiesen sind, fortwährend aus dem Koran, wie es scheint in ehrwürdiger Erinnerung an Tadsch [Mumtas] Mahal. Jeder Bogen ist in seiner Mitte mit weißen Platten aus Marmor geschmückt, die mit großen arabischen Lettern aus schwarzem Marmor beschriftet sind, was sehr eindrucksvoll wirkt. Das Innere des Gebäudes, das aus einer Halle besteht, sowie die Wände allgemein sind von oben bis unten mit weißem Marmor verkleidet: Nirgends findet sich eine Stelle, die nicht mit größter Kunstfertigkeit ausgefüllt ist oder einen besonderen Reiz aufweist. Überall sind Verzierungen aus Jaspis und Jade wie auch anderen Steinen, ähnlich denen, die die Wände der Kapelle des Großherzogs in Florenz schmücken, zu sehen; außerdem gibt es noch viele andere, alle von großem Wert und seltenem Vorkommen, in endloser Vielfalt zusammengesetzt und in die Marmorplatten eingefügt, mit denen die Wände verkleidet sind. Sogar die quadratischen Platten aus weißem und schwarzem Marmor, mit denen der Fußboden ausgelegt ist, sind mit diesen Edelsteinen in einer Weise verziert, daß man sich die Schönheit und Eleganz dieses Schmuckes nicht vorstellen kann.«

In der Tat gehören die Verzierungen in Form von Reliefs und Einlegearbeiten, die Blumen und geometrische Muster zeigen, zu den eindrucksvollsten Kunstwerken der islamischen Welt. Die bunten Intarsien kontrastieren mit dem strahlenden Weiß des Marmors und verleihen ihm, indem sie wie Funken sprühen, einen besonderen Glanz.

Die zentrale Kuppel, die sich über der Grabkammer erhebt, erreicht eine Höhe von fast 60 Metern; das entspricht etwa der Hälfte der Höhe des Petersdomes in Rom, der ja übrigens ursprünglich auch ein Grabmal – des Apostels Petrus – war. Anders aber als der Petersdom, der sich zur größten Kirche der Christenheit entwickelte, behielt das Tadsch Mahal, wiewohl es seinerseits einer Moschee ähnelt, seine ursprüngliche Bestimmung bei: Es diente ausschließlich als Grabdenkmal, auch wenn in der Moschee, die dem eigentlichen Mausoleum zugeordnet worden war, gelegentlich Gebetsgottesdienste abgehalten wurden, die der beziehungsweise den Verstorbenen, die im Tadsch Mahal beigesetzt wurden, galten. Denn Mumtas Mahal, der zu Ehren das Grabmal ursprünglich errichtet wurde, nimmt zwar einen besonderen Platz darin ein, aber sie wurde hier nicht allein beigesetzt, wie wir noch sehen werden.

Obwohl die große Halle unter der Kuppel den eigentlichen Mittelpunkt der Grabanlage bildete, befand sich hier doch nur ein Kenotaph. Das eigentliche Grab war nicht für jedermann zugänglich, wie Bernier berichtet: »Unterhalb der Kuppelhalle befindet sich ein kleiner Raum, in dem das Grab der Tadsch Mahal eingeschlossen ist. Es wird einmal im Jahr, und nur einmal, in einer prunkvollen Zeremonie geöffnet;

und da keinem Christen der Zugang erlaubt ist, damit seine Heiligkeit nicht entweiht wird, hatte ich nicht Gelegenheit, es zu sehen, doch soweit ich weiß, gibt es nichts, was mit größerer Pracht und Herrlichkeit ausgestattet ist.«

Tatsächlich ist das Grab in der Krypta, die man durch eine Seitenhalle erreicht, ein getreues Ebenbild des Kenotaphs in der Kuppelhalle: Auf einem niedrigen Sockel ruht ein marmorner Sarkophag, der als Unterbau die Form einer länglichen Pyramide hat. Das ganze ist schlicht und von geometrischer Strenge. Doch was auch hier in fast magischem Glanz erstrahlt, das ist der schneeweiße Marmor, der allerdings mit einem dichten Muster von Arabesken und Inschriften verziert ist. Heilige Verse des Koran und Blumen, die als ein Symbol des Paradieses gelten, verleihen dem Sarkophag die Feierlichkeit eines Schreins. Der er denn, nicht nur im Andenken Schah Dschahans, auch war und bis auf den heutigen Tag geblieben ist. Wobei der ursprüngliche Gedanke, daß das eigentliche Grabmal gewissermaßen den Höhepunkt der Einkehr des Menschen ins Paradies darstellt, indem er vor den Thron Gottes tritt, als der das Tadsch Mahal gedeutet werden kann, allmählich in Vergessenheit geriet. Was blieb, war die Erinnerung an eine große Liebe, als die die Zuneigung Schah Dschahans zu Mumtas Mahal verklärt wurde. Das Drama irdischen Geschehens ist immer fesselnder als der Gedanke an Zukünftiges in himmlischen Sphären.

DIE LETZTE SCHLACHT Im gleichen Jahr, 1654, da das Tadsch Mahal endgültig fertiggestellt war, stattete Schah Dschahan dem Grabmal einen Besuch ab. Seit die Residenz nach Delhi verlegt worden war, weilte der Kaiser nur noch selten in Agra. Und auch diesmal besuchte er Agra nur, weil er sich ohnehin auf einer Unternehmung, die seine Anwesenheit vor Ort erforderte, befand. Dabei handelte es sich um eine Strafexpedition gegen den Rana von Mewar, der sich erkühnt hatte, die Festung von Tschitor wieder instand zu setzen. Das verletzte das Abkommen, das zwischen dem Fürstentum von Mewar, das sich zu einem Vasallenstatus hatte bekennen müssen, und den Moguln geschlossen worden war. Schah Dschahan wies den Rana zurecht, so daß Tschitor, das einst die stolzeste Festung der Radschputen gewesen war, auch weiterhin dem Zerfall ausgesetzt war, und reiste weiter nach Agra, wo er im Dezember 1654 am Grabmal Mumtas Mahals im Gebet der einstigen »Erwählten« seines Palastes gedachte. Seit ihrem Tod waren nun mehr als zwanzig Jahre vergangen, und Schah Dschahan wird gerade anläßlich dieses Besuches sich der Vergänglichkeit des Lebens besonders bewußt geworden sein. War er doch, zu Anfang des Jahres, nur mit knapper Not einem Attentat entgangen.

Als sich dieses Ereignis zutrug, feierte der Kaiser gerade seinen 64. Geburtstag nach dem Mondkalender, was man in der üblichen Weise beging, indem der Herrscher gegen Gold und andere Wertgegenstände aufgewogen wurde. Als er dann auf seinem Thron Platz nahm und an die Versammelten Geschenke austeilte, nutzte dies ein Attentäter und versuchte, den Kaiser niederzustrecken. Im »Schah Dschahan-Nama« heißt es dazu: »Plötzlich zog Dschasrup Mirathia, ein Diener des Königs, der in großer Erregung und voller Haß war, sein Schwert [...] und stürzte auf ihn zu, um ihn zu töten. Er hatte jedoch kaum einen Schritt [...] getan, als der *kotwal* [Wächter] Naubat Khan, der am Fuße des Throns mit einem schweren Knüppel in der Hand stand, ihm mit aller Kraft einen Schlag auf den Kopf versetzte, so daß er zu Boden stürzte. Als er sich wieder aufrichtete und erneut versuchte, die Stufen zu erklimmen, durchbohrte ihn Khwadscha Rahmat Allal, der oberste Zeremonienmeister. Auch Iradat Khans Klinge traf den Attentäter; und schließlich hieben auch andere, die zu Füßen des erhabenen Throns standen, auf ihn ein und beendeten so des Elenden unwürdiges Leben.«

Schah Dschahan blieb so die Schmach eines Meuchelmordes erspart. Doch das Schicksal hielt für ihn einen anderen Schlag bereit, der nicht weniger erniedrigend war, ja, den Ruhm in dem er sich gesonnt hatte, mit einer düsteren Wolke überschattete.

Es begann damit, daß Schah Dschahan im September 1657 erkrankte. Er war nach Delhi zurückgekehrt und hatte dort seine Regierungsgeschäfte wiederaufgenommen. Ende des Vorjahres war in Delhi eine Epidemie ausgebrochen, doch da der Kaiser sich vorsorglich aus seiner Residenz zurückgezogen hatte, indem er zunächst einen längeren Jagdausflug unternommen und dann an einen Ort am Oberlauf des Dschumna, wo er eine Sommerresidenz unterhielt, ausgewichen war und dort das Ende der Epidemie abgewartet hatte, war er von den verheerenden Auswirkungen verschont geblieben. Doch am 6. September, nachdem sich das Leben in Delhi allmählich wieder normalisiert hatte, wurde der Kaiser plötzlich von einer akuten Krankheit befallen, über die es in den offiziellen Quellen lediglich heißt: »Am 7. [des Monats] Zil-Hidscha 1067 [n.d.H] erkrankte der Kaiser schwer an Verstopfung und anderen Beschwerden und mußte eine Woche lang große Schmerzen erdulden und war nicht in der Lage, öffentlich in Erscheinung zu treten.«

Etwas deutlicher äußerte sich der Italiener Manucci, der kurz zuvor nach Indien gekommen war und sich unter anderem auch als Arzt betätigte. Er ergänzt die offiziellen Quellen folgendermaßen: »Schah Dschahan hatte diese Krankheit selbst verursacht, denn, obwohl er schon ein alter Mann [...] war, wollte er sich immer noch wie ein Jüngling vergnügen, und in dieser Absicht nahm er verschiedene stimulierende Drogen. Dies führte zu einer Harnverhaltung, die drei Tage lang dauerte und ihn beinahe an die Schwelle des Todes brachte.«

Hier findet der Vorwurf, daß Schah Dschahan ein ausschweifendes Leben geführt habe, offensichtlich seine Bestätigung. Dabei sollte man ihm freilich fairerweise zugute halten, daß – wenn er denn schon als unumschränkter Herrscher über einen Harem verfügte, in dem die schönsten Töchter des Landes versammelt waren – es wohl eines Heiligen bedurft hätte, von den Möglichkeiten, die sich ihm boten, nicht Gebrauch zu machen und zu diesem Zwecke, wenn es not tat, entsprechend nachzuhelfen. Daß das nicht gerade für jene ewige Trauer und Treue spricht, von denen angeblich das Tadsch Mahal kündet, steht auf einem anderen Blatt. Aber seit Schah Dschahan in Delhi residierte, wurde er ja des Grabmals, das ihn an seine Trauer hätte erinnern können, nicht einmal mehr ansichtig. Jedenfalls scheint es, als habe er den mannigfachen Versuchungen, die der Harem bot, nicht widerstehen können. Das wurde ihm nun zum Verhängnis, denn, wie Manucci weiter berichtet: »Diese Krankheit führte zu großer Verwirrung in der Stadt Delhi und im ganzen Reich. Als der König sich in dieser mißlichen Lage sah, ordnete er an, daß alle Tore der Festung geschlossen wurden; nur zwei kleinere Tore blieben geöffnet. Da er den mohammedanischen Befehlshabern nicht traute, erteilte er dem Radscha Dschaswant Singh den Befehl, mit seinen Männern an einem Tor Stellung zu beziehen, während das andere der Radscha Ram Singh Rotella besetzen sollte. Diese Heerführer bewachten die Festung von allen Seiten mit dreißigtausend Soldaten, die alle Radschputen waren. Es wurde ihnen aufgetragen, daß es nur Prinz Dara gestattet war, zweimal am Tag mit einem Gefolge von zehn Leuten in die Festung zu kommen. Es war ihm jedoch nicht gestattet, in der Festung die Nacht zu verbringen. Begam Sahib entschied sich, in der Festung zu bleiben, um das Essen ihres Vaters zu überwachen, aber sowohl sie als auch die andern, die in der Festung bleiben durften, mußten auf den Koran schwören, ihm die Treue zu halten. Er fürchtete, vergiftet zu werden.«

Schah Dschahan war sich des Ernstes der Lage durchaus bewußt: Schließlich war er selbst nur durch Gewalt an die Macht gelangt, und die Saat, die er gesät hatte, ging nun auf. Im Grunde konnte er niemandem trauen, nicht einmal Dara, seinem ältesten Sohn, obwohl dieser doch der Favorit war. Aber gerade das machte auch ihn gefährlich, indem zu befürchten stand, daß er sich die Mißlichkeit, in der der Kaiser sich befand, zunutze machen würde, um sich selbst zum Herrscher aufzuschwingen. Allein der Begam Sahib, seiner Tochter Dschahanara, konnte Schah Dschahan vertrauen. Und den Radschputen, seinen Vasallen, was einigermaßen paradox erscheint. Aber als Inder, die nicht zum Kreis der muslimischen Eroberer gehörten, waren sie in mögliche Intrigen bei Hofe, deren ein Herrscher der Moguln stets gewärtig sein mußte, nicht verwickelt. Auf sie konnte Schah Dschahan folglich zählen. Aber es nutzte ihm nichts, auch nicht der Umstand, daß sich sein Zustand nach einer Woche so weit gebessert hatte, daß er sich wieder – wie es üblich war – am Dscharoka, dem Fenster oberhalb des Festplatzes vor der Festung, der Menge zeigen konnte.

In Delhi trat daraufhin wieder Ruhe ein. Doch was in den übrigen Teilen des Landes geschah, darüber hatte Schah Dschahan keine Kontrolle mehr. Gerüchte verbreiteten sich, daß der Kaiser bereits gestorben sei, was vor allem die Gouverneure in Unruhe versetzte, denn sie fürchteten mit Recht, daß man sie nun ausbooten würde. Handelte es sich bei ihnen doch nicht um irgendwelche Stellvertreter des Kaisers, sondern um seine drei übrigen Söhne: die Prinzen Schudscha, Aurangseb und Murad. Schudscha, der Zweitälteste, war Gouverneur von Bengalen. Aurangseb, der zwei Jahre jünger war, hatte sich im Dekkan etabliert, wo er bemüht war, die Grenzen des Reiches nach Süden auszudehnen. Murad, dem Jüngsten, unterstand der Westen, die Provinzen Gudscherat und Malwa.

Diese drei Prinzen hatten sich gegen ihren älteren Bruder Dara verschworen, indem sie bereits 1652 einen Geheimpakt geschlossen hatten, mit dem sie verhindern wollten, daß Dara, obwohl er für die Thronfolge vorgesehen war, tatsächlich das höchste Amt im Staat erlangte. Sie hielten Dara für ungeeignet, abgesehen davon, daß ein jeder der jüngeren Prinzen es selbst auf den Thron abgesehen hatte. Aber das verschwieg man voreinander. Einig war man sich nur, daß Dara mit allen Mitteln zu bekämpfen war, sollte es zu einer Krise kommen, wie sie nun tatsächlich eingetreten war.

Man kam überein, sofort loszuschlagen. Das heißt, jeder der drei Statthalter rüstete eine Armee aus und bereitete sich darauf vor, gegen das Herz des Reiches – inzwischen wieder Agra, wohin Schah Dschahan übergesiedelt war, als es ihm besser ging – vorzustoßen. Ja, man tat noch ein Übriges: Sowohl Schudscha als auch Murad ließen sich zum König ausrufen, ein Akt der offenen Rebellion, den Aurangseb, der klüger als seine beiden Mitverschwörer war, einstweilen vermied. Aurangseb agierte eher im Hintergrund, und als es im Februar 1658 zu einer ersten Schlacht zwischen Schudscha und einem Heer, das Dara – im Namen des Kaisers – ihm entgegengeschickt hatte, kam und Schudscha geschlagen wurde, so daß er sich nach Bengalen zurückziehen mußte, war diese Niederlage Aurangseb im Grunde nur recht. Schudscha war nicht aus dem Holz geschnitzt, wie es sich Aurangseb, der ein nüchterner Stratege und in seinem Lebenswandel eher asketisch war, gewünscht hätte. Bernier, der just in dem Augenblick in Indien eintraf, da der Kampf um die Thronfolge voll entbrannt war, und darüber sehr ausführlich berichtet, charakterisiert Prinz Schudscha mit folgenden Worten: »Er war [...] zu sehr der Sklave seiner Vergnügungen; und wenn er erst einmal von seinen Frauen, deren er

DIE DREI PRINZEN SCHUDSCHA, AURANGSEB UND MURAD
(MOGULMINIATUR, UM 1637)

außerordentlich viele besaß, umgeben war, pflegte er ganze Tage und Nächte mit Tanzen, Singen und Weintrinken zu verbringen.« Das feuchtheiße Klima Bengalens hatte nicht dazu beigetragen, Energie und Tatkraft zu entwickeln. Ähnlich sah es im Falle Murads aus, obwohl der Westen Indiens klimatisch weniger beschwerlich ist. Über ihn bemerkt Bernier: »Sein ständiges Trachten ging dahin, wie er sich vergnügen konnte, und die Freuden der Tafel und des Kampfes erregten seine ganze Aufmerksamkeit.« Immerhin, es waren nicht nur Vergnügungen im herkömmlichen Sinne, denen Murad frönte. Er besaß auch Mut und Entschlossenheit. So setzte er seinen Stellvertreter, der dem Kaiser hörig war, ab, plünderte den Hafen von Surat an der Küste des Arabischen Meeres, wo die Engländer mit den Moguln Handel trieben, und verschaffte sich so entschlossen die Mittel und Möglichkeiten, gegen den gemeinsamen Feind, Dara, vorzugehen.

Schah Dschahan hatte Dara die Regierungsgeschäfte überlassen, doch damit war der Favorit des Kaisers hoffnungslos überfordert. Denn wenn Schudscha und Murad ihrem Wesen nach eher dem Bild verwöhnter Zöglinge eines seinerseits nicht gerade enthaltsamen Potentaten entsprachen, so war Dara, bei aller Eitelkeit und Ränke, im Grunde eher ein Philosoph. Darin ähnelte er dem vierten im Bunde, Aurangseb, in gewisser Weise. Doch während Aurangseb, bigott und fanatisch, dem islamischen Glauben so verhaftet war, daß er es selbst in der Mitte eines hitzigen Gefechtes fertigbrachte, auf die Knie zu sinken und von Allah den Sieg zu erflehen, war Dara ein Freigeist, der sich – ähnlich wie es einst Akbar getan hatte – auch für den Hinduismus und das Christentum interessierte und für einen Dialog zwischen den Religionen eintrat. Darin bewies er eine größere Weitsicht als Aurangseb, der denn auch, kaum daß er den Kampf um die Thronfolge für sich entschieden hatte, sogleich daranging, seine bigotten Glaubensvorstellungen in die Tat umzusetzen. Damit richtete er großen Schaden an, weit mehr als Schah Dschahan, der im Grunde der Religion eher gleichgültig gegenüberstand, selbst wenn er seinerseits eine restriktive Politik gegen Andersgläubige verfolgt hatte, um die Kritiker, die eine Rückkehr zur Orthodoxie verlangten, zu beschwichtigen.

In Agra verfolgte man den Plan, den rebellischen Prinzen jeweils ein Heer entgegenzuschicken und zu versuchen, sie zu schlagen, ehe es ihnen gelang, ihre Streitkräfte zu vereinigen und gemeinsam gegen die Residenz, wo nun Dara de facto regierte, vorzugehen. Doch nur im Osten, wo Prinz Schudscha in der Gegend von Benares geschlagen wurde, hatte diese Gegenmaßnahme Erfolg. An den beiden anderen Fronten konnte eine Vereinigung der beiden Heere, die Aurangseb und Murad zusammengezogen hatten, nicht verhindert werden, und obwohl es auch hier zu einer Schlacht kam, an einem Ort namens Dharmat, wo am 15. April 1658 die feindlichen Heere aufeinandertrafen, trugen diesmal die Rebellen den Sieg davon. Ermutigt durch diesen Erfolg, setzten sie ihren Weg nach Norden fort.

Dara entschloß sich nun, selbst das Kommando über ein neues Heer zu übernehmen, mit dem er sich dem anrückenden Feind entgegenstellen wollte. Manucci, der sich unter anderem auch als Kanonier verdingte und sich dem Heer Daras anschloß, hat uns einen eindrucksvollen Bericht von der Streitmacht hinterlassen, die da dem vereinten Heer der rebellierenden Prinzen entgegenzog: »Wir begannen unseren Marsch mit einem solch großen Aufgebot, daß es schien, als ob Meer und Land sich vereinigten. Prinz Dara, inmitten seiner Reiter, sah aus wie ein Turm aus Kristall, schimmernd wie eine Sonne, die über das ganze Land scheint. Um ihn herum ritten zahllose Abteilungen radschputischer Reiterei, deren Rüstung von fern glänzte, während die Spitzen ihrer Lanzen blitzende Lichtstrahlen aussandten. Es gab auch noch andere Reiterabteilungen, die mit Lanzen bewaffnet waren; ihnen voraus zogen viele wilde Elefanten, die von schimmerndem Stahl geschützt waren und am Rüssel Ketten trugen, während ihre Stoßzähne mit Gold und Silber geschmückt und mit breiten Entermessern versehen waren, die man mit Ringen daran befestigt hatte. Vorweg schritt ein Elefant, der eine stattliche Fahne trug, und der Mahout, der das Tier führte, war mit Schwert und Schild bewaffnet.«

Der Plan, den Dara verfolgte, sah vor, das Vorrücken der feindlichen Brüder am Tschambal, einem Nebenfluß des Dschumna, der eine Grenze zwischen dem Kerngebiet der Mogulherrschaft in Agra und Delhi und Bundelkhand, einem der traditionellen Bollwerke der Radschputen, bildete, aufzuhalten. Die Übergänge über den Fluß wurden besetzt, in der Hoffnung, diese Grenzlinie zu halten. Doch die Bundela-Radschputen, die sich der Herrschaft der Moguln nur widerwillig unterworfen hatten, sahen eine Chance, Vergeltung zu üben, und verrieten Aurangseb, der die vereinigte Armee, die aus dem Süden anrückte, befehligte, eine unbewachte Furt. So konnte die Streitmacht der beiden aufständischen Prinzen ohne Widerstand den Fluß überqueren. Das hätte Dara zwar immer noch die Möglichkeit gegeben, den Feind anzugreifen, solange der, da er nicht seine ganze Streitmacht auf einmal über den Fluß bringen konnte, geschwächt war. Doch nun rächte sich, was sich Schah Dschahan unbekümmert gegenüber seinen Untergebenen herausgenommen hatte: Einer von ihnen, Khalillulah Khan, der Dara als militärischer Berater diente, hatte Schah Dschahan die Schmach, die dieser ihm zufügte, als er ihm die Frau ausspannte, nicht vergolten. Vielmehr sah er nun seine Chance gekommen, Rache zu üben, indem er Dara, der in militärischen Dingen völlig unerfahren war, davon abriet, sogleich gegen den Feind vorzurücken, und ihm statt dessen empfahl, sich in die Nähe von Agra zurückzuziehen. Hier, an einem Ort namens Samugarh, kam es am 29. Mai 1658 zur Entscheidungsschlacht.

Die Schlacht zog sich einen ganzen Morgen hin, und obwohl Dara in der Führung eines Feldzuges unerfahren und von Verrätern umgeben war, war es keinesfalls sicher, wer den Sieg erringen würde; zumal Dara unerwarteten Kampfesmut entwickelte und seine Gegner in arge Verlegenheit brachte. »Dann«, berichtet Manucci, »griff er [Dara] mit solcher Entschlossenheit, solchem Mut, solchem Zorn und solcher Heftigkeit den Gegner an, daß er die Reihe der Kanonen durchbrach und bis in das Lager vordrang, wo er Kamele, Fußsoldaten und alles, was sich dort befand, in die Flucht schlug.«

Der Sieg schien in greifbarer Nähe, doch Khalillulah Khan setzte sein verräterisches Werk fort, indem er Verstärkung zurückhielt. Was Manucci zu der Bemerkung veranlaßte: »Wenn dieser feige Verräter Khalillulah Khan auch nur die geringste Anstrengung unternommen hätte, dem Prinzen Dara zu Hilfe zu kommen, dann gäbe es keinen Zweifel, daß dieser Tag zum Zeugen der Vernichtung der Rebellen geworden wäre und Schah Dschahan Trost, Dara Ruhm und ganz Hindustan Frieden gebracht hätte.«

Statt dessen wendete sich das Blatt, und die Reihen der Angreifer, die schon die Oberhand gewannen, lichteten sich. Bis schließlich auch Ram Singh, einer der treuesten Gefolgsleute aus den Reihen der Radschputen, fiel. Es geschah dies bei einem der dramatischeren Zusammenstöße dieser Schlacht. Wie Manucci in seiner Schilderung fortfährt: »Aber es scheint, als ob Gott Schah Dschahan für seine Sünden und Lasterhaftigkeit und den anmaßenden Stolz Hindustans bestrafen wollte. Denn es erreichte Dara erneut eine Nachricht, die noch viel niederschmetternder war – die Nachricht vom Tode Ram Singhs [...]. Dieser Radscha griff mit solcher Entschlossenheit Prinz Murad [...] an, daß er die Reihen des Feindes durchbrach und ihm schwer zu schaffen machte. Er trieb ihre Vorhut auseinander, erbeutete ihre Artillerie und kam mit seinen tapferen Radschputen Murad so nahe, daß er seinen Elefanten und die Howdah mit Pfeilen bespickte und den Mahout, der den Elefanten lenkte, tötete. Schließlich trafen sie Murad mit drei Pfeilen im Gesicht. Er hatte alle Hände voll zu tun, sein Leben zu verteidigen, den Elefanten zu führen und seinen aufgeregten kleinen Sohn [der mit ihm in der Howdah saß] zu beschützen. Der Junge war so begierig zu sehen, was geschah, daß sein Vater gezwungen war, ihn mit einem Schild zu bedecken und einen Fuß auf seinen Kopf zu setzen.«

Prinz Murad zeichnete sich in dieser Schlacht nicht weniger aus als sein älterer Bruder, gegen den er in den Kampf gezogen war. Obwohl er schwer verletzt war, gelang es ihm doch, seinen Widersacher zu bezwingen. Freilich nutzte er den Vorteil, den der Kampf auf dem Rücken eines Elefanten bot, während die Radschputen, die ihrerseits ein Beispiel ihrer sprichwörtlichen Tapferkeit gaben, jede Vorsicht in den Wind schlugen. Manucci berichtet weiter: »Es gab niemanden auf der Seite Aurangsebs, der so tapfer kämpfte wie dieser Prinz [Murad]. Herausgefordert durch diesen Widerstand und in der Erkenntnis, daß man ihn [Murad] nicht so einfach töten konnte, saßen Ram Singh und einige seiner Radschputen ab und sprangen wie tobende Hunde an dem Elefanten hoch, in der Hoffnung, die Riemen [mit denen die Howdah befestigt war] mit ihren Schwertern und Lanzen zu durchtrennen und somit Murad zu Fall zu bringen. Dieser ergriff die Gelegenheit, als er sah, daß sich ihm ein günstiges Ziel bot, und schoß Ram Singh einen

Pfeil in die Brust, der daraufhin zu Boden stürzte. Der Elefant wandte sich um und packte ihn mit seinem Rüssel, und indem er ihn vor seine Füße schleuderte, tötete er ihn. Als die Radschputen sahen, daß ihr geliebter Anführer tot war, steigerten sie sich noch in ihrem Kampfesmut und schlugen sich tapferer als je zuvor.«

Aber es nutzte ihnen nichts: Dara ließ sich erneut von Khalillulah Khan zu einem taktischen Fehler verleiten, indem dieser ihn überredete, vom Rücken seines Elefanten auf ein Pferd überzuwechseln, was ihn zwar beweglicher, aber auch weniger sichtbar machte, weshalb man dachte, er sei gefallen, und sich sein Heer auflöste. Unterdessen traf Khalillulah Khan Vorkehrungen, zum Feind überzulaufen. Dara blieb nur, die Flucht zu ergreifen, wollte er nicht in Gefangenschaft geraten. Damit war der Weg nach Agra für die Sieger, die ihren Triumph nicht nur ihrer Tapferkeit verdankten, frei. Schah Dschahan aber hatte seinen letzten Trumpf verloren. Die Ironie dabei ist, daß ihm just das zum Verhängnis geworden war, was doch eigentlich seinem Ruf, einer unsterblichen Liebe wegen ein Denkmal von überirdischer Schönheit errichtet zu haben, gänzlich widersprach. Die Wahrheit wurde nur zu deutlich durch die Niederlage, die sein Heer bei der Schlacht von Samugarh hinnehmen mußte. Doch man täte Schah Dschahan Unrecht, würde man ihn der Heuchelei bezichtigen: Treue im herkömmlichen Sinne gehörte nicht zu seinen Tugenden und auch nicht zu den Normen, die die islamische Tradition, der die Moguln verhaftet waren, vorschrieb. Aber Schah Dschahan schätzte nicht nur den physischen Aspekt der Liebe. Höher erachtete er die gefühlsmäßige und wohl auch geistige Bindung, die zwischen Mann und Frau bestehen kann. Darin folgte er dem Beispiel seines Vaters, und durchaus nicht der Tradition des Islam. Insofern war das Schicksal, das Schah Dschahan in der letzten Phase seines Lebens ereilte, eher unverdient. Immerhin hatte er sich über die Tradition seines Glaubens hinweggesetzt, der der Frau nun einmal weder Ehre noch Recht zuerkennt. Dafür hätte man ihm ein besseres Los gegönnt.

EIN BLICK IM SPIEGEL Das Heer der beiden siegreichen Prinzen erreichte am 1. Juni 1658 Agra, wo es bei der Besetzung der Stadt keinen Widerstand gab. Dara, der in Agra kurz Station gemacht hatte, war weiter in Richtung Delhi geflohen, und Schah Dschahan, der nach der Übersiedlung aus Delhi wieder in der Festung von Agra residierte, war nicht in der Lage, der Streitmacht seiner beiden rebellischen Söhne Widerstand zu leisten. Er sah sich vielmehr gezwungen, Aurangseb, der die Führung im Heer der Aufständischen übernommen hatte, eine Friedensoffensive zu unterbreiten, und lud ihn zu Verhandlungen in den Palast ein. Um seinen guten Willen zu unterstreichen, übersandte der Kaiser seinem Sohn als Geschenk ein kostbares Schwert, das als Alamgir, »Eroberer des Universums«, bekannt war. Aurangseb nahm das Schwert dankbar an und legte sich schließlich sogar, als er den Thron bestieg, den Titel »Alamgir« zu. Doch lehnte er es ab, mit seinem Vater, dem Kaiser, zu verhandeln, solange dieser ihm nicht die Festung, in der er sich verschanzt hatte, übergeben hatte. Dazu aber war Schah Dschahan nicht bereit, so daß Aurangseb eine regelrechte Belagerung der Festung anordnete. Geschütze wurden in Stellung gebracht, doch gegen die mächtigen Wälle der Festung richteten sie nicht viel aus. Deshalb verfiel man auf eine andere Taktik, die erfolgversprechender war. In einer der zeitgenössischen Quellen heißt es dazu: »Die Belagerung begann noch in derselben Nacht [am 16. Juni 1658], doch es wurden keine großen Erfolge erzielt, bis der Prinz [Aurangseb] auf die Strategie verfiel, die Wasserzufuhr aus dem Dschumna zu unterbrechen. Da die Brunnen innerhalb der Festung durch Nichtgebrauch brackig geworden waren, befand sich die Garnison bald in großer Not wegen des Mangels an Wasser und der unerträglichen Hitze des Sommers. Zum vierten Mal wurde Fazil Khan [der Unterhändler] vom Kaiser ausgesandt, um eine Einigung zu erzielen, doch der Prinz war unnachgiebig und forderte die sofortige Übergabe der Festung als Bedingung für sein Erscheinen vor seinem königlichen Vater. Da es keinen anderen Ausweg gab, wurden am 17. [des Monats] Ramadan 1068 n.d.H. (18. Juni 1658) die Tore geöffnet, und der älteste Sohn des Prinzen, Muhammad Sultan, drang mit anderen Offizieren in die Festung ein, um sie in Besitz zu nehmen und den nun machtlosen Kaiser in seinem Palast gefangenzusetzen.« Der Chronist fügt hinzu: »So wurde an diesem Tag – nach einer Herrschaft von 31 Jahren, drei Monaten und neun Tagen nach dem Mondkalender oder 30 Jahren, vier Monaten und vier Tagen nach der Sonnenrechnung – Schah Dschahan seines erhabenen Thrones beraubt und gezwungen, als Herrscher von Hindustan abzutreten.«

Erst jetzt war Aurangseb bereit, seinen entmachteten Vater zu besuchen. Doch als er schon auf dem Wege war, in zeremoniellem Pomp Einzug in der Festung von Agra zu halten, wurde ihm im letzten Moment eine Warnung zuteil: Man habe ein Komplott geplant – tatarische Sklavinnen, die als Bewacherinnen des königlichen Harems dienten, sollten Aurangseb töten. Der Prinz zögerte: Von Frauen, noch dazu von Sklavinnen, wollte er sich nicht von seinem Vorhaben abbringen lassen; das vertrug sich nicht mit seinem Selbstverständnis als rechtgläubiger und somit chauvinistischer Muslim, der sich von Frauen nicht einschüchtern ließ. Aber auch seiner Ehre als zukünftiger Kaiser würde ein solches Zurückweichen abträglich sein. Doch bevor er sein Vorhaben wiederaufnehmen konnte, erreichte ihn eine weitere Nachricht, die den Nachweis erbrachte, daß Schah Dschahan nach wie vor zu seinem ältesten Sohn stand und ihn seiner weiteren Unterstützung versicherte. Aurangseb verzichtete nun auf einen Besuch bei seinem Vater, ordnete statt dessen eine verschärfte Bewachung an und traf Vorbereitungen, die Verfolgung Daras aufzunehmen. Am 23. Juni machte er sich auf den Weg nach Delhi.

Unterwegs gab es einen bemerkenswerten Zwischenfall: In der Gegend von Mathura, wo Aurangseb Station gemacht hatte, kam es zu einer Zusammenkunft zwischen ihm und seinem Mitstreiter, Prinz Murad. Dieser war, obwohl er sich bei der Schlacht von Samugarh tapfer geschlagen hatte, durch die Ereignisse in Agra, an denen er wegen einer Verletzung nicht teilhaben konnte, ins Hintertreffen geraten und befürchtete, ausgebootet zu werden. Er nahm deshalb die Einladung seines Bruders zu einer Unterredung, die in Form eines Festgelages stattfand, an und gedachte so, seinen Einfluß wieder zur Geltung zu bringen. Doch er beging den Fehler, dem Wein, den Aurangseb ihm vorsetzte, allzu sehr zuzusprechen und darüber hinaus den verführerischen Reizen einer Sklavin, die Aurangseb ihm aufdrängte, zu erliegen. Das führte dazu, daß er jede Vorsicht außer acht ließ und nicht in der Lage war, Widerstand zu leisten, als er – nach durchzechter Nacht und erschöpfendem Liebesgetändel – am Morgen erwachte und in Ketten gelegt wurde. Als man Delhi erreichte, wurde er auf einer Insel in der Nähe der Stadt, inmitten des Dschumna, gefangengesetzt.

Dara hatte sich rechtzeitig abgesetzt und begann nun eine Odyssee, die ihn zuerst nach Lahore, dann wieder in den Süden, nach Sind und Gudscherat, führte, ehe er – stets auf der Flucht – nach Radschasthan auswich, zurück nach Gudscherat hetzte und schließlich – als er sich entschlossen hatte, wie einst Humajun in Persien Zuflucht zu suchen – in Sind aufgegriffen wurde.

Man brachte ihn nach Delhi, wo Aurangseb ihm den Prozeß machte und ihn hinrichten ließ. In den Chroniken heißt es dazu: »Am Abend desselben Tages [da man Dara und seinen Sohn im Triumph durch die Straßen Delhis geführt hatte: am 8. September 1659] wurde in der Halle der Privataudienzen eine dringende Versammlung abgehalten, die den Beschluß faßte, Dara Schukoh zu töten, mit der Begründung, daß er den Islam verraten habe, und außerdem, weil es im Interesse des Staates sei. Gemäß dem Befehl Alamgirs [Aurangsebs] betraten Nazar Beg und einige andere Sklaven die Zelle, wo Dara Schukoh und sein Sohn Sipihr Schukoh eingesperrt waren. Als sie versuchten, den Jungen wegzuführen, erkannte Dara Schukoh, daß sein Ende nahe war. Zuerst bat er darum, daß sein Sohn bei ihm bleiben dürfe, und dann versuchte er, sich mit einem kleinen Messer, das er unter der Matratze versteckt hatte, zu verteidigen. Doch seine Anstrengungen waren vergebens, und die Henker überwältigten ihn schnell. Nachdem die blutige Tat vollbracht war, wurde der abgetrennte Kopf Alamgir überbracht, der befahl, daß der blutverschmierte Leichnam ein zweites Mal durch die Straßen getragen und dann ohne Zeremoniell in einer Gruft im Grabmal des Kaisers Humajun in Süden der Hauptstadt beigesetzt wurde.«

Damit hatte Aurangseb, der sich bereits am 31. Juli 1658 zum Kaiser hatte ausrufen lassen, seinen ärgsten Widersacher beseitigt. Doch seinem Wunsch nach Vergeltung war damit noch nicht Genüge getan; denn er hatte es nicht verwunden, daß Schah Dschahan ihn, der er für ihn ins Feld gezogen war und sich als fähiger Administrator erwiesen hatte, gegenüber Dara, der keinerlei Erfolge hatte aufweisen können, stets benachteiligt hatte. Dafür wollte er nun Vergeltung üben, auch seinem Vater gegenüber. Er wählte dazu ein besonders makabres Mittel: Er ließ das abgeschlagene Haupt Daras nach Agra bringen und dem Eunuchen Itibar Khan, der Schah Dschahan bewachte, ausrichten, damit in besonderer Weise zu verfahren. »Als Itibar Khan den Befehl Aurangsebs erhalten hatte«, berichtet Manucci, der am Schicksal Daras, in dessen Diensten er gestanden hatte, besonderen Anteil nahm, »wartete er, um ihn auszuführen, bis zur Stunde, da Schah Dschahan sich zum Mittagessen niedergesetzt hatte. Als er zu essen begonnen hatte, trat Itibar Khan mit ... [einer] Schachtel ein und stellte sie vor den unglücklichen Vater, wobei er sagte: ›König Aurangseb, Euer Sohn, schickt dieses Gericht Eurer Majestät, damit Ihr seht, daß er Euch nicht vergißt.‹ Der alte Kaiser sagte: ›Gesegnet sei Gott, daß mein Sohn sich meiner noch erinnert.‹ Dann befahl er mit großer Erwartung, die Schachtel, die auf dem Tisch stand, zu öffnen. Plötzlich, als die Schachtel geöffnet wurde, entdeckte er das Gesicht Prinz Daras. Entsetzt stieß er einen Schrei aus und ließ sich auf seine Hände und das Gesicht fallen, so daß er gegen die goldenen Schüsseln auf dem Tisch schlug, sich einige Zähne brach und scheinbar leblos liegenblieb. Begam Sahib und die anderen Frauen, die zugegen waren, brachen in ein Wehklagen aus, schlugen sich auf die Brüste, zerrten an ihren Haaren, zerbrachen ihren Schmuck und zerrissen ihre Kleider.«

Aurangseb hatte kein Mitleid mit seinem Vater. Anders als im Falle Dschahangirs, der von der Bühne der Geschichte abtrat, ehe sich die Auseinandersetzung zwischen ihm und Schah Dschahan verschärfen konnte, blieb diesem die Schmach einer langen Gefangenschaft nicht erspart. Sie dauerte acht Jahre und endete erst mit seinem Tod.

Schah Dschahan war, nachdem er sich den Belagerern hatte ergeben müssen, im Palast der Festung festgenommen worden, wo man ihm seine Privatgemächer als Gefängnis zuwies, das er nicht mehr verlassen durfte. Zunächst hoffte er, daß die Gefangenschaft nur ein vorübergehendes Übel sein würde. Denn obwohl die beiden rebellierenden Prinzen, Aurangseb und Murad, einstweilen die Oberhand gewonnen hatten, war nicht auszuschließen, daß die beiden anderen Söhne, nicht nur Dara, sondern auch Schudscha, der sich von seiner Schlappe erholt hatte und vielleicht doch noch auf die Seite der Königstreuen einschwenken würde, am Ende schließlich doch den Sieg davontragen würden. Diese Hoffnung aber erfüllte sich nicht: Dara war nur der erste, der dem Kampf um den Thron zum Opfer fiel. Prinz Schudscha wurde erneut geschlagen und flüchtete in das Grenzgebiet zwischen Bengalen und Burma, wo er gänzlich von der Bildfläche verschwand. Man hörte nie wieder etwas von ihm.

Auch Prinz Murad, der freilich kein Parteigänger seines Vaters war, ereilte das Schicksal: Nachdem er in die Festung von Gwalior überführt worden war, strengte Aurangseb unter fadenscheinigen Anschuldigungen einen Prozeß gegen ihn an und ließ ihn hinrichten. Er starb unter dem Schwert des Henkers am 4. Dezember 1661. Damit war Aurangseb all seiner Rivalen ledig und somit unumschränkter Herrscher über das Reich der Moguln.

Als Schah Dschahan einsehen mußte, daß all seine Hoffnungen vergebens waren, fügte er sich in das Unvermeidliche. Immerhin war er zwar Gefangener, aber er lebte in einem goldenen Käfig. Auch wenn er in seiner Bewegungsfreiheit eingeschränkt war, indem man ihm nur einen Teil des Palastes überlassen hatte, so fehlte es ihm doch nicht an Annehmlichkeiten. Dazu gehörte nicht zuletzt sein Harem, dessen Lockungen er auch weiterhin nicht abgeneigt war.

Allerdings, je länger die Gefangenschaft dauerte, desto ungeduldiger wurde Aurangseb. Solange der entmachtete Kaiser lebte, war sich der Usurpator nicht sicher, daß es nicht doch noch einen Umsturz geben könnte. Er sann deshalb darauf, wie er das Ende seines Vaters beschleunigen könnte. Manucci, der an den Ereignissen in Agra regen Anteil nahm und sich vor Ort informierte, indem er auch die Festung besuchte, berichtet: »Um das Leben seines Vaters schnell zu beenden, gab er [Aurangseb] den Befehl, seine Gefangenschaft zu verschärfen. Er befahl, daß ein Fenster, das dem Fluß zugewandt war und wo Schah Dschahan, um den Ausblick zu genießen, zu sitzen pflegte, zugemauert wurde. Eine Abteilung mit Musketen Bewaffneter bezog unterhalb des Palastes Stellung und erhielt Anweisung zu feuern, um den alten Mann zu stören, und auf ihn zu schießen, wenn er sich am Fenster zeigte. Um sein Ungemach zu erhöhen, wurde weiterhin das meiste, was er an Gold und Silber angehäuft hatte, fortgeschafft, wobei man soviel Lärm wie möglich machte, so daß Schah Dschahan es hören konnte und darüber in Schwermut verfallen würde.«

In der Tat waren die Schätze, die Schah Dschahan angehäuft hatte, ein Trost gewesen, hatte er, der zum Nichtstun verurteilt war, sich daran doch immer wieder erfreut, und es heißt, daß er sich heftig widersetzte, als man ihm auch noch seine Perlen rauben wollte. Lieber würde er sie in einem Mörser zerstampfen, als sie Aurangseb zu überlassen! Im übrigen aber nahm er die Schikanen, mit denen man ihn zu zermürben versuchte, gelassen. Wie Manucci weiter berichtet: »Aber auch Schah Dschahan trieb seine Spielchen und tat so, als bekümmere ihn das alles nicht; und so beantwortete er die Schreie, den Lärm und die Musketenschüsse mit Musik, Tanz und Unterhaltung und führte weiterhin ein fröhliches Leben mit seinen Frauen und Konkubinen.«

Das nun war Aurangseb ein besonderer Dorn im Auge, denn – ganz anders als Schah Dschahan – war er allen Vergnügungen abhold und führte ein puritanisches Leben. Sein Ärger war schließlich so groß, daß er wiederholt, wenn auch nur halbherzig den Versuch unternahm, das Ende seines Vaters gewaltsam herbeizuführen, indem er Anweisungen gab, ihn zu vergiften. Was jedoch mißlang. So zog sich die Gefangenschaft, im Wechsel zwischen Schikane und störrischem Widerstand, scheinbar endlos hin. Bis schließlich ein Ereignis eintrat, das der Farce ein Ende bereitete. Die genaueren Umstände sind nicht bekannt, doch Manucci weiß zu berichten: »Noromgabadi [Akbarabadi], die Frau Schah Dschahans, hatte zwei hübsche Dienerinnen, die eine nannte sich Aftab, das bedeutet ›Sonne‹, und die andere Mahtab – das heißt ›Mond‹. Als sie sah, das Schah Dschahan sich zu ihnen hingezogen fühlte, überließ sie sie ihm zu seinem Vergnügen.

Eines Tages stand Schah Schahan vor einem Spiegel und stutzte seinen Bart, und diese beiden Frauen standen hinter ihm. Die eine machte der anderen ein Zeichen, so als mache sie sich über den alten Mann lustig, der sich als Jüngling ausgeben wollte. Schah Dschahan bemerkte die Geste, und da er sich in seiner Ehre gekränkt fühlte, nahm er Zuflucht zu Drogen, um dadurch seine Kraft wiederzuerlangen und sich seinem gewohnten Laster hinzugeben.« Dabei, so fährt Manucci, der Quacksalber, fort, sei es zu ähnlichen Komplikationen gekommen wie bei jener plötzlichen Erkrankung, die das Unglück, das den Lebensabend des Kaisers überschattete, ausgelöst hatte. Mit anderen Worten: ein Aphrodisiakum habe ihm neuerlich zu schaffen gemacht, diesmal mit tödlichem Ausgang. Wenn es tatsächlich so war, dann hatte Schah Dschahan einen letzten Triumph über seinen sittenstrengen Sohn errungen: Nicht Gift, sondern Liebesperlen hatten den Abgang des Kaisers ins Paradies bewirkt!

Verhaltener ist freilich die Darstellung der Hofchronisten, bei denen diskret von Ruhr die Rede ist. Aber was auch immer der Auslöser für die neuerliche plötzliche Erkrankung war, das Ende ließ sich nicht mehr aufhalten. Und so heißt es in der offiziellen Darstellung des Dahinscheidens Schah Dschahans: »Als er erkannte, daß seine Zeit gekommen war, gab der einstige Kaiser Anweisungen für sein Begräbnis und letzte Riten und ließ die traditionellen weißen Totentücher herbeibringen. Er trug seiner geliebten Tochter, der Prinzessin Dschahanara, auf, sich um seine Frau Akbaradi Mahal und die anderen Frauen des Palastes zu kümmern – besonders Prinzessin Parhiz Banu, die das älteste aller Kinder Schah Dschahans war, das seine erste Frau, die Tochter von Mirza Muzaffar Husain Safawi, ihm geboren hatte. Er bat sie außerdem, um seinetwegen und auch für sich aus dem Koran zu rezitieren. Während der Kaiser seine letzten Worte an alle jene Vertrauten richtete, die sich um ihn versammelt hatten, wurde Prinzessin Dschahanara von Kummer überwältigt; und um sie zu trösten, sagte er das Glaubensbekenntnis auf und begann außerdem, den traditionellen koranischen Vers aufzusagen: ›Unser Herr, gib uns hienieden Gutes und im Jenseits Gutes und hüte uns vor der Strafe des Feuers.‹ Mit diesen Worten tat Schah Dschahan am Montag, dem 26. [des Monats] Radschab 1076 (31. Januar 1666), als drei *ghari* [sieben Stunden] der Nacht verstrichen waren, seinen letzten Atemzug. Nach der Mondrechnung betrug sein Alter 76 Jahre, drei Monate und 26 Tage; nach dem Sonnenkalender 74 Jahre und 16 Tage.«

Schah Dschahan, wie auch immer sein Lebenswandel gewesen war, hatte immerhin ein Alter erreicht, das um einiges höher lag, als es seinen Vorgängern beschieden gewesen war. Nur Aurangseb, der nun sein letztes Ziel, tatsächlich alleiniger Herrscher zu sein, erreicht hatte, sollte ein längeres Leben vergönnt sein. Allerdings verstand er es, sich von niemandem verdrängen zu lassen, und entging so dem Schicksal, das er seinem Vater auferlegt hatte.

III ZUM RUHME INDIENS

SCHWARZER MARMOR »Als der Kaiser gestorben war, gab Prinzessin Dschahanara [...] Anweisung, den Leichnam vom *Schah Burdsch* in die angrenzende Halle zu bringen, wo er gebadet und für die Beisetzung vorbereitet wurde. Obwohl die Prinzessin den Wunsch hegte, ein großes öffentliches Begräbnis zu veranstalten, bei dem der Leichnam Schah Dschahans in einer Prozession, mit allen Ehren und feierlichem Zeremoniell, durch die Straßen der Stadt getragen werden sollte, so besaß sie doch nicht die nötige Ermächtigung dazu. Denn zu dieser Zeit befand sich der Kaiser Alamgir in Schadschahanabad [Delhi], und er hatte angeordnet, daß alles, was seinen königlichen Vater betraf, von seinen Beamten entschieden werden sollte.«

Dem Wunsch Dschahanaras, die ihren Vater während seiner Gefangenschaft umsorgt hatte, wurde nicht entsprochen. Im Gegenteil, es sollte so wenig Aufsehen wie möglich erweckt werden. Und so wurde denn in aller Eile und Heimlichkeit der Leichnam Schah Dschahans aus dem Palast geschafft und an den Ort gebracht, wo er beigesetzt werden sollte. In den offiziellen Quellen heißt es dazu weiter: »Folglich wurde, gerade noch, bevor der Tag begann (in den frühen Stunden des 1. Februar 1666), der Leichnam die Treppen des *Schah Burdsch* hinabgetragen und durch ein Tor am Ende der Treppe, das für diesen Zweck extra geöffnet wurde, geschafft. Die kleine Prozession von Trauernden passierte eine Pforte in den äußeren Verteidigungsanlagen der Festung, und der Leichnam wurde, indem man ihn auf ein Boot verfrachtete, den Fluß hinab zu dem prächtigen Grabmal der ehemaligen Königin Mumtas Mahal gebracht, das sich am Ende eines ausgedehnten Gartens befindet, der von seinem Erbauer offensichtlich als eine Art von Abbild des himmlischen Paradieses gedacht war. Dort wurde, als der Tag angebrochen war und man die traditionellen Gebete gesprochen hatte, sein Leichnam feierlich in der Krypta des Mausoleums beigesetzt. Der Titel *Firdaus Aschijani* (›Im Paradies ruhend‹) wurde der Name, den man schließlich Schah Dschahan gab, und an sein Dahinscheiden erinnerte man mit den Worten:

Schah-i-dschahan kard wafat.
(Der König der Welt ist nicht mehr.)«

Aus den Quellen wird nicht genau ersichtlich, in welcher Weise die Beisetzung erfolgte. Handelte es sich tatsächlich nur um einen Akt, der in aller Eile und Verschwiegenheit vollzogen wurde? Manucci weiß immerhin zu berichten: »Als er [Aurangseb] in Agra angekommen war, begab er sich zum Grabmal ... [Mumtas Mahals] und wartete dort auf den Leichnam seines Vaters.« Dschahanara wollte, während der Leichnam zum Mausoleum gebracht wurde, zweitausend Goldmünzen an die Armen verteilen, wie es in einem solchen Fall üblich war. Doch man hinderte sie daran, mit dem Hinweis, daß Gefangene nichts zu verschenken hätten, und nahm ihr das Geld ab. Schließlich langte der Leichnam am Mausoleum an. Manucci vermerkt dazu weiter: »Als der Leichnam beim Grabmal anlangte, betete Aurangseb und bekundete große Ehrerbietung, wobei er sich die Augen wischte, so als ob er weinte.« Aufrichtige Trauer empfand Aurangseb offensichtlich nicht. Manucci, der allerdings kein Freund Aurangsebs war, läßt durchblicken, daß es Aurangseb vor allem darum ging, sich zu vergewissern, daß sein Vater auch tatsächlich tot war. Er erwähnt, daß Aurangseb, als er vom Tod Schah Dschahans erfuhr, angeordnet habe, daß man einen glühenden Eisenstab an die Fußsohlen seines Vaters halten sollte, und selbst dann, wenn er sich nicht rühre, sollte eine weitere Probe vorgenommen werden, indem man »den Schädel bis zur Kehle« durchbohrte, um auch wirklich sicherzugehen, daß Schah Dschahan nicht mehr am Leben war.

Was auch immer Aurangseb beim Tode seines Vaters unternahm, eines ist gewiß: Er ließ ihn im Tadsch Mahal, an der Seite Mumtas Mahals, beisetzen. Das war möglicherweise gar nicht der Wunsch des Verstorbenen gewesen. Denn bei Tavernier, dessen berufliches Interesse zwar vorrangig auf Edelsteine gerichtet war, der darüber hinaus aber auch ein umfängliches Werk über seine Beobachtungen in Indien hinterließ, findet sich der Hinweis, daß Schah Dschahan womöglich an ein eigenes Mausoleum dachte: »Schah Dschahan begann mit dem Bau eines eigenen Grabmals auf der anderen Seite des Flusses, doch der

Krieg mit seinen Söhnen unterbrach seinen Plan, und Aurangseb, der zur Zeit regiert, ist nicht gewillt, es zu Ende zu führen.«

Angeblich sollte dieses Grabmal aus schwarzem Marmor errichtet werden und durch eine Brücke, die über den Dschumna führte, mit dem Tadsch Mahal verbunden werden. Ein gewaltiges Werk, das durchaus dem Wesen Schah Dschahans, der vor allem ein prunksüchtiger Bauherr war, entsprochen hätte. Doch ob er tatsächlich ein solches zusätzliches Bauwerk ins Auge faßte oder gar mit den Arbeiten dazu begann, ist ungewiß. Untersuchungen auf der dem Tadsch Mahal gegenüberliegenden Seite des Flusses brachten keinen eindeutigen Nachweis zutage, auch wenn Spuren, die man hier fand, auf die Fundamente eines Mausoleums hindeuten könnten. Unbestritten ist, daß es nie zur Vollendung eines solchen Baues kam und daß Schah Dschahan an der Seite Mumtas Mahals im Tadsch Mahal beigesetzt wurde. Doch auch hier ergeben sich einige Zweifel, nicht nur, was den tatsächlichen Ort betrifft, an dem die sterblichen Überreste beigesetzt wurden (ob sie sich wirklich in der Krypta befinden, wie allgemein angenommen wird, ist nicht erwiesen). Was besonders auffällig ist und durchaus nicht der Harmonie, die das Tadsch Mahal auszeichnet, angemessen erscheint, das ist der Umstand, daß es nicht nur nicht der Kenotaph beziehungsweise Sarkophag Schah Dschahans ist, der im Mittelpunkt der Halle beziehungsweise der Krypta steht, sondern daß er auch, geradezu als sei er lediglich ein Anhängsel, neben dem Grab Mumtas Mahals, das die Mitte einnimmt, seinen Platz gefunden hat. Der dadurch vermittelte Eindruck deutet darauf hin, daß hier, sozusagen in einem Nachgedanken, jemand zusätzlich beigesetzt wurde, für den ein entsprechender Ort gar nicht vorgesehen war. Es scheint dies den Hinweis zu bestätigen, daß Schah Dschahan eigentlich daran gedacht hatte, für sich ein eigenes Mausoleum zu errichten. Da er an dessen Fertigstellung gehindert wurde, blieb nur die Möglichkeit, ihn an der Seite Mumtas Mahals zu bestatten, wobei er sich nun, im Tode, eindeutig mit einer Nebenrolle begnügen mußte. War auch dies Absicht, insofern als Aurangseb das Andenken an seinen Vater weiter schmälern wollte?

Auf jeden Fall rückte Aurangseb, der nicht nur puritanisch, sondern auch sparsam war, kein Geld für eine neue Extravaganz, als die ihm ein Pendant zum Tadsch Mahal erscheinen mußte, heraus. Überliefert ist eine Bemerkung, die er machte: »Die Rechtmäßigkeit eines größeren Gebäudes über einem Grab ist zweifelhaft, und was die Verschwendung der Mittel betrifft, die dafür aufgewandt wurden, so besteht daran kein Zweifel.« Damit meinte Aurangseb das Tadsch Mahal, das nicht nur Unsummen gekostet hatte, sondern auch gegen die Gesetze des Islam verstieß.

Schah Dschahan, der in Glaubensfragen aufgeschlossener war, hatte das weniger eng gesehen. Wobei die Frage offenbleibt, was er denn nun wirklich mit dem Bau des Tadsch Mahal bezweckt hatte. Ein Grabmal für seine Vielgeliebte, das zugleich auch ein Abbild des Paradieses auf Erden war? Sozusagen als Trost für den Hinterbliebenen. Oder zugleich auch ein Grabmal für sich selbst, wo dann nach seinem Tode natürlich er im Mittelpunkt der Verehrung stehen würde? Es scheint, daß er sich selbst nicht recht im klaren war, was er mit seiner monumentalen Grabanlage vor den Toren von Agra wirklich bezweckte. Ein Andenken an seine verstorbene Königin zweifellos. Und wenn er ihr auch durch die Verlegung der Hauptstadt nach Delhi, wo er fortan residierte, untreu geworden war, so hatte er doch in den letzten Jahren seines Lebens genügend Gelegenheit, im Anblick des Tadsch seiner einstigen großen Liebe zu gedenken. Jener »Schah Burdsch«, eigentlich Musamman Burdsch, »Achteckiger Turm«, genannt, war eine Art Erker, der den Palast in Agra schmückte. Hier wurde Schah Dschahan gefangengehalten, doch er hatte das Glück, daß der Turm, der auf den Fluß hinausging und mit einer Veranda versehen war, ihm einen Blick auf das Tadsch gewährte, das hinter der Biegung des Flusses zu sehen war. Wenn er auf der Veranda saß und über den Fluß in die Ferne schaute, wurde ihm aber wohl auch bewußt, daß er auch seinen eigenen Tod betrachtete. Aber er konnte sich nicht sicher sein, daß man sich auch seiner so erinnern würde, wie Mumtas Mahal nun seine Gedanken ausfüllte. Er zollte ihr ihren letzten Tribut; doch wer würde für seine Seele beten?

TÖDLICHES GIFT »Als die Begräbniszeremonie beendet war, begab sich Aurangseb in die Festung, wo Begam Sahib ihn empfing. Nach der üblichen Ehrerbietung überreichte sie ihm ... [einen] Brief, den sie, wie sie sagte, von Schah Dschahan, ihrem Vater, erhalten hatte und worin dieser Aurangseb vergab; auch händigte sie ihm die Wertsachen und Edelsteine aus alter Zeit aus, die bei ihrem Vater verblieben waren. Dies war alles, womit sie ihrem Bruder, für den sie sich, ohne davon einen Vorteil zu haben, in der Vergangenheit lange genug eingesetzt hatte, zu Diensten sein konnte. Aurangseb zeigte sich zufrieden, obwohl er Grund zu der Annahme hatte, daß das besagte Schreiben eine Fälschung war; nichtsdestotrotz genügte es, um ihn gegenüber dem Volk zu legitimieren. Denjenigen der Dienerinnen und Herrinnen, die nicht Frauen Schah Dschahans waren, erteilte er die Erlaubnis, frei nach ihrem Wunsch jemanden zu heiraten, der ihnen gefiel. Er nahm Begam Sahib mit nach Delhi und verlieh ihr den Titel Badschah Begam – das heißt ›Kaiserin der Prinzessinnen‹. Er gestattete ihr, in ihrem eigenen Haus zu wohnen, ein Zugeständnis, das er gegenüber Roschanara Begam nicht machen wollte. Begam Sahibs Rang wurde ihr weiterhin zugestanden, und Dschani Begam, die Tochter Daras, die sie über alles liebte, durfte bei ihr bleiben. Die Frauen Schah Dschahans wurden ins Altenteil in den Palast für königliche Witwen geschickt.«

Nachdem derart Schah Dschahans Haushalt aufgelöst war und Aurangseb obendrein auch noch den Segen seines Vaters erhalten hatte, der den Makel des Usurpators von ihm nahm, konnte sich der neue Kaiser endlich den Aufgaben widmen, die ihm besonders am Herzen lagen. Dazu gehörte vor allem, die strengen Gesetze des Islam, die bislang eher nachlässig gehandhabt worden waren, durchzusetzen. Das wurde in einem Lande, das noch immer mehrheitlich einer anderen Religion, dem Hinduismus, angehörte, nicht gerade mit Freuden aufgenommen. Vor allem die Wiedereinführung der *Dschisja*, der Kopfsteuer, die nun wieder von allen, die sich nicht zum Islam bekannten, erhoben wurde, nachdem sie von Akbar abgeschafft worden war, erregte Unmut. Des weiteren die Zerstörung zahlreicher Tempel, womit sich allerdings – wenn auch in sehr viel radikalerer Weise – wiederholte, was auch schon Schah Dschahan praktiziert hatte, um den Kritikern aus den Reihen der islamischen Geistlichkeit entgegenzukommen.

Aber auch das ausschweifende Leben, da sich – zumal unter Schah Dschahan – am Hof der Moguln durchgesetzt und unter den Adligen und Großen des Reiches Schule gemacht hatte, war Aurangseb ein Dorn im Auge. So war eine seiner ersten Amtshandlungen die Einrichtung eines Amtes für die Überwachung der öffentlichen Moral, und 1668, zwei Jahre nach dem Tode Schah Dschahans, wurden jegliche Vergnügungen bei Hofe verboten. Fortan durften weder Tänzerinnen noch Musiker bei Hofe auftreten, und die Tradition, daß der Herrscher sich bei seinem Geburtstag feierlich wiegen ließ, wurde abgeschafft, wie auch die Praxis, einander mit Geschenken zu überhäufen. 1679 schließlich gab Aurangseb auch die Sitte des *Darschan* auf, jenes zeremonielle Erscheinen des Kaisers am Fenster oder Balkon seines Palastes. Wahrscheinlich sah er ein, daß ihn das mehr dem Spott und Unmut der Bevölkerung aussetzte als der Bekundung von Beifall und Zutrauen, wie das unter Schah Dschahan der Fall gewesen war.

Aurangseb war das, was man heute einen Fundamentalisten nennen würde. Mit den Taliban etwa, den »Gotteskriegern« in Afghanistan, hatte er manches gemein. Dabei machte sein bigotter Glaubenseifer und Hang zum Puritanismus selbst vor der eigenen Familie nicht halt. Das bekam besonders Roschanara, die andere seiner beiden älteren Schwestern, zu spüren. Sie war – im Gegensatz zu Dschahanara, die zwar um einen Ausgleich bemüht gewesen war, letztlich aber zu ihrem Vater (und Dara, seinem Lieblingssohn) gehalten hatte – während des Kampfes um die Nachfolge eine getreue Parteigängerin Aurangsebs gewesen. Und sie hatte eigentlich erwartet, daß ihr Bruder, nachdem er den Sieg errungen hatte, ihr ihre Hilfe angemessen vergelten würde. Doch nicht einmal ein eigenes Haus zu bewohnen, wie es immerhin ihre Schwester Dschahanara zugestanden wurde, gestattete er ihr. Aurangseb hatte allerdings gute Gründe, Roschanara die Freiheit, die sie sich wünschte, zu verweigern. Denn anders als Dschahanara, die zwar eine große Schönheit gewesen war und sich so manches amouröse Abenteuer erlaubt, schließlich aber den Weg zu Religion und Dichtkunst gefunden hatte, was sie mit Aurangseb versöhnte, war Roschanara, die stets im Schatten ihrer älteren Schwester gestanden hatte, da sie weder deren Schönheit noch ihr berückendes Wesen besaß, auch in vorgerückten Jahren von Unrast und Mißgunst erfüllt. Wie Dschahanara hatte auch sie nicht heiraten dürfen, so daß ihr nur das Leben im königlichen Harem blieb. Dort nahm sie sich allerdings einige Freiheiten heraus, die zwar ihr Vater, der selbst kein Kind von Traurigkeit gewesen war, geduldet hatte, die aber Aurangseb, bei seiner puritanischen Einstellung, nicht dulden konnte. Und so geschah denn, was abzusehen war, auch wenn Roschanara die Zeichen nicht erkannte – oder, was wahrscheinlicher ist, alle Warnungen in den Wind schlug. Manucci, der sich in den Dingen, die den königlichen Harem betrafen, besonders gut auskannte, berichtet. »Wenn dieses Jahr [1671] ein Jahr der Freude war, wegen ... [einiger] Hochzeiten [die in der königlichen Familie gefeiert wurden], so war es auch ein Jahr der Trauer auf Grund der Ereignisse, die sich in den Gemächern, die Roschanara Begam bewohnte, zutrugen. Sie hielt sich dort neun Jünglinge zu ihrem Vergnügen. Der Entdecker dieses noblen Verhaltens war Fakhr-un-nissa Begam, eine Tochter Aurangsebs. Diese junge Dame, obwohl sie nicht den Wunsch hegte zu heiraten, hatte dennoch nicht die Absicht, sich ihres Vergnügens berauben zu lassen. Deshalb bat sie ihre Tante, ihr wenigstens einen der neun zu überlassen. Roschanara Begam lehnte die Bitte ab, trotz des Drängens ihrer Nichte. Von Neid erfüllt, enthüllte das junge Mädchen seinem Vater, was da in den Räumen Roschanara Begams verborgen war. Nach sorgfältiger Suche fand man die jungen Männer, die ordentlich gekleidet und hübsch anzusehen waren. Sie wurden der Justiz übergeben, wobei man sie gegenüber der Öffentlichkeit als Diebe ausgab; und gemäß den Anweisungen, die er erhalten hatte, beseitigte sie der *kotwal* [Polizeibeamte], Sidi Fulad, in weniger als einem Monat, indem er sie verschiedenen geheimen Torturen unterzog. Ohnehin über das Fehlverhalten seiner Schwester verärgert, verkürzte Aurangseb ihr Leben durch Gift. So wurde sie, trotz allem, was sie getan hatte, um ihrem Bruder zum Thron zu verhelfen, das Opfer seiner Grausamkeit, indem sie, aufgedunsen wie ein Faß, starb und einen Namen, der von großer Lasterhaftigkeit kündete, zurückließ.«

Grausam waren sie alle, die auf dem Thron der Moguln regierten. Das entsprach ihrer Zeit und ihrem Erbe. Doch keiner ging so rücksichtslos und brutal gegen seine Gegner, zu denen auch alle die gehörten, die sich seinen puritanischen Anschauungen widersetzten, vor wie Aurangseb. Er brachte sie alle um oder trieb sie in den Tod: drei Brüder und eine Schwester. Lediglich Dschahanara – sieht man von Gohanara, der jüngeren Schwester, einmal ab – starb eines natürlichen Todes, 1682, im Alter von 68 Jahren. Ihrem Wunsch entsprechend wurde sie in Delhi, auf dem Gelände einer Pilgerstätte zu Ehren eines muslimischen Heiligen, in einem einfachen Grab beigesetzt. Die Inschrift auf dem Grabstein, die sie selbst entworfen hatte, lautete:

»Nichts außer dem grünen Gras soll mein Grab bedecken,
denn der grüne Rasen ist als Dach genug für die Armen.«

Damit sprach Dschahanara ihrem puritanischen Bruder aus dem Herzen, auch wenn sie nicht beabsichtigt hatte, ihm nach dem Munde zu reden. Schah Dschahan, ihren Vater, aber hätte sie damit nicht beeindruckt. Für ihn mußte es ein Paradies auf Erden sein, das seine sterbliche Hülle und diejenigen seinesgleichen aufnahm.

FEINDE AN DEN GRENZEN »Von dem Augenblick an, da sich Aurangseb des Thrones bemächtigte, pflegte er weder Weizenbrot noch Fleisch oder Fisch zu essen. Er lebte von Gerstenbrot, Gemüse und Süßigkeiten und lehnte jede Art von starkem Alkohol ab. Dies war eine Buße, die er sich auferlegte für die vielen Verbrechen, die er begangen hatte; doch sein Ehrgeiz und der Wunsch zu regieren, sind noch immer so groß, daß er entschlossen ist, dem Thron nicht zu entsagen, solange er lebt.«

Was Tavernier, der französische Reisende, der die ersten Jahre der Regierungszeit Aurangsebs miterlebte, hier anmerkt, sollte sich tatsächlich bewahrheiten: Alamgir, der »Eroberer des Universums«, herrschte ein halbes Jahrhundert. Genauso lange wie Akbar – sie regierten beide 49 Jahre. Doch dies war die einzige Gemeinsamkeit, die diese beiden Herrscher verband. Ihre militärischen Unternehmungen nahmen sie zwar mit gleicher Entschiedenheit in Angriff, sie führten jedoch nicht zum gleichen Erfolg. Während Akbar durch die Eroberungen, die er durchführte, das Reich festigte, bedeuteten die Feldzüge, die Aurangseb während seiner Herrschaft unternahm, letztlich eine Schwächung des Reiches. Die Grenzen, innerhalb derer die Zentralgewalt wirksam war, wurden überschritten, und statt die Zentralgewalt zu stärken, trug Aurangseb zu ihrem Zerfall bei. Indem er den Hof nach Süden, in den Dekkan, verlegte, und indem er jene Politik rücksichtslos verfolgte, die ihn in seinem eigenen Land verhaßt machte: die Durchsetzung seiner rigorosen islamischen Glaubenssätze. Dies war es, was Aurangseb vor allem von Akbar unterschied, und während dieser die Grundlagen eines friedlichen Zusammenlebens zwischen den verschiedenen Glaubensanhängern in Indien, allen voran den Hindus und den Muslimen, gelegt hatte, zerstörte jener diesen Konsens und trug somit zum Niedergang der Mogulherrschaft bei.

Ein besonders augenfälliges Beispiel ist der Bildersturm, den Aurangseb in Mathura entfaltete. Es war dies eines jener religiösen Zentren des Hinduismus, die seit undenklichen Zeiten verehrt wurden und in besonderem Ansehen standen. Man nannte die Stadt »die Geliebte der Götter«; Krischna, eine der populärsten Göttergestalten des indischen Pantheons, war angeblich in Mathura geboren worden und genoß hier besondere Verehrung. Tavernier, der die Stadt besuchte, berichtet über sie: »In Tscheki-sera befindet sich einer der größten Tempel Indiens; er verfügt über einen Zufluchtsort für Affen, sowohl für jene, die sich gewöhnlich am Ort aufhalten, als auch für die des umliegenden Landes. Die Banyans [Händler] versorgen sie mit Essen. Dieser Tempel heißt Mathura. Früher brachten ihm die Götzenanbeter sehr viel größere Verehrung entgegen als heute; der Grund dafür ist, daß zu der Zeit der Dschumna dicht an dem Tempel vorbeifloß und die Banyans, sowohl jene, die dort wohnten, als auch jene, die von weither in Pilgerzügen kamen, um ihre Ergebenheit zu bezeugen, im Fluß ein Bad nehmen konnten, bevor sie den Tempel betraten, desgleichen, wenn sie herauskamen und essen wollten, denn das dürfen sie nur, wenn sie gebadet haben; außerdem glauben sie, daß sie sich, wenn sie in fließendem Wasser baden, ihrer Sünden wirksamer entledigen

AURANGSEB, DER BILDERSTÜRMER

können. Doch vor einigen Jahren hat sich der Lauf des Flusses nach Norden verlagert, und es liegt nun einige Entfernung zwischen dem Fluß und dem Tempel; das ist der Grund, weshalb es heute nicht mehr so viele Pilger sind, die den Tempel besuchen.«

Tavernier entwirft hier ein recht charakteristisches Bild eines hinduistischen Wallfahrtsortes, wobei anzumerken ist, daß er den Namen des Ortes mit dem des Tempels, der zwar der größte, aber nur einer von vielen in Mathura war, verwechselt. Auch was die »Banyans« betrifft, eine Bezeichnung, die sich auf Kaufleute bezieht, so ist darauf hinzuweisen, daß Mathura nicht nur ein heiliger Ort, sondern auch ein bedeutendes Handelszentrum war, auch wenn es inzwischen seine Vormachtstellung an Agra beziehungsweise Delhi abgetreten hatte. Dennoch stellte es noch immer eine der traditionellen Pilgerstätten Indiens dar und war somit Aurangseb ein Dorn im Auge, zumal Mathura – auf der Strecke zwischen Delhi und Agra – sozusagen mitten im Herzen des Mogulreiches lag. Aurangseb mußte darin eine besondere Herausforderung sehen und schritt schließlich 1669, kurz nachdem Tavernier Indien verlassen hatte, zur Tat. In einer zeitgenössischen Quelle, die ein Chronist, der am Hofe Aurangsebs lebte, nach dessen Tode verfaßte, heißt es dazu: »Im Monat Ramadan 1080 n.d.H. (Dezember 1669) [...] befahl dieser gerechtigkeitsliebende Herrscher [Aurangseb], der unermüdliche Feind der Tyrannen, die Zerstörung des Hindutempels von Mathura [...], bekannt unter dem Namen Dehra Kesu Rai, und schon bald war dieses Bollwerk der Falschheit dem Erdboden gleichgemacht. Am selben Ort wurden, mit hohem Aufwand, die Fundamente für eine gewaltige Moschee gelegt.«

Aber damit noch nicht genug, wie der Chronist weiter berichtet: »Gott, der uns den Glauben des Islam gegeben hat, sei gelobt, daß während der Herrschaft des Zerstörers falscher Gottheiten ein Unternehmen, das so schwierig auszuführen war, zu einem erfolgreichen Abschluß gebracht worden ist! Denn diese tatkräftige Hilfe, die dem wahren Glauben zuteil wurde, bedeutete einen schweren Schlag für die selbstherrlichen Radschas, und wie Götzen erstarrt wandten sie ihr Gesicht voller Schrecken der Wand zu. Die reich mit Edelsteinen verzierten Götterbilder, die man aus den heidnischen

Tempeln entfernt hatte, wurden nach Agra gebracht und dort unter den Stufen der Nabob Begam Sahib-Moschee deponiert, damit sie von nun an bis in alle Ewigkeit von den Füßen der wahren Gläubigen zerdrückt wurden. Mathura erhielt den Namen Islamabad und erschien unter diesem Namen in allen offiziellen Dokumenten und wurde auch so vom Volk genannt.«

Dieses Beispiel macht deutlich, wie unbeugsam Aurangseb in seinem Glaubensfeldzug war. Nicht nur, daß er die Tempel der Hindus einreißen ließ: Er ließ auch auf deren Trümmern islamische Gotteshäuser errichten und die Götterbilder der Hindus in den Staub treten. Kein Wunder, daß er den Zorn des Volkes erregte, das zudem auch noch unter der neuen Steuer zu leiden hatte, die er den Hindus auferlegte. Und als man es schließlich wagte, vor seinen Palast zu ziehen und gegen die neue Steuer zu protestieren, war Aurangseb nicht etwa zu Kompromissen bereit, sondern ließ wilde Elefanten auf die Protestierenden hetzen.

Aufstände und Revolten waren die Folge. Es gärte an allen Ecken und Enden. Das wirkte sich um so verhängnisvoller aus, als an der Peripherie des Reiches neue Kräfte entstanden, die die Schwäche der Zentralgewalt nutzten und das Gebäude, das nur noch auf tönernen Füßen stand, schließlich zum Einsturz brachten. Aurangseb, der immerhin ein erfahrener Feldherr war, konnte diese Entwicklung noch einige Zeit aufhalten. Doch die, die ihm auf den Thron der Moguln folgten, wurden der zerstörenden Kräfte, die er entfesselt hatte, nicht mehr Herr. Aurangseb war der letzte seiner Dynastie, der noch den Anspruch von Größe erheben konnte. Und sei es auch nur, weil unter seiner Herrschaft die Grenzen des Reiches ihre größte Ausdehnung erfuhren.

Territoriale Gewinne konnte er im Osten und im Süden erzielen. Auch in Bundelkhand festigte Aurangseb die Herrschaft der Moguln. Doch anders sah es im Westen aus, und zwar an der gesamten Flanke vom Dekkan bis zum Himalaja. Hier kam es zu empfindlichen Einbußen der Macht der Moguln, sowohl im Nordwesten, wo sich die Pathanen und Sikhs gegen die Moguln erhoben, als auch im Südwesten, wo die Marathen die Nachfolge der Radschputen als Wahrer der authentischen, hinduistischen Tradition antraten. Freilich gingen auch die Radschputen auf Distanz: Sie alle, die gegen Aurangseb Front machten, taten dies letztlich im Namen ihrer überkommenen Religion, die sie durch die uneinsichtige Politik Aurangsebs gefährdet sahen. Nur die Pathanen, ein kriegerisches Volk im Grenzgebiet zu Afghanistan, das der Lehre Mohammeds anhing, waren lediglich auf Beute aus, denn durch ihr Gebiet führten wichtige Karawanenwege.

Die Sikhs waren eine religiöse Gemeinschaft, die eigentlich einen Ausgleich zwischen Islam und Hinduismus herbeiführen wollte. Ihr Siedlungsgebiet war der Pandschab, eine fruchtbare Region gleichfalls im Nordwesten, die eine Art Puffer zwischen dem Kernland Indiens, also der Gegend um Delhi und Agra, und Afghanistan bildete. Allmählich verselbständigte sich der Glaube der Sikhs, und es kam zu Spannungen mit den Mogulen, die ihre Oberhoheit in dem wichtigen Durchgangsland gefährdet sahen. Aurangseb konnte die Sikhs, als er 1675 ihren Anführer hinrichten ließ, zwar im Zaume halten, doch damit war der Widerstand der Sikhs nicht gebrochen. Unter seinen Nachfolgern brachen die Gegensätze erneut auf und führten schließlich zu einer völligen Lösung aus dem Reich der Mogulen.

Ähnlich war die Entwicklung in der Radschputana, was sich nicht minder nachteilig auf den Bestand des Mogulreiches auswirkte. Hier kam es 1679 zu Spannungen, die in einen regelrechten Krieg ausarteten. Der Anlaß war ein Streit um die Thronfolge in dem Fürstentum Marwar. Aurangseb erkannte einen designierten Nachfolger nicht an, sondern annektierte das Fürstentum und nahm den Thronfolger, der noch ein Kind war, in Gewahrsam, um ihn nach dem Glauben des Islam erziehen zu lassen. Daraufhin solidarisierte sich das benachbarte Fürstentum Mewar mit Marwar, und es kam zu einem erbitterten Krieg, der zwar damit endete, daß Mewar einlenkte. Doch Marwar, das sich auf die bewährte Taktik des Guerillakrieges verlegte, führte den Kampf so lange fort, bis der rechtmäßige Thronfolger nach dem Tode Aurangsebs schließlich seinen ihm zustehenden Platz einnahm.

Die Auseinandersetzung mit den Radschputen hatte zur Folge, daß die Mogulen eine wichtige Stütze ihrer Herrschaft verloren. Mißtrauen war gesät, Unmut machte sich breit, und schließlich gingen auch die Radschputen ihren eigenen Weg.

Die größte Gefahr aber waren vorerst die Marathen. Sie übernahmen die Rolle, die einst die Radschputen gespielt hatten, indem sie sich zu einem neuen Bollwerk des Hinduismus aufschwangen. Ihre Heimat war das Bergland im Westen von Bombay, einem Handelsplatz, wo sich 1661 die Engländer niedergelassen hatten. Von ihrem Stammland aus unternahmen die Marathen Vorstöße, die die Grenze des Mogulreiches im Süden bedrohten. So sah sich Aurangseb schließlich gezwungen, seinen Herrschersitz nach Aurangabad, einem Ort auf dem Dekkan, dem er seinen Namen gab, zu verlegen und von dort aus gegen die Marathen vorzugehen. Da diese mit den beiden Erzfeinden Bidschapur und Golkonda verbündet waren, nahm er dies zum Anlaß, diese beiden Fürstentümer zu annektieren und sogar noch weiter, fast bis an die südliche Spitze des indischen Kontinents, vorzudringen. Damit hatte er seinen Traum, den er seit der Zeit hegte, da er im Namen seines Vaters Gouverneur des Dekkan gewesen war, wahrgemacht: Er hatte die Grenzen des Reiches nicht nur über den ganzen Dekkan, sondern darüber hinaus auch noch weit in den Süden ausgedehnt.

Golkonda mit seiner Hauptstadt Haiderabad war Aurangseb besonders verhaßt. Denn der Fürst, der hier herrschte, war zwar Muslim, doch gehörte er dem schiitischen Zweig des Islam an, was – weil es gegen den orthodoxen Glauben verstieß – Aurangseb als eine besondere Herausforderung ansah. Was freilich auch seinen Zorn erregte, das war der Umstand, daß Haiderabad in dem Ruf stand, die verruchteste Stadt Indiens zu sein. Hier sollte es angeblich 20 000 Prostituierte geben, von denen einige Auserwählte jeden Freitag, dem heiligen Tag im Kalender des Islam, auf einem öffentlichen Platz vor dem König tanzten. Diesem Frevel wurde nun, nachdem Golkonda 1687 erobert worden war, schleunigst ein Ende gesetzt.

Wie nicht anders zu erwarten, waren Aurangseb Tänzerinnen verhaßt – besonders wenn sie Prostituierte waren (was allerdings einer indischen Tradition entsprach, die das Amt einer Tempeldienerin, die Tänzerin und Prostituierte in einem war, kannte). Dennoch sollte nicht unerwähnt bleiben, daß auch Aurangseb seine Schwächen hatte, soweit es Frauen betraf. Nicht nur, daß er sich mit drei Frauen, die er nach dem Gesetz des Islam ehelichen durfte, umgab. Es wurden ihm auch diverse Konkubinen nachgesagt. Was aber besonderes Aufsehen erregte, das war eine Liebelei, die sich noch zu der Zeit zugetragen hatte, als Aurangseb als Prinz und Vizekönig im Dekkan geweilt hatte. Manucci, der ja für derlei Dinge ein besonderes Ohr hatte und zudem gerade über die Zeit Aurangsebs besonders gut informiert war, hat uns diese Episode überliefert. Sie findet sich aber auch in einheimischen Berichten, wo es unter anderem heißt: »Zainabadi, deren ursprünglicher Name Hira Bai war, stand unter einem Baum und hielt einen Ast mit der rechten Hand, während sie ein Lied summte. Sogleich, da der Prinz [Aurangseb] ihrer ansichtig wurde, verlor er alle Macht über sich und mußte sich setzen; ja, er fiel zur Seite und verlor die Besinnung.«

Zainabadi war eine Konkubine im Hause einer Tante Aurangsebs; er aber war so sehr von ihr angetan, daß er sich schließlich auf einen Handel einließ: zwei Konkubinen aus seinem Harem gegen Hira Bai, die der Herr des Hauses für diesen Preis in Frieden ziehen ließ. Wie es heißt, wäre Aurangseb auch zur Anwendung von Gewalt bereit gewesen, um in den Besitz Zainabadis zu gelangen. Er war offenbar völlig vernarrt in sie und untröstlich, als Zainabadi schon bald darauf starb. Doch später sollte er die Affäre in einem anderen Licht sehen. Wie Manucci dazu bemerkt: »In späteren Jahren pflegte er zu sagen, Gott sei ihm sehr gnädig gewesen, indem er dieses Mädchen sterben ließ, dem zuliebe er ja so viele Sünden begangen habe und sogar Gefahr gelaufen wäre, durch böse Taten und Praktiken zu regieren.«

Nun, so tugendsam war Aurangsebs Regierung eben nicht. Auch wenn sich das weniger auf die Frauen bezieht, denen er in späteren Jahren zunehmend aus dem Wege ging. Um so höher ist es ihm anzurechnen, daß er sich schließlich dazu herbeiließ, für seine erste Frau, Rabia Daurani, die ihm fünf Kinder schenkte und 1656, kurz nach der Affäre Aurangsebs mit Zainabadi, starb, ein Mausoleum zu errichten, das eine zwar weniger geglückte, doch getreue Kopie des Tadsch Mahal ist. Aurangseb ließ das Grabmal in Aurangabad erbauen, wo es heute zu den bedeutenderen Sehenswürdigkeiten dieser Stadt gehört, die einmal das Zentrum des Mogulreiches war.

NADIR SCHAH Mit dem Tode Aurangsebs starb das letzte der Kinder aus der Ehe zwischen Schah Dschahan und Mumtas Mahal. Gleichzeitig fand, nachdem Aurangseb immerhin das Reich zusammengehalten, ja, es sogar erweitert hatte, auch die Zeit der Blüte des Mogulreiches ein Ende. Was folgte, war ein unaufhaltsamer Niedergang, auch wenn die Dynastie der Moguln noch anderhalb Jahrhunderte weiterbestand.

In dieser Zeit regierten elf Herrscher, die allesamt nicht in der Lage waren, den Zerfall des Reiches aufzuhalten. Mehr noch, indem sie zum Spielball höfischer Interessengruppen und regionaler Potentaten wurden, die immer mehr Selbständigkeit erlangten, trugen sie selbst zum Niedergang bei, denn anstatt Eigeninitiative und Energie zu entwickeln, ließen sie sich korrumpieren und waren am Ende nur noch auf ihr eigenes Vergnügen aus.

Eine Ausnahme von der Regel war Bahadur Schah, der – nachdem er in bewährter Manier zwei seiner Brüder, die ihm hätten gefährlich werden können, ausgeschaltet hatte – die Nachfolge Aurangsebs antrat. Er war bemüht, die Exzesse seines Vaters, die einen Großteil der Bevölkerung entfremdet hatten, rückgängig zu machen. So schaffte er zwar die verhaßte Kopfsteuer, die »Ungläubigen« auferlegt wurde, nicht ab, verzichtete aber darauf, den Einzug dieser Steuer auch wirklich durchzusetzen. Auch die Zerstörung der Tempel und die Entweihung der hinduistischen Götterbilder fanden unter seiner Herrschaft ein Ende. Zudem suchte er einen Ausgleich mit den Radschputen, während er andererseits die Sikhs, die ihren Machtbereich bis vor die Tore Delhis ausgeweitet hatten, zurückdrängen konnte. Unglücklicherweise dauerte die Herrschaft Bahadur Schahs, der bereits in fortgeschrittenem Alter war, als der den Thron bestieg, nur fünf Jahre. Zu wenig, um eine wirkliche Wende herbeizuführen. Zumal sein Nachfolger, Dschahandar Schah, der zum Glück nur neun Monate regierte, den Aufgaben, die sich ihm stellten, nicht im geringsten gewachsen war. Allerdings wurde das von ihm auch nicht erwartet, denn der eigentliche Drahtzieher, dem er seinen Sieg im Kampf um die Nachfolge verdankte, einer der Gouverneure des Reiches, übernahm die eigentlichen Regierungsgeschäfte. Unterdessen sah Dschahandar Schah, der somit nur nominell Kaiser war, seinen

Lebenszweck in frivolem Umgang mit einer berüchtigten Kurtisane. Ihr Name war Lal Kunwar, und Dschahandar Schah war von ihr, obwohl sie aus dem Volke stammte, so sehr angetan, daß er ihr den Titel »Imtiaz Mahal« verlieh, was nicht nur an das berühmtere Mumtas Mahal erinnert, sondern auch fast das gleiche bedeutete: »Die vom Palast Auserwählte«.

Lal Kunwar, um bei ihrem ursprünglichen Namen zu bleiben, entstammte einer Familie von Musikern. Sie selbst war Tänzerin, was zu ihrem eigentlichen Ruhm – denn sie ging als »Indiens Tanzende Kaiserin« in die Geschichte ein – nicht unwesentlich beitrug. Als Tänzerin hatte sie Dschahandar Schah beeindruckt, und da sie dem Volke entstammte, führte dies dazu, daß der Kaiser sich dazu herabließ, mit seiner tanzenden Flamme nächtelang durch die Vergnügungsviertel von Delhi zu ziehen. Dabei konnte es dann schon einmal vorkommen, daß Seine Majestät, wenn sie dem Wein allzu sehr zugesprochen hatte, sozusagen abhanden kam. Was zu einiger Verwirrung führte, wie das folgende Beispiel zeigt. Es stammt aus der Feder eines zeitgenössischen Chronisten: »Eine andere Geschichte, die man sich über ihn [Dschahandar Schah] erzählte, war im ganzen Land bekannt. Er pflegte manchmal in einem Karren mit seiner Mätresse und einigen Gefährten auszufahren, um sich auf den Märkten und in den Tavernen zu vergnügen. Eines Nachts unternahmen er und seine Favoritin einen solchen Ausflug, und beide tranken sie so viel, daß sie völlig betrunken und ohne Sinne waren. Als sie zum Palast zurückkehrten, war Lal Kunwar noch so benommen, daß sie, als sie ausstieg, nicht auf den Kaiser achtete, sondern sich sogleich ins Bett legte und in tiefen Schlaf fiel. Der Kaiser, der völlig hilflos war, blieb schlafend in dem Karren zurück, und der Besitzer des Karrens fuhr nach Hause und stellte den Karren ab. Als die Diener sahen, daß der Kaiser sich nicht bei Lal Kunwar befand, wurden sie unruhig und weckten sie, um sie zu fragen, was mit ihm geschehen war. Lal Kunwar erlangte so viel Verstand zurück, daß sie erkannte, daß der Kaiser nicht neben ihr lag, und brach in Wehklagen aus. Leute wurden ausgesandt, die überall nach dem Kaiser suchten, bis man ihn schließlich in dem Karren fand.«

Es verwundert nicht, daß derlei Eskapaden, die sich Dschahandar Schah, der sich immerhin mit dem Nimbus eines Mogulkaisers umgab, leistete, zunehmend auf Ablehnung stießen. Beherzte Kreise planten folglich ein Komplott, dem Dschahandar zum Opfer fiel, während Lal Kunwar, obwohl sie ihn zu seinen Ausschweifungen verleitet hatte, an jenen Ort verbracht wurde, wo die Witwen und Angehörigen der verstorbenen Herrscher lebten.

Der nächste, der auf den Thron gelangte, war der Sohn eines der Brüder Dschahandars, die bei dessen Versuch, auf den Thron zu gelangen, unterlegen waren. Sein Name war Farrukh Sijar; er hielt sich immerhin sechs Jahre an der Macht. Allerdings war auch er nicht sein eigener Herr; zwei Brüder, die zum Hofadel gehörten, hatten ihn auf den Schild gehoben und teilten sich die Macht. Dennoch versuchte Farrukh Sijar, der – um sich auf seine Herrschaft vorzubereiten – zwei Nächte stiller Einkehr im Tadsch Mahal zugebracht hatte, an der Gestaltung der Regierung teilzuhaben. Das führte dazu, daß es zum Zerwürfnis zwischen den eigentlichen Machthabern und dem Monarchen kam. Farrukh Sijar wurde gestürzt und ermordet, wobei man es nicht versäumte, gleichfalls in altbewährter Manier, ihn vorher zu blenden und außerdem zu vergiften, ehe man ihn schließlich erwürgte.

Beteiligt an dem Komplott, das Farrukh Sijar zu Fall brachte, war der Radscha von Marwar, Adschit Singh. Es war dies jener einstige Thronerbe, den Aurangseb um sein Amt gebracht hatte, bis er schließlich doch noch – nach dem Tode Aurangsebs – den Thron seiner Väter besteigen konnte. Er hatte sich der Verschwörung gegen Farrukh Sijar angeschlossen, weil er nicht zuletzt auch einen persönlichen Groll gegen den Kaiser hegte. War er doch gezwungen worden, wie es von den Radschputenfürsten erwartet wurde, eine seiner Töchter in den kaiserlichen Harem zu entsenden. Das machte er nun, da Farrukh Sijar gestürzt war, schleunigst rückgängig. In der oben angeführten Quelle heißt es dazu: »Bei dieser Gelegenheit nahm der Maharadscha Adschit Singh die Maharani, seine Tochter, die mit Farrukh Sijar vermählt worden war, zusammen mit all ihren Juwelen und Schätzen und Wertgegenständen, die sich auf einen Wert von zehn Millionen Rupien beliefen, zurück. Wie man sagt, veranlaßte er sie, ihre muselmanische Kleidung abzulegen, entließ ihre mohammedanische Dienerschaft und schickte sie in ihre Heimat zurück.« Der Chronist fügt hinzu: »Zu keiner anderen Zeit während der Herrschaft der

Moguln hatte es ein Radscha gewagt, seine Tochter zurückzuholen, nachdem sie mit einem König vermählt worden und ihr die Ehre zuteil geworden war, in den Glauben des Islam aufgenommen zu werden.«

Der königliche Harem war inzwischen gleichfalls im Niedergang begriffen. War er einst ein Ort nicht nur des Vergnügens, sondern auch einer verfeinerten Kultur gewesen, wo die Künste und sogar die Wissenschaft blühten, so verlor er nun immer mehr an Ansehen und Einfluß, was seine kulturelle Bedeutung anbelangt. Schuld daran waren jene Konkubinen und Kurtisanen wie Lal Kunwar oder Koki Dschiu, die einem späteren Herrscher, Mohammed Schah, den Kopf verdrehte, deren niedere Herkunft und Mangel an Bildung und geistigen Interessen den Harem des Herrschers in einen Brutplatz von Laster und Intrigen verwandelten. In einer Untersuchung über »Die Frau in Indien zur Zeit der Moguln« heißt es dazu: »In der Periode, die auf die Herrschaft Aurangsebs folgte, treffen wir auf eine Art von Frauen, die sich von denen der vorausgegangenen Periode unterscheiden. Anstatt der Königinnen, Prinzessinnen oder der Frauen einiger der hohen Adligen und Beamten, die entweder zur Familie der Moguln gehören oder Familien der Radschputen entstammen, treten Konkubinen niederer Herkunft in den Vordergrund, die sehr ehrgeizig, berechnend und ichbezogen sind und ohne Rücksicht unverfroren ihre eigenen Interessen verfolgen, wobei sie sich politische Krisen und den gesellschaftlichen und geistigen Niedergang zunutze machen und wie mit Tentakeln nach der Macht und dem Mammon greifen und so das Wenige, was vom imperialen Ansehen übriggeblieben ist, ohne daß man es wiedergutmachen könnte, untergraben.«

Ein charakteristisches Beispiel für diese verhängnisvolle »Haremswirtschaft« liefert jene Koki Dschiu, die Mohammed Schah um den Finger wickelte. Dieser ging 1719, nach dem Sturz Farrukh Sijars, als Sieger aus dem üblichen Kampf um den Thron hervor. Ihm gelang es sogar, sich aus der Vormundschaft jener zu befreien, die bislang – indem sie den Herrscher zur Marionette degradierten – die eigentliche Macht ausgeübt hatten. Und immerhin schaffte es Mohammed Schah, sich dreißig Jahre auf dem Thron zu halten. Doch in diesen dreißig

MOHAMMED SCHAH BEI EINER TANZVORFÜHRUNG

Jahren verspielte er den Rest an Autorität: Nicht nur, daß er es zuließ, daß Koki Dschiu ihre Verwandten und Bekannten in einflußreiche Ämter hievte, er ließ es auch geschehen, daß Bestechung und Korruption, die Koki Dschiu förderte, immer mehr die Politik bestimmten. Das hatte zur Folge, daß der Wesir, der traditionsgemäß die

Regierungsgeschäfte führte und in diesem Fall ein fähiger Mann war, seinem Posten schließlich angewidert entsagte und sich in den Süden, nach Haiderabad, absetzte, wo er zwar offiziell ein Gouverneursamt übernahm, in Wirklichkeit aber fortan eine unabhängige Politik betrieb. Seinem Beispiel folgten andere Provinzgouverneure, so daß am Ende der Regierungszeit Mohammed Schahs die Macht der Moguln praktisch nur noch auf den Kern des einstigen Reiches, die Gegend von Delhi, beschränkt war.

Die anhaltende Schwächung der Zentralgewalt löste neue Unruhen aus. Nicht nur die Sikhs und die Marathen, die nur auf eine Gelegenheit warteten, von neuem loszuschlagen, witterten Morgenluft. Auch die Perser, die seit jeher eine Bedrohung gewesen waren, sahen nun ihre Chance gekommen, in Indien einzufallen. Unter Nadir Schah, der nach dem Niedergang der Safawiden im Iran an die Macht gelangt war, überrannten sie zunächst Kabul, den Vorposten der Moguln im Nordwesten, besetzten dann Lahore, eine der drei traditionellen Residenzen der Moguln, und drangen schließlich bis Delhi vor. Vergeblich versuchte Mohammed Schah, sich der persischen Invasion entgegenzustellen: In einer Entscheidungsschlacht im Februar 1739 in Karnal nördlich von Delhi wurde das Heer der Moguln geschlagen, und obwohl Nadir Schah davon absah, den besiegten Mogulherrscher, den er in Gewahrsam nahm, abzusetzen, mußte dieser es doch zulassen, daß die Perser Delhi besetzten.

Diese Schmach wäre vielleicht noch zu verkraften gewesen, wenn nicht ein mißlicher Umstand zu einer Katastrophe geführt hätte. Ein Augenzeuge, der über die Ereignisse einen Bericht schrieb, erinnert sich: »Am nächsten Tag [nachdem Mohammed Schah dem Sieger, mit dem er zusammen in der Festung von Delhi Quartier bezogen hatte, einen Besuch abgestattet hatte] erwiderte Nadir Schah den Besuch des indischen Herrschers und nahm die Geschenke, die letzterer ihm überreichte, entgegen. Als der Schah gegen Ende des Tages aufbrach, verbreitete sich fälschlicherweise das Gerücht in der Stadt, daß er durch einen Schuß aus einer Muskete schwer verwundet worden sei, und so wurde die Saat gesät, aus der Raub und Mord entspringen sollten. Das lichtscheue Gesindel der Stadt versammelte sich in großer Zahl und begann, ohne Unterschiede zu machen, das Werk der Plünderung und Zerstörung. Die ganze Nacht über wurde geschossen und gemordet. Die Dunkelheit der Nacht und die Schwierigkeit, Freund oder Feind zu erkennen, waren der Grund, daß zahlreiche Perser in den engen Gassen der Stadt erschlagen wurden. Es gab kaum einen Ort, der mit ihrem Blut nicht beschmiert war.«

Wie sich denken läßt, war Nadir Schah, der zwar selbst unversehrt blieb, doch die Gefahr eines Aufstandes befürchten mußte, von den gewalttätigen Ausschreitungen, die seine Soldaten völlig überrascht hatten, nicht begeistert. Man schätzt, daß immerhin dreitausend Perser in dieser Nacht umkamen. Seine Reaktion war, ein Exempel zu statuieren, das man so schnell nicht wieder vergessen würde. Wie es in dem Augenzeugenbericht weiter heißt: »Am [nächsten] Morgen [...] ordnete der persische Kaiser ein Gemetzel unter den Einwohnern an. Das Ergebnis kann man sich vorstellen: Ein Augenblick schien für eine vollständige Zerstörung ausgereicht zu haben. Der *Chandni chauk* [der eigentliche Basar], der Gemüsemarkt, der *Daribah bazar* und die Gebäude um die große Moschee wurden angezündet und in Asche verwandelt. Die Bewohner wurden ohne Ausnahme niedergemetzelt. Hier und dort leistete man Gegenwehr, doch in den meisten Fällen wurden die Leute ohne Widerstand abgeschlachtet. Die Perser übten Gewalt gegen alles und jeden; Kleider, Edelsteine, Geschirr aus Gold und Silber – alles diente ihnen als Beute.«

Die Zahl derer, die dieser Vergeltung zum Opfer fielen, wird auf 20 000 geschätzt. Doch ist in den Quellen auch von bis zu 400 000 die Rede. Auf jeden Fall hatte Nadir Schah sein Ziel erreicht: Er hatte den Bewohnern von Delhi einen Denkzettel verpaßt, wie sie ihn seit dem Einfall Timurs, des Stammvaters der Moguln, vor dreieinhalb Jahrhunderten nicht mehr hatten über sich ergehen lassen müssen.

Doch damit noch nicht genug. Nach dem Morden begann das große Plündern. Dazu heißt es weiter: »Alle Edelsteine und aller Besitz des Königs sowie der Staatsschatz wurden vom persischen Eroberer in der Zitadelle eingezogen. Er kam so in den Besitz eines Schatzes im Wert von sechs Millionen Rupien und mehreren tausend *aschrafi*, goldenen Geschirrs im Wert von zehn Millionen Rupien und Edelsteinen, viele von ihnen in ihrer Schönheit ohne Beispiel in der Welt, im Wert von etwa fünfhundert Millionen Rupien. Der Pfauenthron allein, der unter großen Mühen während der Herrschaft Schah Dschahans entstanden war, hatte einen Wert von zehn Millionen Rupien. Elefanten, Pferde und was immer einen Wert besaß und dem Auge des Eroberers gefiel, mehr, als man jemals aufzählen könnte, wurden seine Beute. Kurzum, der angehäufte Reichtum von 348 Jahren wechselte den Besitzer in einem Augenblick.«

348 Jahre: Das war die Zeit, die vergangen war, seit der letzte Eroberer, Timur, die Stadt geplündert hatte. Alle Schätze, die die Moguln angehäuft hatten, nahm Nadir Schah, der im Grunde nur auf Beute ausgewesen war und schon bald nach Persien zurückkehrte, mit sich. Darunter befand sich – neben dem Pfauenthron – auch der Kohinoor, der »Berg des Lichts«, den Schah Dschahan, kurz bevor er seine Macht verlor, von dem erwähnten Renegaten aus dem Dekkan, wohin der Edelstein auf seiner Irrfahrt gelangt war, erhalten hatte. Der Pfauenthron, das Symbol der Mogulherrschaft, blieb in Persien, wo er allerdings seines kostbaren Juwelenschmucks beraubt und zerlegt wurde, um nur noch in einer Nachbildung, für die man einige Fragmente des ursprünglichen Throns verwendete, wiederzuerstehen. Der Kohinoor jedoch, jener strahlende Diamant, der von solcher Größe war, daß man ihn nicht zu Unrecht mit einem Berg verglich, fand seinen Weg erneut nach Indien. Und landete schließlich in der Schatzkammer Königin Viktorias – was nicht verwundert, denn die eigentlichen Erben der Moguln waren die Engländer.

JUWEL EINER KRONE Der Vorstoß Nadir Schahs bis nach Delhi und das Massaker und die Plünderungen, die er dort anrichtete, versetzten der Herrschaft der Moguln den Todesstoß. Zwar regierte das Haus Baburs noch ein weiteres Jahrhundert, doch die Herrscher in Delhi fristeten fortan nur noch ein Schattendasein. Als der letzte von ihnen 1857 von den Engländern abgesetzt wurde, war dies nicht mehr als das Ende eines Kapitels, das eigentlich schon längst abgeschlossen war. Der Glanz der Moguln war seit langem verblaßt, und was von der einstigen Herrlichkeit übriggeblieben war, davon zeugten nur noch einige Bauten, die die Zeit überdauert hatten. Allen voran das Tadsch Mahal.

Allerdings war auch das Tadsch Mahal von den Wirren, die den Untergang der Mogul-Dynastie bewirkten, nicht gänzlich verschont geblieben. Denn wie Delhi wurde auch Agra, das noch immer als ein Symbol der Macht der Moguln galt, ein Opfer von Zerstörung und Plünderung: 1764 fielen hier die Dschats ein, eine Bauernkaste, die das Klima der allgemeinen Unruhe nutzte, um sich ihrerseits gegen die verhaßten Moguln zu erheben. Die Dschats verwüsteten die Festung in Agra, zogen plündernd durch die Stadt und ließen auch das Tadsch Mahal nicht verschont, wo sie sich des reichen Silber- und Edelsteinschmucks bemächtigten.

Als dies geschah, fand an anderer Stelle, an einem Ort namens Baksar, am Ufer des Ganges, ein Ereignis statt, das weitreichende Folgen haben sollte: In einer Schlacht am 23. Oktober 1764 besiegte ein englisches Heer eine Streitmacht, die zwei Provinzgouverneure und der Herrscher in Delhi, Schah Alam, aufgeboten hatten, um die neue Gefahr zu bannen, die diesmal aus dem Osten drohte, wo die Engländer Fuß gefaßt hatten. Die beiden Provinzen, die sich mit dem Mogulherrscher zusammengetan hatten, der eigentlich keine Macht mehr über sie hatte, um den gemeinsamen Feind zu vertreiben, waren Bengalen und Oudh. In Bengalen, wo die Engländer – in der Nachfolge der Portugiesen, die die Moguln vertrieben hatten – 1642 aufgetaucht waren, um Handel zu treiben, hatten sie 1757, als sie den damaligen Provinzgouverneur schlugen, bereits einen ersten militärischen Sieg errungen. Dies hatte sie in die Lage versetzt, die Rolle der Mogulherrscher zu übernehmen und nach eigenem Gutdünken einen Provinzgouverneur einzusetzen, der ihnen hörig war. Doch als sich dieser als unfähig erwies und dessen Nachfolger Eigeninitiative entwickelte, was ihn in Konflikt mit den Engländern brachte, war es zu jener Konstellation gekommen, bei der der Gouverneur von Oudh und Schah Alam an der Seite des aufmüpfigen Gouverneurs von Bengalen den Engländern in Baksar entgegentraten. Der Preis für den verlorenen Sieg: die Abtretung der *Diwani* an die Engländer! Das heißt, Schah Alam wurde gezwungen, auf die Einkünfte Bengalens sowie der beiden Nachbarprovinzen Orissa und Bihar, auf die die Engländer gleichfalls Anspruch erhoben, zu verzichten. De facto bedeutete dies, daß die Engländer im Osten des Reiches souverän waren. Zumal Oudh, das einen Puffer zwischen ihrem Einflußgebiet und dem eigentlichen Machtbereich der Moguln bildete, der auf die Gegend von Delhi begrenzt war, allmählich immer mehr unter den Einfluß der Engländer gelangte.

Wie wir gehört haben, waren die Engländer nicht die einzigen Europäer, die am Handel mit Indien, dessen Reichtümer sprichwörtlich waren, teilhaben wollten. Da waren zunächst die Portugiesen gewesen, und auch die Franzosen waren schließlich hinzugekommen. Doch die Engländer bewiesen das größte Geschick, indem sie nicht nur die Portugiesen verdrängten, sondern auch die Franzosen, ehe sie zum eigentlichen Sprung ansetzten, der sie schließlich zu Herren ganz Indiens machte.

Dabei kam den Engländern zugute, daß ihnen auf indischer Seite kein geeintes Reich mehr entgegenstand. Die Zeiten, in denen sie als Bittsteller an den Hof in Agra gereist und dort nicht selten als verachtete Krämer abgewiesen worden waren, waren vorbei. Allerdings waren sie auch jetzt noch – nach ihren ersten Siegen über die Moguln – eigentlich nur Kaufleute, die es verstanden hatten, auch Politik zu machen. Denn wer in Indien bis zum großen Aufstand, der die Selbstgefälligkeit der Engländer bis in ihre Grundfesten erschüttern sollte, das Sagen hatte, das war die East India Company, ein Multi, wie wir heute sagen würden, ähnlich der United Fruit, dem berüchtigten amerikanischen Bananenkonzern, der weite Teile Lateinamerikas unter seine Fittiche brachte. Die Engländer waren Pioniere in diesem Geschäft, das wirtschaftliche Interessen mit politischer Einflußnahme verbindet.

Aber, wie gesagt, den Engländern kam entgegen, daß die Herrschaft der Moguln just in dem Augenblick im Niedergang begriffen war, als sie sich anschickten, ihren Machtbereich zu erweitern. Dabei ging es allerdings nicht um die Ausübung von Macht, also imperiale Ziele, um ihrer selbst willen. Handel blieb die eigentliche Absicht; die Ausweitung politischer Macht war eher ein notwendiges Übel. Am liebsten hätte man es gesehen, wenn die Moguln weiter für Ordnung gesorgt und den Engländern den Handel mit Übersee überlassen hätten. Statt dessen waren nun die Engländer gezwungen, die Rolle der einstigen Herren zu übernehmen, und dies in immer größerem Maße, weil die Moguln stetig an Macht verloren. Das brachte sie nicht nur in Konflikt mit den Moguln, die sie als Usurpatoren betrachteten, sondern auch mit allen jenen Kräften, die der Niedergang der Mogulherrschaft entfesselt hatte. An erster Stelle den Marathen, die die größte Herausforderung für die Briten darstellten. Aber auch den Sikhs und schließlich den Afghanen, die die Sicherung der Grenze im Nordwesten, wo man einen Einfall nicht mehr der Perser, sondern der Russen fürchtete, bedrohten. Schließlich lehnte sich auch das Volk, der Inder aus den unteren Schichten, gegen die fremden Herren auf und hob – die Moguln auf seinen Schild!

Es war dies der große Aufstand, der Indien in den Jahren 1857 und 1858 erschütterte. Doch obwohl ein Herrscher der Moguln, der freilich nur noch von Englands Gnaden seines Amtes waltete, zum Symbol dieses Aufstands wurde, vermochte er, ein betagter Herr von 82 Jahren, der sich eher widerwillig zum Freiheitshelden hochstilisieren ließ, nicht die Wirkung zu erzielen, die man sich von ihm erhofft hatte. Der große Aufstand, der unter den Engländern ein schreckliches Blutbad anrichtete, erfaßte nie das ganze Land, und mit Hilfe loyaler Fürsten, die an einem Wiedererstarken der Moguln nicht interessiert waren, gelang es den Engländern, den Aufstand niederzuschlagen.

Doch die Sieger erkannten, daß eine Handelskompanie, wie mächtig sie auch immer war, überfordert war, neben ihren eigentlichen Interessen auch noch einen ganzen Kontinent in Schach zu halten. Und so entschloß man sich, Indien der englischen Krone zu unterstellen; was dazu führte, daß Königin Viktoria 1876 den Titel einer »Kaiserin von Indien« annahm. Damit hatte sie sich sozusagen auf den Thron der Moguln gesetzt.

Was folgte, war die verklärte Ära des britischen »Raj«, der Herrschaft Großbritanniens über eine Kolonie, die als die Krone des Empire galt. England schmückte sich mit diesem »Juwel«, wie man es nannte (der Kohinoor, der 1850 seinen Weg nach England fand, kann als Symbol dieses »Schmuckstücks« in der Kette englischer Besitzungen rund um den Globus betrachtet werden), hundert Jahre. Erst 1947, nachdem Gandhi auf dem Plan erschienen war, kein Muslim, sondern ein

Hindu, der Indien zu seinen Wurzeln zurückführte, verzichtete England auf sein Juwel. Die Erwartungen, die man im einstigen Land der Moguln mit der Freiheit verband, erfüllten sich jedoch nicht. Indien gehört auch heute noch zu den ärmsten Ländern der Erde. Dabei ist die Frage inzwischen müßig, denn immerhin ist inzwischen ein halbes Jahrhundert seit Erlangung der Unabhängigkeit vergangen, wer die Schuld daran trägt. Die Moguln oder die Briten? Die einen wie die andern handelten nicht selbstlos. Doch ihr Wirken gehört der Geschichte an, hinter der man sich nicht ewig verstecken kann. Nun sind die Hindus gefordert. Was sie bislang zuwege gebracht haben, bietet keinen Anlaß, stolz zu sein. Aber vielleicht ändert sich das. Wiewohl man eher skeptisch sein muß. Womöglich hat die historische Erfahrung, die Vielzahl von Brüchen, die in Indien eine geradlinige Entwicklung verhindert hat, den Inder doch nachhaltig geprägt. Als Angehöriger einer Nation, mit allen Rechten und Pflichten, die daraus erwachsen, fühlt er sich jedenfalls nicht. Und solange das nicht der Fall ist, wird es in Indien keinen Fortschritt geben.

SEINE HOHEIT LÄSST BITTEN »Am 1. Januar 1836 reisten wir sechzehn Meilen weiter bis Agra, und als wir uns der Stadt auf etwa sechs Meilen genähert hatten, eröffnete sich uns der Blick auf die Kuppel und die Minarette des Tadsch, die sich hinter einem kleinen Hain von Obstbäumen erhoben, ganz in der Nähe am Rande der Straße. Der Himmel war an diesem Morgen nicht klar, doch es war ein günstiger Augenblick, um dieses Gebäudes zum ersten Mal ansichtig zu werden, denn es erschien größer im staubigen Dunst, als es bei klarem Himmel der Fall gewesen wäre. Fünfundzwanzig Jahre lang hatte ich mich auf den Anblick gefreut, der sich mir nun bot. Über kein Bauwerk auf der Erde hatte ich so viel gehört wie über dieses, das die sterblichen Überreste des Kaisers Schah Dschahan und seiner Frau enthält [...] Wir hatten Anweisungen gegeben, unsere Zelte in den Gärten dieses herrlichen Mausoleums aufzuschlagen, damit wir uns daran ebenso uneingeschränkt erfreuen könnten, wie es anscheinend jeder tat, der es erblickte; und wir erreichten sie gegen acht Uhr. Ich machte einen Rundgang durch die ganze Anlage, bevor ich mich in mein Zelt begab; und vom ersten Anblick der Kuppel und Minarette am fernen Horizont bis zum letzten flüchtigen Blick vom Eingang meines Zeltes auf das prächtige Tor, das den Zugang von unserem Lager zu dem Viereck bildet, wo sie sich befinden, kann ich wahrlich sagen, daß alles meine Erwartungen übertraf. Zuerst dachte ich, daß die Kuppel, im Verhältnis zum übrigen Gebäude, zu groß war, daß die Halspartie darunter zu lang und zu auffällig war und daß die Minarette zu unscheinbar in ihrem Entwurf waren; doch nachdem ich wiederholt jeden Teil überprüft und das Ganze in Zusammenhang aus jeder nur möglichen Richtung und bei jedem nur erdenklichen Licht, von dem eines vollen Mondes bei Mitternacht an einem wolkenlosen Himmel bis zu dem der mittäglichen Sonne, betrachtet hatte, schien der Geist in der stillen Überzeugung zu ruhen, daß die Einzelteile eine harmonische Einheit bildeten und das Ganze ein makelloses Zusammenspiel architektonischer Schönheiten darstellte, so daß er für immer auf ihnen verweilen konnte, ohne zu ermüden.«

Major Sleeman, von dem hier die Rede ist, ein verdienter Kolonialoffizier, der eine eindrucksvolle Beschreibung seiner Erlebnisse und Eindrücke in Indien hinterließ, stattete dem Tadsch Mahal ziemlich genau zweihundert Jahre nach seiner Errichtung einen Besuch ab. In dieser Zeit hatte es manche Heimsuchung erdulden müssen, denn nicht nur die Dschats, auch die Marathen hatten das Bauwerk entweiht, indem sie es seiner Ornamente beraubt und so manchen Schmuck, der es zierte, zerstört hatten. Dennoch, als die Briten Agra 1803 besetzten und hier eine Garnison einrichteten, befand sich das Tadsch Mahal insgesamt in bemerkenswert gutem Zustand. Es hatte die Zeit ohne größere Beeinträchtigung überdauert, was für die große Fertigkeit seiner Erbauer spricht, die das Tadsch Mahal tatsächlich für die Ewigkeit errichtet zu haben schienen.

Erstaunlich ist, daß das Tadsch Mahal erst relativ spät in das Bewußtsein der Europäer rückte. Denn obwohl die frühen Reisenden, die Zeuge seiner Entstehung wurden beziehungsweise es kurz nach seiner Vollendung kennenlernten, darüber berichteten, erregte dieses Bauwerk in Europa nicht das Aufsehen, das beispielsweise die Pyramiden in Ägypten erweckten. Das hing natürlich damit zusammen, daß Ägypten, da es mit der klassischen Antike in Berührung gekommen war, stets näher im Blickfeld der Europäer gelegen hatte als Indien, eine fremde Welt, der man kaum Beachtung schenkte. Das änderte sich erst, als mit der Ausweitung der englischen Einflußnahme in Indien auch ein Interesse für seine Kultur und Geschichte erwachte. Da dies zeitlich mit den geistigen Veränderungen zusammenfiel, die die Aufklärung bewirkte, vertiefte sich dieses Interesse, so daß daraus gezielte wissenschaftlichen Studien entstanden, die sich zu einer neuen Disziplin, der Indologie, zusammenschlossen. Allerdings ist die Indologie eine Wissenschaft, die sich ihrerseits ausschließlich dem eigentlichen, hinduistischen Erbe Indiens widmet. Die islamische Tradition, die ja Indien nur aufgestülpt wurde, bildet dagegen einen Teil der Orientalistik, deren Untersuchungsgebiet sich auf die Welt erstreckt, die durch Mohammed geprägt wurde. Anfangs spielte diese Unterscheidung noch keine Rolle. Doch je größer der Fundus an Erkenntnissen wurde, die man gewann, und je weiter damit die Spezialisierung voranschritt, desto mehr entfernten sich die beiden Forschungsrichtungen voneinander, so daß die Erforschung der Periode, die die Moguln prägten, heute vorrangig ein Arbeitsfeld der Orientalistik darstellt.

Parallel zu dieser Entwicklung – und zum Teil dadurch genährt – bildete sich jenes Interesse aus, das die allgemeine Öffentlichkeit zunehmend für Indien empfand. Dabei sind hier wiederum zwei Themen zu unterscheiden: das Reich der Moguln und die Welt der Maharadschas. Daß beides eng miteinander zusammenhängt, wird gemeinhin übersehen. Dabei sind die Maharadschas beziehungsweise das, was man damit verbindet, zum großen Teil ein Produkt der Moguln. Denn obwohl die Tradition der Maharadschas in der Kultur des eigentlichen, nichtmuslimischen Indien wurzelt, nahm sie doch entscheidende Impulse von den Moguln auf. Das zeigt sich besonders in der Architektur ihrer Paläste wie auch in künstlerischen Äußerungen und im Lebensstil. In gewisser Weise sind beziehungsweise waren die Maharadschas, in denen sich eine vermeintliche Märchenwelt verkörperte, als die Indien vorzugsweise gesehen wurde, die Erben der Moguln.

Was nun deren Nachruhm betrifft, der freilich hinter dem der Maharadschas verblaßt, so ist es hier in erster Linie, ja fast ausschließlich das Tadsch Mahal, dem die Aufmerksamkeit der Öffentlichkeit gilt. Denn nicht nur erregt die geradezu überirdische Schönheit dieses Bauwerks Bewunderung, es verbirgt sich dahinter auch der Reiz einer romantischen Geschichte, eben jener vermeintlich unsterblichen Liebe, die ein König für seine Königin empfand. Das rührte an die Herzen der Europäer, die nun – nachdem die Engländer in Indien Fuß gefaßt hatten – in immer größeren Scharen in das Land am Ganges strömten und, wie das Bekenntnis Sleemans bezeugt, auf ihren Reisen vor allem eines sehen wollten: das berühmte Tadsch Mahal in Agra.

Auf dem Kenotaph Mumtas Mahals in der Halle des Tadsch findet sich die Inschrift:

»O Herr! [...] Du bist unser Beschützer:
Hilf uns daher wider das Volk der Ungläubigen!«

Es ist dies ein Vers aus dem Koran, der im Zusammenhang mit den Beschwörungsformeln zu sehen ist, wie sie einem Ort, der der Andacht eines Toten gilt, eigen sind. Und dennoch, im Licht der Ereignisse betrachtet, die die »Wiederentdeckung« des Tadsch Mahal durch die Europäer zeitigen sollte, gewinnt dieser Ausspruch, den Mumtas Mahal selbst zu tätigen scheint, besondere Bedeutung: Denn es waren – und sind – gerade die »Ungläubigen«, die der toten Königin besondere Ehre erweisen.

Freilich geschah dies nicht immer in der Weise, daß der weihevolle Frieden des geheiligten Ortes in gebührender Weise gewahrt wurde. So hätte die selige Mumtas Mahal zuweilen durchaus berechtigten Anlaß gehabt, das barbarische Treiben der Ungläubigen zu rügen. Denn wozu verstiegen sie sich, als sie sich erstmals in Agra häuslich eingerichtet hatten? Sie ließen die Regimentskapelle auf der Empore des Tadsch aufspielen und veranstalteten rauschende Bälle. Den Vogel aber schoß der Maharadscha von Gwalior ab, inzwischen ein Nachfolger jener Marathen, die am Vorabend der britischen Eroberung ihren Machtbereich bis in den Norden Indiens ausgeweitet hatten: Seine Hoheit lud zu einem Fest in die Gärten des Tadsch ein, das selbst einem Mogulherrscher alle Ehre gemacht hätte. Der Anlaß war ein *Durbar*, eine Versammlung der indischen Fürsten, um dem Vizekönig, Sir John Lawrence, ihre Reverenz zu erweisen. Man schrieb das Jahr 1867. Zu dem Fest, das der Maharadscha von Gwalior gab, war auch ein französischer Reisender, Louis Rousselet, geladen, der unter dem Titel »Das Indien der Maharadschas« ein voluminöses Werk verfaßte. Darin berichtet er von dem denkwürdigen Ereignis, dessen Zeuge er wurde:

»Am Abend des 15. [November] machte ich mich auf den Weg zum Tadsch. Dabei fragte ich mich, ob dies nicht eine Entweihung sei, wenn man ein Grab in einen Ort des Vergnügens verwandelte; handelte es sich doch um ein Denkmal, das zu den berühmtesten Sehenswürdigkeiten Indiens gehört. Doch es scheint, daß Grabmäler bei den Muselmanen in Indien nicht das gleiche Gefühl erwecken wie bei uns. Hier haben die Herrscher seit alters her zu ihren Lebzeiten Grabmäler errichtet und sie mit prächtigen Gärten ausgestattet, wo sie selbst lustwandelten. Nach ihrem Tod verwandeln sich diese Gärten in Orte, wo sich ihre Freunde treffen, die sich damit vergnügen, über die Taten des Toten zu reden und seinen Geist zu ihrer Unterhaltung zu beschwören. Dieser Brauch ist zweifellos weniger makaber als der unsere.

Wir steigen aus, als unsere Kutsche auf dem ersten Hof, vor dem gewaltigen Tor, das in die Gärten führt, hält; Grenadiere des Maharadschas bilden ein Spalier, und wir passieren den gewaltigen Spitzbogen, von dem tausend Lichter aus Kristall herabhängen. Von der Höhe der Treppe erscheint der Garten, in all seinem Schmuck, wie ein grandioses Bild aus einer Zauberwelt: Die Wasserfontänen werfen leuchtende Garben in die Höhe, die Bäume sind mit Früchten und flammenden Blüten behangen, und ausgezeichnete Orchester erfüllen die Luft mit Symphonien. Die großen Alleen, die Fliesen aus Marmor, bieten einen faszinierenden Anblick: Maharadschas und Radschas, die nur so von Diamanten triefen, Gouverneure, Diplomaten, Offiziere, geschmückt mit ihren Auszeichnungen, indische Minister, radschputische Feudalherren, Damen des Hofes in Kalkutta bildeten eine Menge, von der kein festliches Ereignis in Europa eine Vorstellung geben kann. Damit meine ich nicht nur die Pracht der Kleider, sondern auch ihre Vielfalt, ihre Eleganz; kurzum: Es bot sich mir ein Bild unzähliger Länder und Rassen, die sich von ihrer eindrucksvollsten Seite zeigten.

DAS TADSCH MAHAL AUS DER SICHT DER ERSTEN ENGLISCHEN REISENDEN (AQUATINTA, 1789)

Für einen Europäer erscheint der Gedanke, ein Fest für die in Agra versammelten indischen Fürsten durch einen der ihren zu geben, nichts Besonderes; und dennoch war dies so etwas wie ein Staatsstreich. Leute zusammenzuführen, die ihr ganzes Leben nicht in der Öffentlichkeit erscheinen, ohne von zahlreichem Gefolge und großem Pomp umgeben zu sein, genießen sie doch quasi göttliche Verehrung beim Volk; diese stolzen Fürsten, von denen einer auf den anderen eifersüchtig ist, zusammenzuführen und sie dazu zu bringen, daß sie wie einfache Sterbliche in einem Garten spazierengehen und sich mit den Ellbogen berühren – dies unter ihnen zustande zu bringen, das hatte man für unmöglich gehalten. Doch man hatte sich geirrt: Alles verlief in bestem Einvernehmen. Ich traf in der Menge den mächtigen Ram Sing von Dschaipur, der etwas verwirrt war, weil er sich den Damen gegenüber zurückhalten und es hinnehmen mußte, daß er gelegentlich angerempelt wurde; doch er nahm alles gelassen hin. In einiger Entfernung erkannte ich [den Maharadscha] Tscheodan Sing, der die englischen Schönheiten mit den Augen verschlang.

Gegen sechs Uhr erschien plötzlich am Ende der großen Allee, weiß wie Schnee und von gewaltiger Größe, eine himmlische Erscheinung, die in der Luft zu schweben schien: Das war das Tadsch, das – bis zu diesem Augenblick von Dunkelheit umhüllt – jetzt von mehreren Scheinwerfern angestrahlt wurde. Die Wirkung war zauberhaft. Nach den Scheinwerfern wurde alles hellerleuchtet, und man forderte uns auf, uns in die Halle zu begeben, wo das Festmahl aufgetragen wurde. Sie befand sich im Dschawab des Tadsch [dem Pendant zur Moschee], ein gewaltiger Raum, mit Mosaiken geschmückt; hier war ein Festmahl homerischen Ausmaßes ausgebreitet, das alle Delikatessen Europas und Asiens versammelte. Bald haben die Europäer den Tisch umringt, Korken fliegen wie Buketts in die Luft, und die Stimmung steigt; die Inder nehmen zwar an dem Festessen teil, halten sich jedoch im Hintergrund. Zu sagen, wieviel Champagner an diesem Abend getrunken wurde, wäre schwierig; doch ich wage zu sagen, daß so mancher altgediente englische Krieger sich durch das französische Getränk flachlegen ließ. Sindhia [der Maharadscha von Gwalior] hatte übrigens allein für dieses Bankett zwanzigtausend Rupien hinzulegen!

Nach dem Festmahl wird ein Feuerwerk am Ufer des Dschumna abgebrannt; wie man weiß, grenzt der Fluß an die Terrasse des Tadsch und macht an dieser Stelle einen anmutigen Bogen. Eine Reihe von Feuerwerkskörpern, die zu Sternen zerplatzen, wie man es kennt, spiegelt sich einen Augenblick auf dem Wasser; aber dann, als alles wieder in den Schatten der Dunkelheit getaucht ist, erkennt man, wie auf dem Fluß ein Feuerteppich herangetragen wird, der bald den ganzen Dschumna bedeckt; es handelt sich um Tausende von Flößen, die mit Naphtha beladen sind und, nachdem man sie entzündet hat, ... [oben am Fluß] zu Wasser gelassen wurden und ihn mit einem Flammenmeer überziehen. Von der Strömung erfaßt, breitet sich das Feuer schnell aus, und von der Terrasse aus erscheint der Fluß, kilometerweit stromauf und stromab, wie ein Meer aus glühender Lava. Dieses fremdartige Schauspiel dauerte eine halbe Stunde und verlor sich schließlich im Dschungel. Was haben wohl die Tiger gedacht, als sie dieses Feuermeer vorbeischwimmen sahen? Gegen Mitternacht erfreuten uns die englischen Orchester mit einem fulminanten Konzert, dann löste sich die Menge allmählich auf.«

Nicht nur die Tiger, auch Mumtas Mahal wird sich gewundert haben. Auch wenn es in diesem Fall kein Engländer, sondern ein Inder war, der zur Gala gebeten hatte. Aber es war ein Hindu, und Hindus waren eben auch Ungläubige.

EDLER TRIBUT Wie sehr die Engländer – und ihre Schützlinge, die indischen Fürsten – auch das Tadsch Mahal entweihen mochten, indem sie, wenn auch nicht im Mausoleum selbst, so doch in seinen Nebengebäuden und den Gärten, Bälle und Picknicks veranstalteten, eines gilt es dennoch festzuhalten: Sie waren es, die das Tadsch Mahal wie aus einem Dornröschenschlaf wiedererweckten. Denn nicht nur in Europa, auch in Indien war es seit dem Niedergang der Moguln in Vergessenheit geraten. Doch die Engländer begnügten sich nicht damit, im Zeitalter der Romantik das Tadsch Mahal zu einem Symbol unsterblicher Liebe zu verklären. Sie unternahmen auch Anstrengungen, dieses Bauwerk, das die Zeiten zwar überdauert hatte, dennoch aber die Spuren, die Vandalismus und die Einwirkungen des Klimas hinterlassen hatten, nicht gänzlich verleugnen konnte, wieder instand zu setzen und für die Nachwelt zu erhalten.

Bereits kurz, nachdem die Engländer Agra besetzt hatten, begannen sie mit den ersten Restaurierungsarbeiten am Tadsch Mahal. Sie waren jedoch nicht die ersten, die in dieser Weise tätig wurden. Der früheste Hinweis, daß Ausbesserungsarbeiten am Tadsch vorgenommen wurden, datiert aus dem Jahre 1652, und sein Urheber war – so paradox es klingt – Aurangseb, damals noch Prinz, der seinem Vater, der kurz zuvor nach Delhi übergesiedelt war, von einigen Schäden am Tadsch Mahal berichtet. Zum Teil habe er sie bereits ausgebessert; anderes sei nicht so leicht zu beheben. Vor allem, was die Kuppel anbelange, die undicht geworden sei, so bedürfe dies aufwendigerer Arbeiten. Es ist jedoch nicht bekannt, ob Schah Dschahan daraufhin irgendwelche Schritte unternahm.

Immerhin, wie groß die Schäden auch immer gewesen sein mögen – das Tadsch Mahal war Ende des 18. Jahrhunderts, als das Interesse der Europäer, namentlich der Engländer, an dem Mausoleum neu erwachte, noch immer in einem Zustand, der sie in Erstaunen versetzte und ihre uneingeschränkte Bewunderung hervorrief. Dabei erfreute man sich nicht nur an der Schönheit des Bauwerks, sondern war auch bereit, gewissermaßen über den eigenen Schatten zu springen. Galten bislang doch – sieht man von Ägypten einmal ab, das auf Europa von jeher eine besondere Faszination ausgeübt hatte – die Zeugen der klassischen Antike, also Griechenlands und Roms, als das Maß aller Dinge, wenn es galt, die Bedeutung einer Kultur zu bewerten. Das Tadsch Mahal nahm diese Hürde mühelos und erweiterte so den Blick der Europäer bei der Einschätzung fremder Kulturen. An seinem Beispiel erkannte man, daß auch Kulturen jenseits Europas (und der Antike) große Leistungen hervorgebracht hatten; das Tadsch sprengte die bislang eurozentrische Sicht der Welt, indem es den Blick auf eine Gegend lenkte, die zwar einst nicht unbekannt, doch inzwischen längst wieder in Vergessenheit geraten war.

Dabei war die Begeisterung und Wertschätzung, die man dem Tadsch entgegenbrachte, bei Laien und Experten gleich groß. Fanny Parks, die Frau eines Beamten der Ostindischen Kompanie, die in den dreißiger Jahren des vorigen Jahrhunderts Agra besuchte, war vom Anblick des Tadsch so begeistert, daß ihr der Abschied schwerfiel. Wie sie in einem Reisewerk, das sie verfaßte, mit bezauberndem Charme schrieb:

»And now adieu, beautiful Taj, adieu! In the far, far west I shall rejoice that I have gazed upon your beauty nor will the memory depart until the lowly tomb of an English gentlewoman closes on my remains.«

Wenn sie also nach Europa zurückkehre, werde sie sich stets mit Freude daran erinnern, daß sie des Tadsch Mahals ansichtig wurde, und die Erinnerung an seine Schönheit werde sie begeistern bis zu dem Tag, wo »eine einfache Steinplatte [...] sich über meinen sterblichen Überresten schließt«. Ganz ähnlich klingt der Ausspruch, den wenig später die Frau Sleemans beim Anblick des Tadsch Mahals tätigte: Wie wir gehört haben, wäre sie sogar bereit gewesen, ihr Leben zu geben, wenn sie in einem Grabmal wie dem Tadsch Mahal hätte beigesetzt werden können. Und Edward Lear, einer der berühmtesten englischen Landschaftsmaler des 19. Jahrhunderts, schrieb in sein Tagebuch, als er im Februar 1876 Agra besuchte: »Begab mich zum Tadsch; Beschreibungen dieses wundervollen, lieblichen Ortes sind einfach töricht, denn Worte können ihn nun einmal nicht beschreiben. Welch ein Garten! Was für Blumen! Wie prächtig gekleidet die Frauen, mit ihrem Schmuck; einige von ihnen sind ausgesprochen hübsch, und alle sind sie ordentlich gekleidet, obwohl sie augenscheinlich arm sind. Die Männer zumeist weiß gekleidet, einige mit rotem Turban, einige ganz in Rot oder Rotbraun gekleidet; orangefarbene, gelbe, scharlachrote oder purpurne Turbane, einige auch weiß; die Wirkung der Farben ist ganz erstaunlich, im Mittelpunkt stets das gewaltige, glitzernde, elfenbeinweiße Tadsch Mahal und dazu, als Ergänzung und Kontrast, das dunkle Grün von Zypressen, mit dem leuchtenden, gelben Grün der anderen Bäume! Und dann das Bild der zahllosen hellgrünen Papageien, die hin- und herschwirren wie lebende Smaragde, und der scharlachroten Flamboyants und zahllosen anderen Blumen, die aus dem dunklen Grün hervorleuchten! Der Tordalk [Vogelart] immer an der Arbeit; Tauben, Wiedehopfe und, ich glaube, eine neue Art des Hirtenstars, von bleicher, taubengrauer Farbe; auch Eichhörnchen, und alle zahm und in endloser Zahl. Poinsettien bilden große karmesinrote Büsche, und die prupurfarbene Bougainvillea klettert an den Zypressenbäumen empor. Aloen ebenfalls und eine neue Art von Farn oder Palme, ich weiß nicht, was es von beiden ist. Der Garten ist unbeschreiblich. Unterhalb des Tadsch Mahal das Bild von Pilgern, die sich waschen, und Tempelschreinen, ganz und gar indisch und ein reizender Anblick. Was kann ich hier tun? Gewiß nicht die Architektur, an der ich mich natürlich auch nicht versuchen werde, es sei denn vielleicht eine oder zwei einfache Skizzen des Gartens. Von nun an laßt die Bewohner der Erde in zwei Gruppen unterschieden sein – in jene, die das Tadsch Mahal gesehen, und jene, die es nicht gesehen haben.«

Aber wie gesagt, nicht nur Reisende und Künstler waren vom Anblick des Tadsch entzückt. Auch die Wissenschaft erkannte den besonderen Wert dieses Bauwerkes an. So schrieb James Fergusson, der erste, der die Baudenkmäler Indiens mit wissenschaftlicher Genauigkeit untersuchte, in einem Werk über die »Geschichte der indischen und östlichen Architektur«, das 1876 erschien: »Kein Gebäude in Indien ist so oft gezeichnet, photographiert oder beschrieben worden wie dieses; doch obwohl dies so ist, ist es beinahe unmöglich, denen einen Eindruck zu vermitteln, die es nicht gesehen haben, nicht nur wegen der außergewöhnlichen Erlesenheit und Schönheit des Materials, das für seinen Bau verwendet wurde, sondern auch wegen der Kompliziertheit seines Entwurfes. Wenn das Tadsch nur ein bloßes Grab wäre, könnte man es vielleicht beschreiben, doch die Empore, auf der es steht, mit ihren hohen Minaretten, stellt ein Kunstwerk für sich dar.« Und er fügt hinzu: »So schön es, für sich gesehen, auch ist, das Tadsch würde die Hälfte seines Reizes verlieren, wenn es allein stünde. Es ist die Verbindung so vieler Schönheiten und die vollendete Weise, in welcher das eine dem anderen untergeordnet ist, was ein Ganzes schafft, das auf der Welt einzigartig ist und nicht einmal die unbeeindruckt läßt, die architektonischen Werken gewöhnlich völlig gleichgültig gegenüberstehen.«

Dreißig Jahre später äußerte sich Ernest Binfield Havell, ein britischer Kunsthistoriker, der bahnbrechend in seiner Forderung war, die indische Kunst (und damit auch die Zeugnisse indischer Architektur) könne man nur aus dem indischen Kontext heraus verstehen, weshalb man die indische Geschichte und Gedankenwelt kennen müsse, folgendermaßen über das Tadsch Mahal, dem auch er besondere Aufmerksamkeit widmete: »Der ganze Entwurf und jede seiner Linien und jedes Detail drückten die Absicht des Erbauers aus. Es ist Mumtas Mahal selbst, strahlend in ihrer jugendlichen Schönheit, die noch immer an den Ufern des Dschumna verweilt, früh am Morgen, in der glühenden Mittagssonne oder im silbernen Mondlicht.« Doch damit noch nicht genug: »... [das Tadsch Mahal] drückt einen noch abstrakteren Gedanken aus: Es stellt Indiens edlen Tribut an die Anmut indischer Weiblichkeit dar – die Venus von Milo des Ostens.«

Damit weist Havell auf einen Aspekt hin, der bei der Betrachtung indischer Kunst besonders bedeutsam ist. Allerdings trifft dies mehr für die eigentliche indische Kunst zu, also jene, die durch die autochthone hinduistische Tradition geprägt ist. Hier spielte die Frau, vor allem in der Plastik, seit alters her eine hervorragende Rolle, was – wie

MUMTAS MAHAL, BILDNIS AUF EINEM SCHMUCKKÄSTCHEN (UM 1900)

bereits anklang – auf ein ursprünglich hohes Ansehen der Frau in der Gesellschaft schließen läßt.

In der islamischen Tradition, die der Darstellung des Menschen in der bildenden Kunst ohnehin ablehnend gegenübersteht, spielt die Frau eine weniger bedeutsame Rolle. Auch wenn sie zur Zeit der

Moguln in Miniaturen dargestellt wurde, so finden sich doch bezeichnenderweise keine plastischen Darstellungen, und der Gedanke, die Frau gar in Gestalt eines Bauwerkes darzustellen, wäre selbst einem Schah Dschahan fremd gewesen. Hier schießt Havell in seiner Interpretation des Tadsch über das Ziel hinaus. Allerdings muß man ihm zustimmen, daß der Gesamteindruck des Tadsch, die Form seiner Kuppeln, die Schlankheit seiner Minarette, der schimmernde Glanz des Marmors und das Leuchten der Blumen in den Gärten wie auch der Intarsien an ein Bild erinnert, wie es sich uns in den Frauenporträts der Miniaturmaler am Hof der Moguln darbietet. Insofern könnte man im Tadsch Mahal letztlich doch eine wiedererstandene Mumtas Mahal sehen. Oder aber eine Mumtas Mahal, die nie wirklich vom Anblick dieser Erde verschwand. Sie ist im Gegenteil zu einem ihrer herausragenden Schmuckstücke geworden.

DER STOLZ EINES VIZEKÖNIGS Daß das Tadsch Mahal ein außergewöhnliches Bauwerk war, das uneingeschränkte Bewunderung verdiente, darüber waren sich alle einig, Laien ebenso wie die Wissenschaft. Vorerst aber hatte es letztere schwer, sich gegen erstere durchzusetzen. Denn bei aller Wertschätzung des Tadsch ging man zunächst doch recht unbekümmert damit um. Das trifft auch für die anderen Bauten zu, die aus der Zeit der Moguln stammten. Hier führten sich die Engländer zuweilen wie Barbaren auf. Anfangs waren sie bemüht, aus dem Prunk, der die Paläste in Delhi und Agra schmückte, Kapital zu schlagen, indem sie unbekümmert Marmorplatten abmontierten und nach Kalkutta und England verschickten. Auch boten sich die Paläste, die ja eigentlich Festungen waren, dazu an, als Garnisonen zu dienen, so daß man darin Kasernen errichtete, sofern man nicht die Gemächer einstiger Kaiser in Offiziersquartiere umwandelte. Dabei schreckte man auch nicht davor zurück, um die Säulenhallen und Kioske »bewohnbar« zu machen, die kostbaren Intarsien, soweit noch vorhanden, mit weißer Farbe zu übertünchen, weil das nun mal ein Zeichen von »Zivilisation und Fortschritt« war.

Waren es zunächst Unbedachtheit und Zivilisationsdünkel, die die Engländer daran hinderten, den Zeugnissen der Vergangenheit, die sie in Indien vorfanden, nicht die gebührende Aufmerksamkeit und Rücksichtnahme entgegenzubringen, so artete diese Unbekümmertheit schließlich in regelrechten Vandalismus aus, als es zu dem großen Aufstand gegen die Herrschaft der Briten kam. Jetzt ging man im Zuge einer rücksichtslosen Vergeltungspolitik daran, Relikte, die an die Vergangenheit gemahnten, die nationalistische Kräfte hatten wiederaufleben lassen wollen, mutwillig zu zerstören. Auf diese Weise wurde zum Beispiel in der Festung von Delhi das Diwan-i-Am, die öffentliche Audienzhalle, abgerissen, während man das Diwan-i-Khas, die Halle für private Audienzen, in ein Militärhospital verwandelte. Die Zenana, der Harem, wurde gar in die Luft gesprengt. Desgleichen alles, was sich im Umkreis von einem halben Kilometer um die Festung befand, um niemandem mehr Deckung bei möglichen neuen Aufständen zu bieten und freies Schußfeld zu haben. Ähnlich waren die Maßnahmen, die die Engländer in Agra ergriffen.

Auch wenn das Tadsch von diesen Vergeltungsmaßnahmen nicht betroffen war, so ließ man es doch auch hier – wie wir bereits gehört haben – nicht selten an der nötigen Rücksicht fehlen. Ein Engländer unserer Zeit, der sich mit dem zwiespältigen Verhältnis seiner Landsleute zu den kulturellen Hinterlassenschaften in Indien auseinandersetzt, schreibt dazu: »Ob das Tadsch Mahal ebenfall das Opfer einer solchen geschmacklosen und respektlosen Behandlung war, ist durchaus nicht so klar, wie man meinen möchte. Lord Curzon, der Indiens bekanntestem Bauwerk das ganze Gewicht vizeköniglichen Schutzes gewährte, malte ein überaus düsteres Bild von den Vergehen in der Vergangenheit. Von englischen Ausflüglern sei bekannt, daß sie ›den Nachmittag damit verbrachten, den Schmuck aus Achat und Karneol, der die Kenotaphe des Kaisers und seiner Königin zierte, herauszubrechen‹. Trinkgelage wurden in den Gärten und Bälle auf der Marmorterrasse veranstaltet; der *dschawab* im Osten des Grabmals ... [das Pendant zur Moschee] wurde an Hochzeitsreisende vermietet, und die Minarette waren allgemein begehrt für Selbstmorde. Man kann sich die leeren Champagnerflaschen vorstellen, die auf dem Wasser in den Kanälen tanzten, ein Orchester, das zum Marsch aufspielte, und einen liebeskranken Subalternoffizier, der sich mit einer Zigarre auf dem Grab Schah Dschahans tröstet.«

Auch wenn hier der englische Humor durchscheint, so steht doch außer Zweifel, daß die Engländer es auch dem Tadsch Mahal gegenüber lange Zeit an Respekt fehlen ließen. Doch das änderte sich, spätestens seit der genannte Curzon, der in den Jahren 1899 bis 1904 Vizekönig von Indien war, eine Politik einführte, die bewußt auch dem kulturellen Erbe Indiens Beachtung schenkte. Mehr noch, Curzon, der die Verantwortung Englands als imperialer Macht, der der besondere Schutz erhaltungswürdiger Kulturgüter oblag, erkannte, sorgte auch dafür, daß dieses Erbe in neuem Glanz erstrahlte, indem er es konservieren und restaurieren ließ. So erklärte er anläßlich der Jahresversammlung der Asiatic Society of Bengal, einer jener Initiativen, die die Briten ins Leben gerufen hatten, um die wissenschaftliche Erforschung Indiens voranzutreiben, im Rahmen eines Vortrags, den er am 7. Februar 1900 hielt: »Indien ist übersät mit sichtbaren Zeugnissen vergangener Dynastien, vergessener Herrscher, verfolgter und manchmal entehrter Glaubensgemeinschaften. Diese Denkmäler befinden sich größtenteils, obwohl es bemerkenswerte Ausnahmen gibt, auf dem Boden britischer Herrschaft und unterstehen somit unserer Regierung. Viele von ihnen befinden sich in entlegenen Gebieten und sind den vielfältigen zerstörerischen Einwirkungen ausgesetzt, die das tropische Klima, eine üppige Flora und sehr oft die Unwissenheit der lokalen Bevölkerung verursachen, die in einem alten Gebäude nur ein Mittel sieht, auf billige Weise ein neues zu ihrer Bequemlichkeit zu errichten. All diese Umstände erklären die besondere Verantwortung, die der Regierung in Indien obliegt.«

Anzumerken ist, daß die Engländer in Indien zweierlei Herrschaft ausübten: einmal über jene Gebiete, die sie direkt ihrer Herrschaft unterstellt hatten, und zum zweiten über jene Territorien, die sogenannten »Fürstenstaaten«, wo die einheimischen Herrscher, die Maharadschas, weiterhin die Macht ausübten, während sich der Einfluß der Engländer auf eine indirekte Kontrolle beschränkte. Insgesamt war England also dennoch souverän in Indien.

Wenn Lord Curzon also, nachdem bereits im Laufe des 19. Jahrhunderts immer wieder Versuche unternommen worden waren, für den Erhalt der Zeugnisse der indischen Vergangenheit Sorge zu tragen, eine systematische Kampagne startete, indem er unter anderem ein Gesetz zum Schutz indischer Altertümer erließ, für den Erhalt dieser Relikte zu sorgen, dann erstreckte sich das auch, wenn auch in begrenzterem Maße, auf die Fürstenstaaten.

Bereits im Jahre 1904, gegen Ende seiner Herrschaft, konnte Curzon verkünden: »Das Tadsch selbst und die ganze Umgebung sind wiederhergestellt; es ist kaum ein Arbeiter mehr dort zu sehen. Man nähert sich ihm nicht mehr über staubiges Ödland und durch einen schmutzigen Basar. Ein schöner Park tritt an ihre Stelle; und die Gruppe der Moscheen und Gräber, die arkadengesäumten Straßen und die grasbewachsenen Höfe, die dem Grabmal vorgelagert sind, erscheinen nun wieder, soweit dies möglich ist, in der gleichen Form wie zu der Zeit, da sie von den Handwerkern Schah Dschahans fertiggestellt wurden. Jedes Gebäude, das zur Einfriedung des Tadsch gehört, ist sorgfältig wieder instand gesetzt worden, und die Entdeckung alter Pläne hat uns in die Lage versetzt, die Kanäle und Blumenbeete des Gartens wieder so herzustellen, wie sie ursprünglich waren. Wir haben im gleichen Maße auch die übrigen Bauten in Agra restauriert.«

Und nicht nur in Agra, auch in Delhi und Lahore wurden die Bauten der Moguln einer Renovierung unterzogen. Selbst die Militärbehörden wurden bewogen, sich aus der Festung in Delhi, das schließlich an die Stelle Kalkuttas als neue Hauptstadt Indiens treten sollte, zurückzuziehen. Als Curzon 1904 aus seinem Amt schied, konnte er mit Recht stolz sein, Indien einen Großteil seines alten Glanzes zurückgegeben zu haben. Nichts aber befriedigte ihn mehr als das Werk, das er in Agra vollbracht hatte: »Was auch immer ich sonst in Indien erreicht habe«, erklärte er, »hier habe ich meinen Namen verewigt, und jeder Buchstabe erfüllt mich mit Freude.« Curzon bezog sich auf das Tadsch Mahal, das auch er, immerhin Repräsentant eines weltumspannenden Reiches, für das wohl schönste Bauwerk hielt, das der Mensch je geschaffen hatte.

TRAURIGES ENDE? Die Herrschaft der Engländer in Indien währte bis 1947. Auch nach Curzon schenkten sie dem Tadsch Mahal besondere Beachtung; noch in den Jahren 1941 bis 1944, also während des Zweiten Weltkrieges, führten sie ein aufwendiges Restaurierungsprojekt am berühmten Mausoleum Schah Dschahans durch. Die Aufwendungen dafür beliefen sich auf fast 100 000 Rupien, angesichts der begrenzten Finanzen, die auf die Kriegsanstrengungen zurückzuführen waren, ein nicht unbedeutender Betrag. Zumal Besucher, denen es vergönnt war, dem Inferno des Krieges zu entkommen, mit einem Tadsch vorliebnehmen mußten, dessen Anblick die meiste Zeit durch ein Gerüst, das man für die Ausbesserungsarbeiten benötigte, beeinträchtigt wurde.

Auch nach der Unabhängigkeit setzte die neue, nationale Regierung die Restaurierungsarbeiten am Tadsch Mahal fort. Allerdings ergaben sich bald, im Zuge einer forcierten Industrialisierung des Landes, neue Probleme, die unter das Stichwort »Umweltverschmutzung« fallen. Hier stellen sich den Konservatoren ganz neue Herausforderungen.

Allerdings ist die Einstellung der Inder zum Tadsch Mahal etwas differenzierter, als das bei den Engländern der Fall war. Schließlich handelt es sich beim Tadsch um ein Bauwerk, das die Moguln errichtet haben, und die Moguln waren letztlich ebenso Eroberer, wie es die auf sie folgenden Engländer waren. Das Tadsch stellt also ein islamisches Erbe dar, auf das stolz zu sein in Indien durchaus keine Selbstverständlichkeit ist. Ist die Mehrzahl der Inder doch hinduistisch und empfindet für die Zeugnisse islamischer Kultur, die sie an ihre Erniedrigung erinnern, eher Gleichgültigkeit. Das äußert sich unter anderem darin, daß Kulturdenkmäler aus der islamischen Zeit oft einen verwahrlosten Eindruck erwecken. Was mir besonders, während meiner letzten Reise nach Indien, in Delhi auffiel, wo der Palast in der einstigen Festung der Moguln einen geradezu verwahrlosten Eindruck machte. Und dies, obwohl die Touristenindustrie des Landes gerade auch dieses Bauwerk als besonders sehenswert preist.

Nun sind die Inder ein Volk, das es mit der Ordnung nicht so genau nimmt, was übrigens auch für die Ägypter zutrifft, die die Pyramiden von Gizeh zuweilen als Schuttabladeplatz betrachten. Dabei ist freilich anzumerken, daß es sich in beiden Fällen um Zeugnisse einer anderen Kultur handelt: Weder fühlen sich die Hindus den Mogulbauten verpflichtet noch die (heutigen) Ägypter, die islamischen Glaubens (und stark arabisiert) sind, den Zeugnissen der Pharaonen, die zuweilen sogar als heidnisches Teufelswerk verdammt werden.

Wenn man dennoch sowohl in Indien als auch in Ägypten an der Erhaltung islamischer beziehungsweise pharaonischer Kulturgüter interessiert ist, dann geschieht das in erster Linie um des Tourismus willen, der auch in Indien – wenn auch nicht im gleichen Maße wie in Ägypten – ein wichtiger Wirtschaftszweig ist. Und neben den (hinduistischen) Tempeln von Khadschuraho, die wegen ihres erotischen Bilderschmucks berühmt sind, ist es vor allem das Tadsch Mahal, weshalb Touristen aus aller Herren Länder nach Indien kommen. Und zumindest in Agra, beim Anblick des Tadsch, werden sie gewöhnlich nicht enttäuscht. Es fällt einem sogar auf, daß unter den Einheimischen, die das Mausoleum besuchen, mindestens ebenso viele Hindus sind wie Muslime. Was man leicht daran erkennen kann, daß nur jene, das heißt die Frauen der Hindus, einen Sari tragen, jenes anmutige, traditionelle Gewand der Inderin, das mit seinen leuchtenden Farben einen bezaubernden Kontrast zum weißen Marmor des Tadsch Mahal bildet.

Die Inder haben das Tadsch eigentlich erst durch die Engländer entdeckt. Denn als diese gegen Ende des 18. Jahrhunderts das Tadsch Mahal sozusagen wiederentdeckten, war das einst berühmte Grabmal auch in Indien in Vergessenheit geraten. Man erinnerte sich zwar an die Herrschaft der Moguln, nicht zuletzt an den Höfen der Radschputen, die einst ihre treuesten Vasallen waren und in ihrer höfischen Kultur vieles, was den Glanz der Moguln ausgemacht hatte, übernommen hatten. Doch was speziell Schah Dschahan betraf beziehungsweise seine vermeintlich unsterbliche Liebe, die sich in einem Mausoleum manifestierte, auch wenn es schöner als jedes andere war, daran erinnerte man sich nicht, dessen war man sich nicht bewußt. Das brachten erst die Engländer wieder in Erinnerung. Mit dem Ergebnis, daß heute auch die Inder, diejenigen, die es sich leisten können, und zwar sowohl Muslime als auch Hindus, von einem »Honeymoon« im Angesicht des Tadsch, das ewige Liebe verspricht, träumen.

Bemerkenswert ist darüber hinaus, daß sich auch Literaten und Maler in Indien des Sujets des Tadsch – wie auch der Legende, die sich damit verbindet – angenommen haben. Das berühmteste Beispiel ist der bengalische Dichter Rabindranath Tagore, den wir bereits eingangs erwähnten und der ein langes Gedicht über die tragische Liebe, die das Tadsch Mahal verkörpert, verfaßte. Auch sein Neffe, der Maler Abindranath Tagore, widmete sich diesem Thema. Von ihm stammt ein Bild, das jene Szene festhält, in der Schah Dschahan im Angesicht des Todes einen letzten Blick von der Terrasse seines königlichen Gefängnisses auf das Tadsch Mahal erhascht.

Ganz anderer Art ist das Werk eines Inders namens Purushottam Nagesh Oak. Er veröffentlichte 1965 ein Buch mit dem Titel: »Taj Mahal Was a Rajput Palace«, zu deutsch: »Das Tadsch Mahal war ein Palast der Radschputen«. Oak vertritt darin die These, daß es sich beim Tadsch Mahal eigentlich um einen »Tempelpalast« handelt, der »vielleicht im vierten Jahrhundert erbaut« wurde. Ist die Zeitangabe auch eher vage, so läßt sich Oak um so deutlicher darüber aus, was es mit diesem angeblichen »Tempelpalast« auf sich habe: Es sei ein Tempel gewesen, der dem Gott Schiwa geweiht war. Als Beweis führt er an, daß die Kuppel des Tadsch ein Symbol krönt, das er als Dreizack, ein Emblem des Gottes Schiwa, deutet. Auch andere Parallelen zur hinduistischen Überlieferung veranlaßten ihn, die Urheberschaft Schah Dschahans für das Tadsch Mahal in Abrede zu stellen. Dazu verweist Oak als Erklärung auf den Umstand, daß das Gelände, auf dem das Tadsch Mahal errichtet wurde, ursprünglich im Besitz des Fürsten von Amber, eines Radschputen, war, der es freilich Schah Dschahan überließ. Schah Dschahan aber habe nur einen Tempel, der sich auf dem Gelände befand, in ein Mausoleum umgewandelt. Entscheidend sei, so die Argumentation Oaks, daß es sich eigentlich um ein hinduistisches Bauwerk handle. Womit der Ehre der Hindus Genüge getan ist – denn darum geht es.

Oak ist Fundamentalist – auch unter den Hindus gibt es diese Spezies, die in Indien besonders 1992 von sich reden machte, als hinduistische Fanatiker in Ayodhya, einem der heiligen Orte Indiens, eine Moschee niederrissen. Angeblich war sie auf den Ruinen eines Tempels errichtet worden, der dem Gott Rama gewidmet war, der die zentrale

ABINDRANATH TAGORE: EIN LETZTER BLICK SCHAH DSCHAHANS AUF DAS TADSCH MAHAL

Figur in einem der beiden Nationalepen Indiens, dem »Ramajana«, bildet. Die Hindus machen freilich nur wett, was – wie wir gehört haben – die Muslime in Indien zur Genüge praktiziert haben. Es fehlte nur, daß sie auch das Tadsch Mahal, wenn auch nicht niederreißen, so doch von aller vermeintlich islamischen Verfremdung befreien und auf die Urgestalt eines hinduistischen Tempels zurückführen. Zum Glück hat noch niemand diese Forderung erhoben; aber Oak hat mit seiner provokanten These Öl ins Feuer gegossen. Wer weiß, wann auch in Agra die Flammen hochschlagen!

Einstweilen ist jedoch eine Raffinerie, die im nahen Mathura (wo Aurangseb die *hinduistischen* Tempel schleifen ließ) errichtet wurde, die größere Gefahr. Sie wurde 1982 in Betrieb genommen und stellt insofern eine Bedrohung dar, als die Schadstoffe, die bei der Verarbeitung des Erdöls entstehen und in die Atmosphäre gelangen, wo sie sich in »sauren Regen« verwandeln, die Marmorverkleidung des Mausoleums angreifen. Die Folge sind Verfärbungen und Zersetzungsprozesse, über deren Ablauf man zur Zeit noch wenig weiß. Daß diese schwefelhaltigen Schadstoffe jedoch eine große Gefahr für den Bestand des Tadsch darstellen, darüber sind sich alle einig. Man hat deshalb 1995 ein Projekt in Angriff genommen, das Abhilfe schaffen soll. Die indische Regierung kommt damit nicht zuletzt einer Verpflichtung nach, die sie bereits 1983 einging, als das Tadsch Mahal von der UNESCO, der Organisation der Vereinigten Nationen für Kultur und Wissenschaft, in die Liste des Kulturerbes der Menschheit aufgenommen wurde. Dies bedeutet nicht nur die Anerkennung des Tadsch Mahal als eines der großen Werke menschlichen Schaffens, sondern auch die Verpflichtung, für den Erhalt dieses Bauwerks zu sorgen. Ob die indische Regierung angesichts der zunehmenden Industrialisierung und der damit verbundenen Umweltzerstörung dieser Verpflichtung nachkommen kann, bleibt abzuwarten.

EPILOG Rudyard Kipling, der englische Dichter und Apologet der englischen Herrschaft in Indien, nannte das Tadsch Mahal »the ivory Gate through which all dreams pass«. Das läßt sicher mehrere Interpretationen zu, doch gemeint ist wohl dies: wer sich wie durch ein »elfenbeinernes Tor« vor das Antlitz des Tadsch Mahal begibt, der taucht ein in eine Welt der Träume.

Als Kipling diese Feststellung traf, waren Träume noch etwas Alltägliches. Noch war das Wissen begrenzt, Reisen war noch ein Abenteuer, und ferne Welten lockten mit Geheimnissen, die um so mehr faszinierten, als man in sie alle Träume projizierte. Heute, im Zeitalter von Massentourismus, Fernsehen und Internet, birgt die Welt keine Rätsel mehr. Der Mensch ist abgeklärt; alles ist ihm vertraut. Er glaubt an keine Wunder mehr und hat es verlernt, staunend die Welt zu betrachten, Ehrfurcht vor der Natur und der Vergangenheit zu empfinden und sich mit ganzer Seele und ganzem Herzen für etwas zu begeistern. Wir nennen es Fortschritt, doch in Wahrheit ist der Mensch ärmer geworden. Selbst beim Anblick des Tadsch Mahal wird ihn nur selten jener Schauer, ein Gefühl der Ehrfurcht und des Glücks, überkommen, wie das bei jenen Reisenden zur Zeit des »British Raj«, der Herrschaft der Engländer in Indien, der Fall war, als ein Besuch des Tadsch als ein Höhepunkt einer jeden Indienreise galt.

Insofern wird man die mögliche Zerstörung des Tadsch Mahal durch die Einwirkungen der modernen Technik vielleicht gar nicht mehr als Unglück betrachten. Viel interessanter wird es sein, Fragen nachzugehen wie dieser: Befinden sich die Gebeine des Kaisers und seiner Königin tatsächlich in der Krypta unterhalb der großen Halle des Tadsch? Oder sind auch die Sarkophage, die hier aufgestellt wurden, leer, nur Attrappen, wie manche Forscher vermuten? Wo aber befinden sich dann die sterblichen Überreste; etwa in einer geheimen Grabkammer im Fundament des Tadsch, was gelegentlich als Vermutung geäußert wird? Es ist nur eine Frage der Zeit (heilig ist dem Menschen schon lange nichts mehr, was kurz über lang auch für

Indien zutreffen wird), bis man die Gebeine des Kaisers und der Königin finden wird. Und dann folgt als logischer Schritt die nächste Frage: Wie sah sie aus, die Königin? War sie wirklich so schön, daß ihr kaiserlicher Gemahl sich bemüßigt fühlte, ihr ein Mausoleum zu errichten, wie man es sonst nur von den Pyramiden in Ägypten kennt? Man wird ihren Schädel vermessen, die Meßdaten in einen Computer eingeben, und – siehe da! – sie erwacht zu neuem Leben, die mogulische Königin. Genauso wie Kleopatra, deren Gebeine man zwar noch nicht entdeckt hat, aber von der es immerhin eine Reihe von Bildwerken gibt, die einen vergleichbaren Anhaltspunkt bieten. Irgendwann flimmert das dann über die Bildschirme, findet Eingang in jedes Haus. Wird als Sensation gepriesen, ist aber längst etwas Alltägliches. Und was die Romantik betrifft: die ist völlig unter den Tisch gefallen.

Träumen? Vielleicht vermochte es Kipling noch. Uns ist es abhanden gekommen. Spekulationen sind viel wichtiger. Das ist Suspense, Spannung. Ein wenig Nervenkitzel, den wir brauchen in unserer Welt, die uns abstumpfen läßt angesichts der alltäglichen Brutalität und Gewalt, mit denen wir schon als Kinder überfüttert werden. Und Liebe oder gar Romantik? Vielleicht sehnen wir uns danach. Aber sie sind uns längst entglitten. Was vermag uns da noch ein Schah Dschahan oder Mumtas Mahal, die Erwählte seines Palastes, bedeuten? Zumal ersterer auch kein Heiliger war. Oder?

In dem Punkt müssen wir den Skeptikern recht geben. Was sicher hinlänglich deutlich geworden ist: Der Inbegriff eines romantischen Liebhabers war Schah Dschahan zweifellos nicht. Weder nahm er es mit der Tugend so genau, noch war er – trotz gegenteiliger Beteuerungen – nach dem Verlust der Geliebten für den Rest seines Lebens untröstlich. Aber das entsprach auch nicht der Tradition, der er angehörte. Die gestand (und gesteht) dem Mann, zumal, wenn er über Macht und Ansehen verfügt, mehrere Frauen zu; da ist es schwer, einer einzigen die Treue zu halten. Und dennoch: Das Zeugnis, das von Schah Dschahans Zuneigung für Mumtas Mahal kündet, ist einmalig. Nirgendwo sonst auf der Welt ist einer Frau zuliebe ein vergleichbares Denkmal errichtet worden. Selbst die Pharaonen haben das nicht zuwege gebracht, obwohl bei ihnen die Frau ein weit höheres Ansehen genoß als irgendwo auf der Welt, wo das Erbe Mohammeds zum Tragen kam. Das ist das eigentlich Bemerkenswerte: Es war eine *muslimische* Gesellschaft, die den schönsten Tribut hervorbrachte, den je ein Mann einer Frau gezollt hat! Ganz gleich, was Schah Dschahan mit dem Tadsch Mahal noch bezweckt haben mag: Der Anlaß für die Errichtung dieses Bauwerks war der Tod Mumtas Mahals; woraus gefolgert werden kann, daß sie ihm tatsächlich außergewöhnlich viel bedeutete. Ganz offensichtlich war Mumtas Mahal Schah Dschahans große Liebe.

Das nun ist zwar auch für uns relevant, da doch bei uns die große Liebe längst abhanden gekommen ist (weshalb wir uns mit immer mehr kleinen trösten). Doch wo das Tadsch Mahal vor allem eine Signalwirkung haben könnte, das sind jene Gesellschaften, die die Frau noch immer als ein Wesen zweiter Kategorie betrachten, sofern sie sie nicht gar als bloße Sklavin behandeln. Dazu gehört nicht nur die islamische Welt, wo vom Sudan bis Pakistan die Rechte der Frau mit Füßen getreten werden, sondern auch Indien, und zwar das hinduistische Indien, was in seiner Frauenfeindlichkeit den islamischen Ländern kaum nachsteht. Was früher Sati war, die Verbrennung der Witwen auf dem Scheiterhaufen ihres Mannes, sind heute jene Mitgiftmorde, von denen man allenthalben hört und denen, Tag für Tag, unzählige Frauen in Indien zum Opfer fallen. Für sie beziehungsweise ihre Männer hat das Tadsch Mahal eine besondere Bedeutung: Es ist ein Mahnmal, das alle diejenigen an ihre Schande erinnert, die – im Namen der Religion oder Tradition – der Frau noch immer die elementarsten Rechte vorenthalten. Darin liegt die eigentliche Botschaft des Tadsch, in einer Welt, die für Romantik nichts mehr übrig hat.

ANHANG

NACHWEIS DER ZITATE

Prolog: Niccolo Manucci, Storia do Mogor, übers. v. William Irvine, Bd. 2, London 1906, S. 330; François Bernier, Travels in the Mogul Empire, hrsg. v. Archibald Constable, Westminster 1891, S. 5; W. H. Sleeman, Rambles and Recollections of an Indian Official, Bd. 2, London 1844, S. 32.

Erster Teil: Am Hofe der Moguln
Maharani Sunity Devee, The Beautiful Mogul Princesses, Neuausg. Delhi 1985 (urspr. 1918), S. 13 f. (Neujahrsbasar); Auszug aus Kaswinis »Padsch-Nama«, in »Taj Mahal – The Illumined Tomb«, hrsg. v. W. E. Begley u. Z. A. Desai, Seattle 1989, S. 2 (Verlobungszeremonie); ebd. S. 5 f. (Heirat); Zahiruddin Muhammad Babur, Die Erinnerungen des ersten Großmoguls von Indien – Das Babur-nama, hrsg. v. Wolfgang Stammler, Zürich 1990, S. 645 u. 679 f. (Baburs Vorstöße nach Indien); ebd. S. 685 f., 689, 721, 722 und 723 (Beschreibung Indiens); ebd. S. 680 f. (muslimische Eroberer); Zakariya al Kazwini, Asaru-l Bilad, in »The History of India as Told by Its Own Historians«, hrsg. v. H. M. Elliot u. J. Dowson, Bd. 1, Neuausg. New York 1966, S. 97 f. u. 98 (Plünderung Somnaths); Babur-nama, S. 671, 675 f. u. 676 (Schlacht von Panipat); ebd. S. 678 f. (Kohinoor); Abul Fazl, Akbar-nama, hrsg. v. H. Beveridge, Bd. 2, Kalkutta 1910, S. 472 (Dschauhar); [Johannes De Laet], The Empire of the Great Mogol, hrsg. v. J. S. Hoyland u. S. N. Banerjee, New Delhi 1974, S. 181 (Dschahangirs Begegnung mit Mehrunissa); Muhammad Salih Kambu (Amal-i-Salih), zit. in B. P. Saksena, History of Shahjahan of Dihli, Allahabad 1932, S. 35 (Mord an Prinz Khusrau); The Shah Jahan Nama of Inayat Khan, hrsg. v. W. E. Begley u. Z. A. Desai, Delhi 1990, S. 17 (Krönung Schah Dschahans); ebd. S. 18 (Zuteilungen an die Mitglieder der königlichen Familie); ebd. S. 19 (Zuwendungen an Adlige und Beamte); Manucci, Bd. 1, London 1907, S. 188 f. (Charakterisierung Schah Dschahans); ebd. S. 197 (Regierungsstil und Strafen); ebd. S. 182 und 183 (Feldzug gegen die Portugiesen); Jean-Baptiste Tavernier, Travels in India, hrsg. v. V. Ball, Bd. 1, New Delhi 1977, S. 86, 86 f. u. 88 (Agra, Stadt und Festung); Abdul Hamid Lahori, Padshah-nama, Auszug in »Shah Jahan Nama«, Delhi 1990, S. 567, 568, 570 u. 572 (Tagesablauf Schah Dschahans); Abdul Hamid Lahori, Padshah-nama, Auszug in »History of India«, Bd. 7, New York 1966, S. 45 f. (Pfauenthron); Bernier, S. 22 (Kohinoor); Lahori, in »History of India«, Bd. 7, S. 24 (Hungersnot); Schah Dschahan-Nama, S. 28 (Wiegezeremonie); Bernier, S. 270 (desgl.); ebd. S. 267 (Harem); ebd. S. 267 f. (desgl.); Manucci, Bd. 2, London 1907, S. 330 (desgl.); ebd. Bd. 1, S. 192 f., 194, 194 f., 195, 195 f., 196 u. 197 (Ausschweifungen Schah Dschahans); Tavernier, Bd. 1, S. 312 f. (Besuche der

Prinzessinnen); Manucci, Bd. 2, S. 353 (Arztbesuche); Tavernier, Bd. 1, S. 313 (Haremsintrigen); Manucci, Bd. 2, S. 340, 341 u. 340 (Kleidung und Schmuck der Haremsdamen); Bernier, S. 372f. (Prozession des kaiserlichen Harems); Lahori, in »History of India«, Bd. 7, S. 20 (Eroberung von Dharur); ebd. S. 25f. u. 26 (Eroberung von Khandar); Manucci, Bd. 2, S. 342 (Krankenpflege im Harem); Sunity Devee, S. 26ff. (Mumtas Mahals Tod); Lahori, History, S. 27 (desgl.); Schah Dschahan-Nama, S. 70 (desgl.).

Zweiter Teil: Im Garten der Ewigkeit

Schah Dschahan-Nama, S. 70 (Schah Dschahans Trauer); ebd. (Beisetzung in Burhanpur); ebd. S. 83f. (Erinnerungsfeier); ebd. S. 74 (Bau des Grabmals); Babur-nama, S. 738f. (Gärten in Agra); Schah Dschahan-Nama, S. 71 (Schah Dschahans Zuneigung); Lahori, in »Shah Jahan Nama«, S. 570 (Beteiligung an Bauplänen); Sebastian Manrique, Itinerario, in »Taj Mahal – The Illumined Tomb«, S. 293 (Transport der Baumaterialien); Lahori, in »History of India«, Bd. 7, S. 36 (Zerstörung der Tempel von Benares); Bernier, S. 177 (Zerstörung der Kirche in Agra); Lahori, in »History of India«, Bd. 7, S. 71 (Vorstoß nach Balkh); Schah Dschahan-Nama, S. 447f. (die beiden zusätzlichen Gemahlinnen Schah Dschahans); Bernier, S. 11 (Vorwurf des Inzests); ebd. S. 12 (gefährliche Liebesabenteuer); ebd. S. 12f. u. 13f. (Dschahanaras Liebhaber); Schah Dschahan-Nama, S. 91 (Festlichkeiten anläßlich der Heirat Dara Schukohs); ebd. S. 91f. (Austeilung der Geschenke); ebd. S. 95 u. 96 (Aurangsebs Kampf mit einem Elefanten); Manucci, Bd. 1, S. 183, 183f. u. 184 (Bau Schahdschahanabads); Schah Dschahan-Nama, S. 408 (feierlicher Einzug in Delhi); Bernier, S. 293 (Tadsch Mahal); Schah Dschahan-Nama, S. 299 (desgl.); Bernier, S. 295 (desgl.); Sure 89, nach der Übersetzung v. Max Henning (Der Koran, Stuttgart 1991); Bernier, S. 295f., 297f. u. 298 (Tadsch Mahal); Schah Dschahan-Nama, S. 495 (Attentatsversuch); W. E. Begley, nach zeitgenössischen Chroniken im Anhang zu »The Shah Jahan Nama of Inayat Khan«, S. 543 (Schah Dschahans Erkrankung); Manucci, Bd. 1, S. 240 (desgl.); ebd. S. 240f. (Vorkehrungen in der Festung); Bernier, S. 7f. u. 10f. (Charakterisierung Schudschas und Murads); Manucci, Bd. 1, S. 268 (Daras Streitmacht); ebd. S. 278, 280 u. 280f. (Schlacht von Samugarh); Begley, nach zeitgen. Chroniken, S. 553 (Absetzung Schah Dschahans); ebd. S. 560 (Hinrichtung des Prinzen Dara); Manucci, Bd. 1, S. 359f. (Aurangsebs Vergeltung); Manucci, Bd. 2, S. 64 u. 64f. (Schah Dschahans Gefangenschaft); ebd. S. 125f. (Tod Schah Dschahans); Begley, nach zeitgen. Chroniken, S. 564f. (desgl.); Koran-Vers, Sure 2, 201, n. d. Übers. v. M. Henning.

Dritter Teil: Zum Ruhme Indiens

Begley, nach zeitgen. Chroniken, 1990, S. 565 (Beisetzung Schah Dschahans); Manucci, Bd. 2, S. 126 (Aurangseb bei der Beisetzung Schah Dschahans); Tavernier, Bd. 1, S. 91 (Plan eines zweiten Grabmals); Urteil Aurangsebs über das Tadsch Mahal, zit. in S. M. Ikram, Muslim Civilization in India, New York 1964, S. 202; Manucci, Bd. 2, S. 127 (Auflösung des Haushalts Schah Dschahans); ebd. S. 189f. (Roschanaras Tod); Inschrift auf dem

Grabstein Dschahanaras, zit. in K. S. Lal, The Mughal Harem, New Delhi 1988, S. 98; Tavernier, Bd. 1, S. 296 (Aurangsebs Enthaltsamkeit); ebd. Bd. 1, S. 85 (Mathura); Muhammad Saki Mustaidd Khan, Maasir-i Alamgiri, in »History of India«, Bd. 7, S. 184 u. 184 f. (Zerstörung der Tempel von Mathura); Hamid-ud-din Bahadur, Akham-i-Alamgiri, in »Anecdotes of Aurangseb«, hrsg. v. J. Sarkar, Kalkutta 1949, S. 36 (Zainabadi); Manucci, Bd. 1, S. 231 (desgl.); Khafi Khan, Muntakhabu-l-Lubab, in »History of India«, Bd. 7, S. 433 (nächtliche Eskapaden Dschahandar Schahs); ebd. S. 483 (Adschit Singh); Rekha Misra, Women in Mughal India, Delhi 1967, S. 58 (Niedergang des königlichen Harems); Anand Ram Mukhlis, Tazkira, in »History of India«, Bd. 8, S. 87 f., 88 u. 89 (Massaker und Plünderung in Delhi); W. H. Sleeman, Rambles and Recollections of an Indian Official, Bd. 2, S. 27 ff. (Tadsch Mahal); Inschrift auf dem Kenotaph Mumtas Mahals, in »The Taj Mahal - The Illumined Tomb«, S. 237 (Sure 2, 286); Louis Rousselet, L'Inde des Rajahs, Paris 1877, S. 322 u. 325 (Fest des Maharadschas); Fanny Parks, Wanderings of a Pilgrim in Search of the Picturesque, Bd. 1, S. 359, London 1850 (Tadsch Mahal); Edward Lear's Indian Journal, hrsg. v. Ray Murphy, London 1953, S. 78 f. (desgl.); James Fergusson, History of Indian and Eastern Architecture, Bd. 2, London 1910 (urspr. 1876), S. 313 (desgl.); Ernest Binfield Havell, A Handbook to Agra and the Taj, Sikandra, Fatehpur-Sikri and the Neighbourhood, London 1904, S. 78 (desgl.); John Keay, India Discovered, Leicester 1981, S. 197 (Entweihung des Tadsch); Lord Curzon, Auszug aus einem Vortrag vor der Asiatic Society of Bengal, in »Lord Curzon in India«, hrsg. v. Thomas Raleigh, London 1906, S. 183; ders., Auszug aus einer Ansprache anläßlich der Einbringung eines Gesetzes zum Schutz von Altertümern in Indien, in »Lord Curzon in India«, S. 198 f.

ERGÄNZENDE LITERATUR

Auch diesmal gilt mein besondere Dank der Universitätsbibliothek Bonn, die mir bei der Beschaffung der Literatur behilflich war und – was beinahe noch wichtiger war – mit einer großzügigen Auslegung der Leihfristen entgegenkam. Zu danken habe ich auch dem Orientalischen und dem Indologischen Seminar der Universität Bonn, die mir freundlicherweise die Benutzung ihrer Bibliotheken erlaubten. Last, not least gebührt Dank auch all denen, die meine Reisen in Indien immer wieder zu einem unvergeßlichen Erlebnis werden ließen. So faszinierend Tempel und Paläste auch sind: Es sind die Menschen, die sie mit Leben erfüllen.

Sekundärliteratur
(Zu den Quellen sei auf den Nachweis der Zitate verwiesen; auch andere Werke, die dort genannt sind, werden hier nicht noch einmal aufgeführt.)

Ansari, M. A., Social Life of the Mughal Emperors (1526–1707). Allahabad u. New Delhi 1974

Bach, Hilde, Indian Love Paintings. New York 1985

Beach, M. C., The Imperial Image: Paintings for the Mughal Court. Washington 1981

Begley, W. E., The Myth of the Taj Mahal and a New Theory of Its Symbolic Meaning. The Art Bulletin, Bd. 61, Nr. 1, 1979, S. 7–37

Berinstain, Valérie, L'Inde impériale des Grands Moghols. Paris 1997

Binyon, Laurence, The Court Painters of the Great Moguls. London 1921

Brandenburg, Dietrich, Der Taj Mahal in Agra. Berlin 1969

Carroll, David, Tadsch Mahal. Wiesbaden 1975

Chaghatai, M. A., Le Tadj Mahal d'Agra. Brüssel 1938

Chopra, P. N., Some Aspects of Society and Culture During the Mughal Age (1526–1707). Agra 1963

Crowe, S., u. Haywood, S., The Gardens of Mughal India. London 1972

Early Travels in India, 1583–1619. Hrsg. v. William Foster, London 1921

Edwardes, Michael, British India, 1772–1947. London 1976

Edwardes, S. M., u. Garrett, H. L. O., Mughal Rule in India. London 1930

Embree, A. T., u. Wilhelm, F., Indien. (Fischer Weltgeschichte Bd. 17) Frankfurt/M. 1967

Faruki, Zahiruddin, Aurangzeb and His Times. Bombay 1935

Fischer, K., u. Fischer, C.-M. F., Indische Baukunst islamischer Zeit. Baden-Baden 1976

Frykenberg, R. E. (Hrsg.), Delhi Throngh the Ages. Delhi 1986

Gascoigne, Bamber, Die Großmoguln. München 1973

Ghauri, I. A., War of Succession between the Sons of Shah Jahan, 1657–1658. Lahore 1964

Goetz, Hermann, Bilderatlas zur Kulturgeschichte Indiens in der Großmoghul-Zeit. Berlin 1930

Hambly, Gavin, Cities of Mughal India. New York 1968

Hansen, Waldemar, The Peacock Throne. New York 1972

Irvine, William, The Army of the Indian Moghuls. London 1902

Khosla, K. P., Mughal Kingship and Nobility. Allahabad 1934

Lal, Muni, Shah Jahan. New Delhi 1986

Lall, John, Taj Mahal and the Glory of Mughal Agra. New Delhi 1982

Lockhart, Laurence, Nadir Shah. London 1938

Majumdar, R. C., The History and Culture of the Indian People: The Mughal Empire. Bombay 1974

Michell, George, The Royal Palaces of India. London 1994

Nath, Ram, The Immortal Taj Mahal: The Evolution of the Tomb in Mughal Architecture. Bombay 1972

Nou, J.-L., u. Pouchepadass, J., Die Paläste der indischen Maharadschas. Zürich 1980

Oak, P. N., Taj Mahal Was a Rajput Palace. Delhi 1965

Okada, A., u. Joshi, M. C., Taj Mahal. New York 1993

Owen, S. J., The Fall of the Mughal Empire. London 1912

Pal, Pratapaditya, u.a., Romance of the Taj Mahal. Los Angeles u. London 1989

Prasad, Beni, History of Jahangir. Allahabad 1930

Prasad, Ishwari, A Short History of Muslim Rule in India. Allahabad 1959

Robinson, Andrew, Maharadschas. Braunschweig 1988

Rov, Sourindranath, The Story of Indian Archaeology. New Delhi 1961

Roychoudhury, M. L., The State of Religion in Mughal India. Kalkutta 1951

Saili, Ganesh, Taj Mahal. New Delhi 1996

Sharma, G. N., Mewar and the Mughal Emperors (A. D. 1526–1707). Agra 1962

Sharma, S. R., Mughal Government and Administration. Bombay 1951

–, The Religious Policy of the Mughal Emperors. London 1962

–, Mughal Empire in India. Agra 1966

Smith, V. A., Akbar the Great Mogul. Oxford 1917

Spear, T. G., Twilight of the Mughuls. Cambridge 1951

Srivastava, A. L., The Mughal Empire. Agra 1957

–, Akbar the Great. 2 Bde., Delhi 1962

Stchonkine, Ivan, La peinture indienne à l'époque des Grands Moghols. Paris 1929

Thapar, R., u. Spear, P., A History of India. 2 Bde., London 1972/73

The Indian Heritage: Court Life and Arts under Mughal Rule. Victoria & Albert Museum, London 1982

Tod, James, Annals and Antiquities of Rajasthan. 3 Bde., London 1920

Topsfield, Andrew, Indian Court Painting. London 1984

Villers Stuart, C. M., Gardens of the Great Moghuls. London 1913

Ward, G. C., Die Maharadschas. Herrsching 1989

Welch, S. C., The Art of Mughul India. New York 1963

Westphal, Wilfried, Herrscher zwischen Indus und Ganges: Das britische Kolonialreich in Indien. München 1980

Wolpert, Stanley, India. Berkeley u. Los Angeles 1991

Yasin, Mohammad, A Social History of Islamic India. Lucknow 1958

Belletristik

Cyran, Eberhard, Taj Mahal. Heilbronn 1993

Murari, T. N., Ein Tempel unserer Liebe. Frankfurt/M. 1994

Savage, Alan, Die Söhne des Sahib. Bergisch Gladbach 1995

GLOSSAR

Bei der Wiedergabe der aus den unterschiedlichsten Quellen entlehnten indischen Eigennamen und Ortsbezeichnungen sowie einiger Fachbegriffe wurde, auf der Grundlage des jeweiligen Lautwertes, eine weitgehend eingedeutschte Schreibweise gewählt.

Dies trifft auch – wenn auch mit einigen Einschränkungen – für die Zitate zu. Auf diakritische Zeichen wurde grundsätzlich verzichtet.

Aschrafi: (arab.) Goldmünze mit dem zehnfachen Wert einer → Rupie

Beg: »Herr«; türkischer Adelstitel: Heerführer, Berater

Begam: »Dame«; weibliches Pendant zu → Beg: Bezeichnung für ein Mitglied der herrschenden Schicht

Brahmanismus: ältere Form des Hinduismus

Dekkan: (Sanskrit) das südliche Zentralindien

Diwan-i-Am: (pers.) öffentliche Audienzhalle

Diwan-i-Khas: (pers.) private Audienzhalle

Dscharoka(-i-Darschan): (pers.) Ort der Erscheinung eines Herrschers vor dem Volk (Balkon oder Fenster des Palastes)

Farman: (arab.) offizielle Anordnung eines Herrschers

Hindustan: ältere Bezeichnung für Indien, speziell die Gangesebene

Howdah: (Hindi) thronartiger Sitz auf dem Rücken eines Elefanten

Kalifat: (arab.) Herrscheramt religiöser und weltlicher Funktion in der Nachfolge Mohammeds

Khan: türkischer Herrschertitel; höchste Rangstufe des Adels

Mahout: (Hindi) Elefantenführer

Mansabdar: (pers.) Titel eines Würdenträgers, mit unterschiedlichen Rangstufen

Mogul: (pers.) Herrscherkaste mongolischer Abstammung in Indien, besonders zur Zeit der »Großmoguln« (1526–1707)

n.d.H.: »nach der Hedschra«, der Flucht Mohammeds von Mekka nach Medina im Jahre 622: Beginn der islamischen Zeitrechnung

Radscha: (Sanskrit) Herrschertitel (»Fürst«, »König«), für den sich schließlich unterschiedslos der Begriff Maharadscha (»großer Herrscher«) einbürgerte

Radschputana: (Sanskrit) Stammsitz der Radschputen im Westen Indiens; heute »Radschasthan« genannt

Rana: (Hindi) Bezeichnung für → Radscha

Rupie: (hindustan.-engl.) Silbermünze; heute Nationalwährung Indiens

Sati: (Sanskrit) Witwenverbrennung

Schah: »König«; persischer Herrschertitel

Wesir: (arab.) höchster Würdenträger, mit der Führung der Regierungsgeschäfte betraut

Zenana: (pers.) Frauengemächer, Harem

ZEITTAFEL

Falls nicht anders angegeben, beziehen sich die Datenangaben bei den Herrschern auf ihre Regierungszeit.

	Indischer Subkontinent	
ca. 2500–1500 v. Chr.	Induskultur	2575–2134 v. Chr. Altes Reich in Ägypten (Bau der Pyramiden
um 1500	Einwanderung der Arier	
um 800	Entstehung des Brahmanismus	
um 560–ca. 480	Buddha	
327–325	Alexanders Indienfeldzug	ca. 480–350 Blüte der klassischen Antike in Griechenland
321–185 v. Chr.	Erstes Großreich unter der Maurya-Dynastie	
320–ca. 500 n. Chr.	Zweites Großreich unter der Gupta-Dynastie; Entstehung des Hinduismus	31 v.–476 n. Chr. Römische Kaiserzeit
7. Jahrhundert	Beginn muslimischer Einfälle (Araber)	Mohammed (um 570–632)
um 900	Aufstieg der Radschputen	711–1492 Herrschaft der Mauren in Spanien
11. Jahrhundert	Beginn der zweiten Welle muslimischer Invasoren (Ghasnawiden, Ghuriden)	1096–1270 Kreuzzüge
1206–1526	Sultanat von Delhi	
1288/1293	Marco Polo besucht Indien	
1398	Plünderung Delhis durch Timur	1339–1453 Hundertjähriger Krieg

	Indischer Subkontinent	
1498	Vasco da Gama entdeckt Seeweg nach Indien	
1500		Renaissance
		1502–1736 Herr-
1517–1526	Ibrahim Lodi	schaft der Safawiden
		in Persien
1526–1707	Zeit der Großmoguln	
1526–1530	Babur	
1527	Sieg über die Radschputen	
1530–1556	Humajun, teilweise im Exil	
1556–1605	Akbar der Große	
1568	Eroberung von Tschitor	
1570–1585	Residenz in Fatehpur Sikri	
1592	Geburt Prinz Khurrams	
1593	Geburt Ardschumand Banus	
1600		Barock; Gründung der East India Company
1605–1627	Dschahangir	
1610	Erste Heirat Prinz Khurrams	
1611	Dschahangir heiratet Nur Dschahan	
1612	Khurram heiratet Ardschumand	
1617	Dritte Heirat Khurrams	
		1618–1648 Dreißig-
1622–1626	Rebellion Prinz Khurrams	jähriger Krieg

	Indischer Subkontinent	
1628–1658	**SCHAH DSCHAHAN**	
1628–1635	Rebellion Dschudschar Singhs von Bundelkhand	
1629–1632	Krieg im Dekkan	
1630	Hungersnot in Westindien und im Dekkan	
1631	Tod Mumtas Mahals	
1631–1632	Krieg gegen die Portugiesen in Bengalen	
1632–1643	Bau des Tadsch Mahal	
1636–1644	Aurangseb Vizekönig im Dekkan	
1638–1668	Tavernier wiederholt in Indien	
1645	Tod Nur Dschahans	1643–1715 Ludwig XIV., König von Frankreich
1648	Einweihung Delhis als neuer Hauptstadt (Schahdschahanabad)	
1653–1657	Zweite Runde des Krieges im Dekkan	
1654	Abschluß der Bauten am Tadsch Mahal	
1656	Schah Dschahan erhält Kohinoor als Geschenk	
1656–1717	Manucci in Indien	
1657	Erkrankung Schah Dschahans	
1658–1707	Aurangseb	

	Indischer Subkontinent	
1658–1664	Bernier in Indien	
1659	Hinrichtung Dara Schukohs	
1661	Engländer lassen sich in Bengalen nieder	
1666	Tod Schah Dschahans	
1687	Eroberung Golkondas	
1700		Aufklärung
1707–1712	Bahadur Schah	
1712–1713	Dschahandar Schah	
1713–1719	Farrukh Sijar	
1719–1748	Mohammed Schah	
1737	Beginn der Expansion der Marathen	1736–1747 Nadir, Schah von Persien
1739	Nadir Schah in Delhi (Raub des Pfauenthrones)	
1757	Erster Sieg der Engländer in Bengalen (Plassey)	
1764	Dschats plündern Agra; Schlacht von Baksar	
1800		Romantik
1803	Briten besetzen Delhi und Agra	
1810	Erste Restaurierungsarbeiten durch Engländer am Tadsch Mahal	
1849	Kohinoor gelangt in britischen Besitz	1837–1901 Viktoria, Königin von England

	Indischer Subkontinent	
1857–1858	Der Große Aufstand (»Mutiny«)	
1857	Absetzung des letzten Mogulherrschers (Bahadur Schah II.)	
1858	Indien der britischen Krone unterstellt	
1876	Königin Viktoria nimmt Titel »Kaiserin von Indien« an	
1899–1904	Lord Curzon Vizekönig	
1900		Zeitalter des Imperialismus
1904	Gesetz zum Schutz von Kulturdenkmälern	
1911	Delhi wird Hauptstadt	
		1914-1918 Erster Weltkrieg
1941-1944	Restaurierungsarbeiten am Tadsch Mahal	1939-1945 Zweiter Weltkrieg
1947	Indien (und Pakistan) erlangen Unabhängigkeit	
1983	Tadsch Mahal in die Liste des Kulturerbes der Menschheit aufgenommen	
1995	Indische Regierung initiiert Projekt zum Schutz des Tadsch Mahal	

STAMMTAFEL: DIE GROSSMOGULN

Die Jahresangaben beziehen sich bei den Herrschern auf die Zeit ihrer Regierung, sonst auf Lebensdaten. Eheliche Verbindungen sind durch ∞ gekennzeichnet; von den Kindern aus der Ehe Schah Dschahans mit Mumtas Mahal finden nur diejenigen Berücksichtigung, die überlebten.

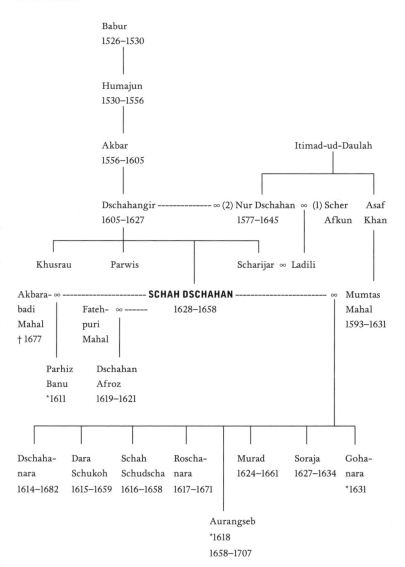

GRUNDRISS DES TADSCH MAHAL
(in seiner ursprünglichen Form)

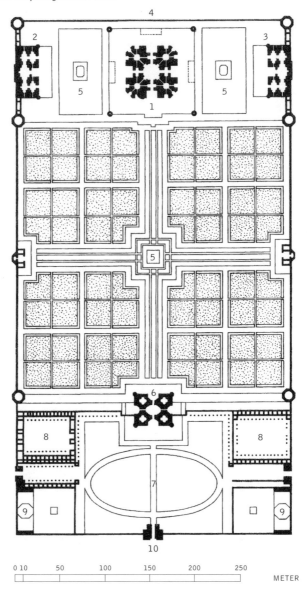

1 Grab 2 Moschee 3 Dschawab 4 Dschumna 5 Bassin
6 Eingangstor 7 Vorplatz 8 Unterkünfte des Personals
9 sekundäre Gräber der Königsfamilie 10 Mumtazabad (Basar)

REGISTER

Die kursiv gesetzten Seitenzahlen beziehen sich auf Abbildungen.

Die Karte wurde nicht in das Register aufgenommen; verwiesen sei außerdem auf das Glossar sowie auf die Zeit- und die Stammtafel im Anhang.

Abdul Hamid Lahori 72, 74, 79 f., 104, 106 f. 111
Abul Fasl 44, 48
Afghanistan 28, 30, 31, 33, 37
Agra 23, 39 f., 46, 56 f., 68 ff., 82, 84, 89, 101, 119 ff., 126, 128, 163, 195, 199, 201, 211, 213
Ahmednagar 78, 100, 104, 107 f., 129
Akbar (Mogulherrscher) 11, 22 f., 41 ff., 81, 84, 120, 126, 176, 180 f.
Akbarabadi Mahal 18, 132 f.
Ala-ud-Din (Sultan) 40
Alexander der Große 31
Amber (Fürstentum) 42, 216
Araber 32
Ardschumand Banu (s. a. Mumtas Mahal) 16 ff., 24
– Lebensdaten 17 f., 20 f., 22, 26
Asaf Khan 18, 26, 51, 52, 55
Aufstand (Mutiny) 196, 197, 211
Aurangabad 185, 186
Aurangseb 11, 58, 81, 82, 93, 109, 126, 127, 128, 130, 131, 132, *141,* 142 f., 156, *157,* 159 ff., 163 ff., 173, 174 f., 176 ff., *181,* 182, 183, 184 ff.

Babur (Mogulherrscher) 28 ff., 36 ff., 51, 77, 119 f.
Babur-Nama 29, 130
Bahadur Schah I. 187
Baksar 195
Benares 127
Bengalen 51, 63, 66 f., 195

Bernier, François 8, 77, 81, 82, 102, 123, 128, 134, 136 f., 147, 148, 156
Bidschapur 129 f., 131, 185
Bombay 185
Brahmanismus 31
Bundelkhand 62, 127, 159 f.
Burhanpur 103, 104, 109, 114 f.

Curzon, George Nathaniel (Vizekönig) 211 ff.

Dara Schukoh 58, 128, 132, 134, 138, *139,* 140, 155 f., 158 ff., 163, 165 f.
Dekkan 54, 63, 78 f., 103, 129 f., 131, 180, 185
Delhi 29, 37, 40, 41, 42, 69, 82 f., 84, 121, 126 f., 128, 130, 143 ff., *145,* 192 ff., 196, 211, 213, 214
Dharur 104, 106
Din-i-Ilahi 47 f.
Diwani 195
Diwan-i-Am 70, 73, 76
Diwan-i-Khas 70 f., 73, 75
dschagir 25, 79
Dschahanara 57 f., 86, 88, 133 f., *135,* 136 ff., 141, 169, 176, 177, 179
Dschahandar Schah 188 f.
Dschahangir 9, 17, 19 ff., 23, 24 f., 48 ff.
dscharoka 57, 72
dschauhar 44
dschisja 176
Dschod Bai 42 f., 46
Durbar 201 f.

East India Company 196
Edelsteine (s. a. Kohinoor) 10, 40, 75 ff., 78, 125
England s. Großbritannien

farman 73 f.
Farrukh Sijar 189

Fatehpuri Mahal 132 f.
Fatehpur Sikri 11, 46, 69, 81
Frauen (s. a. Harem) 12, 32, 44, 208 ff.
– gesellschaftliche Stellung 9, 92 f., 98, 99, 221

Ghasnawiden 32 f., 34
Ghuriden 34, 36
Goa 47, 66
Golkonda (Fürstentum) 78, 125, 129 f., 131, 185
Golkonda (Residenz) *129*
Großbritannien 158, 185, 195 ff., 199, 205, 210 ff.
Gwalior 39 f., 201

Haiderabad 185, 192
Harem 9, 45, 50, 57, 68, 71, 73 ff., 82 ff., *87,* 91 ff., 190
Hinduismus 33 f., 180, 184, 185
Hugli 67
Humajun (Mogulherrscher) 39 ff.
Hungersnöte 79 f.

Ibrahim Lodi 29, 37 ff.
Inajat Khan 81, 111
Indien (s. a. Moguln) 29 ff., 196, 198, 200, 214 ff., 221
– Geschichte 28 f., 31 ff., 34, 36, 37, 43
Indologie 200
Islam 9, 33, 45, 91 f., 98, 99, 128, 176, 185

Jesuiten 47, 66 f.

Kabul 37
Kanaudsch 33
Kandahar 130, 131
Kandhar 106 f.
Kaschmir 120
Khalillulah Khan 86, 160, 162
Khaljis (Dynastie) 40

Khurram (Prinz; s. a. Schah Dschahan) 16 ff., 22 ff., 25, 51 ff., *53,* 103
Khusrau 23, 25, 53 ff.
Kipling, Rudyard 219
Kohinoor 40 f., 77 f., 194, 197
Koki Dschiu 190

Lahore 20, 23, 37, 55, 77, 213
Lal Kunwar 188 f., 190
Lear, Edward 207
Lodis (Dynastie) 37, 39

Maharadschas 45, 200, 201 ff., 212
Mahmud von Ghasni 31, 33, 34
Malwa 42
Manrique, Sebastian 124, 125
mansabdar 23 f., 25
Manucci, Niccolo 8, 60 f., 63, 83, 85 f., 88 f., 90 f., 94 f., 143, 154, 159, 166, 167, 173, 186
Marathen 183, 185, 201
Marwar 184, 189
Mathura 180, 182 f., 218
Mehrunissa s. Nur Dschahan
Mewar 39, 43 ff., 152, 184
Mir Dschumla 78
Mirsa Amina Kaswini 20 f., 26 f.
Moguln (s. a. einzelne Herrscher) 8 ff., 21 f., 36 f., 51, 54, 59, 60, 64, 79, 120, 131 f., 187, 192, 194, 197, 200, 214, 215
Mohammed Schah 190 ff., *191*
Mumtas Mahal (s. a. Ardschumand Banu) 8, 11 f., 57 f., 63 f., *65,* 66, 71 f., 74 f., 96, 98 ff., 101, 109, 132, 208, *209,* 220
– Name 9, 27 f.
– Tod 110 f., 114 f., 121, 122, 138
Mumtazabad 125, 148
Murad Bakhsch 130 f., 156, *157,* 158 f., 161, 164 f., 167
Murtaza II. 100, 107 f.

Nadir Schah 192 ff.
Naurus 80
Nur Dschahan 9, 18, 24, *49,* 49 f., 51 f., 54 f., 98 f.

Orientalistik 200
Ortschah 127
Oudh 195 f.

Pakistan 23, 31, 32
Pandschab 23, 33, 185
Panipat 37, 42
Parks, Fanny 206
Parwis 55 f., 138
Perser 18, 24, 192 f.
Persien 18, 36 f., 41, 77, 131
Pfauenthron 76 f., 146, 193 f.
Portugiesen 10 f., 47, 63, 66 ff.
Purdah 92 f.

Radschasthan 32
Radschputana 32, 39, 184
Radschputen 22, 32, 34, 36, 39, 42 f., 44 f., 62, 99, 155, 160 ff., 183 f., 215, 216
Roschanara 58, 102 f., 109, 138, 177 f.

Safawiden 18
Samugarh 160 ff.
Sati al-Nisa 64, 74 f.
Schah Alam 196
Schah Dschahan (s. a. Khurram) 8, 9, 11 f., 23, 55 ff., 69, 71 ff., 76 f., 80 f., 82, 84, 86, 88 ff., 98, 101, 104, 114, 115 ff., 120 ff., 126 f., 128 ff., 134, 136 f., *139,* 145 ff., 152 ff., 162 f., 166 ff., 173 ff., *217*
– Eigenschaften 11, 59 f., 85, 90, 127 f., 220
– Lebensdaten 52, 56 f., 59, 109, 164
– Tod 169 ff.
Schahdschahanabad (s. a. Delhi) 118, 126, 143
Schah Dschahan-Nama 57, 81, 117, 121

Schahrijar 52
Schah Schudscha 141, 156, *157,* 158 f., 167
Schaista Khan 95 f.
Scher Khan 41
Sikhs 183 f., 187
Sind 32
Sleeman, William Henry 12, 199
Somnath 33 f.
Sultanat von Delhi 36, 37, 41
Surat 158

Tadsch Mahal 7 ff., 117 ff., 148 ff., 172 ff., 195, 198 f., 201 ff., *203,* 205 ff., 210 f., 214 ff., *217,* 218, 219, 220 f.
– Name 9
– Bau 119, 121 ff., 147 f.
– Wiederentdeckung 201, 215
– Restaurierung 205, 213 f.
Tagore, Abindranath 216, *217*
Tagore, Rabindranath 7, 216
takht ya taktha 54
Tavernier, Jean-Baptiste 69, 93, 95, 146, 173, 179
Tempelprostitution 185
Tourismus 215
Tschitor 43 f., 152 f.

Udaipur 45
Udai Singh 44 f.
Ustad Ahmed Lahori 124

Viktoria (Königin) 10, 194, 197

Zenana (s. a. Harem) 83

STREIFZÜGE ZWISCHEN MORGEN- UND ABENDLAND

PIOTR O. SCHOLZ
Die Sehnsucht nach Tausendundeiner Nacht
Begegnung von Orient und Okzident
192 Seiten, 50 Abbildungen
13 x 21 cm, gebunden mit Schutzumschlag
ISBN 3-7995-0107-X

Fremd und exotisch erschien die Welt des Orients über Jahrhunderte. Bis heute prägen Mythen, Legenden und Märchen ihr Bild im Westen. Etwa die berühmten Geschichten aus „Tausendundeiner Nacht": Ob *Sindbad der Seefahrer* oder der *Kalif von Bagdad, Aladin* oder *Ali Baba,* ob Basare, Paläste oder Harems – diese Gestalten und Szenerien bestimmen unsere Vorstellungen. Piotr O. Scholz geht diesen Einflüssen nach. Er verfolgt den Weg der Themen und Motive der altorientalischen Erzählungen in den Okzident. Zunächst betrachtet er die vielfältigen Erzählströme, die aus den verschiedenen antiken Kulturen in die Sammlung eingegangen sind. Anschließend beleuchtet er das Fortleben der Geschichten und Figuren vom Mittelalter bis in die Gegenwart, in Literatur, Musik und Kunst. Dabei entfaltet er ein breites Panorama vom alten Ägypten über den Nahen und Fernen Osten bis nach Europa. Zahlreiche historische Abbildungen illustrieren den Band.

Eine Kulturgeschichte vor aktuellem Hintergrund.

 JAN THORBECKE VERLAG STUTTGART